本书获得教育部人文社科项目：
我国粮食价格支持政策的市场化转型路径研究（项目编号：14YJC630031）
和湖北省高校学校优秀中青年创新团队计划项目：
粮食经济政策与安全战略研究（项目编号：T201609）的资助

我国粮食价格支持政策的市场化转型路径研究

樊琦　祁华清◎著

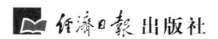

经济日报出版社

图书在版编目（CIP）数据

我国粮食价格支持政策的市场化转型路径研究／樊琦，祁华清著．—北京：经济日报出版社，2017.4

ISBN 978-7-5196-0121-8

Ⅰ.①我… Ⅱ.①樊… ②祁 Ⅲ.①粮食—商品价格—物价政策—研究—中国 Ⅳ.①F762.1

中国版本图书馆 CIP 数据核字（2017）第 076152 号

我国粮食价格支持政策的市场化转型路径研究

作　　者	樊 琦 祁华清
责任编辑	梁沂滨
出版发行	经济日报出版社
地　　址	北京市西城区白纸坊东街 2 号（邮政编码：100054）
电　　话	010－63567683（编辑部）
	010－63588446 63567692（发行部）
网　　址	www.edpbook.com.cn
E－mail	edpbook@126.com
经　　销	全国新华书店
印　　刷	北京市金星印务有限公司
开　　本	710×1000 毫米 1/16
印　　张	18.25
字　　数	284 千字
版　　次	2017 年 7 月第一版
印　　次	2017 年 7 月第一次印刷
书　　号	ISBN 978-7-5196-0121-8
定　　价	55.00 元

目 录

第二部分 专题报告篇

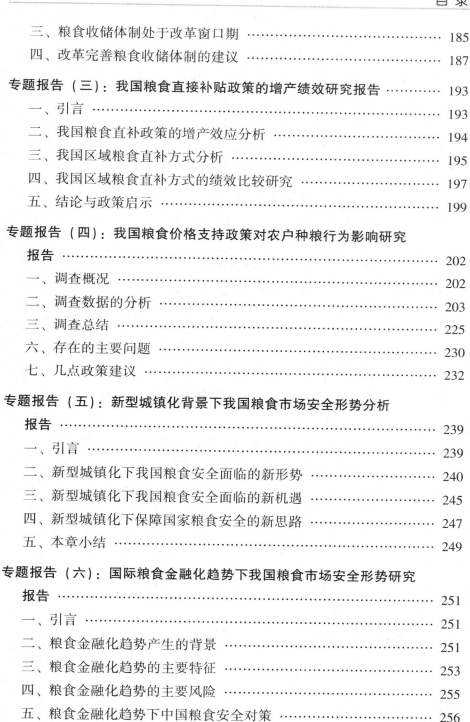

导 论

国以民为本，民以食为天。粮食是关系国计民生的重要商品，是关系经济发展、社会稳定繁荣的基础，确保粮食安全始终是全局性重大战略问题。自新中国成立以来，为解决十三亿多中国人的吃饭问题，党和政府始终高度重视粮食安全工作，在不同历史时期根据经济社会发展不同目标、阶段和国家财政实力等，适时制定了不同的粮食支持政策，实施了一系列粮食价格干预和市场调控措施，有效保护了农民和消费者利益，促进了粮食生产，保障了粮食市场正常供应和价格的基本稳定，维护了粮食市场正常流通秩序。特别是自 2004 年我国粮食购销市场全面开放以来，为保护种粮农民根本利益，国家实施了以"粮食最低收购价、临时收储"等为主要内容的粮食价格干预和支持政策，目前已经成为我国粮食价格和市场宏观调控的重要手段之一。从近十多年政策执行的效果看，最低收购价政策与临时收储政策相互补充，较好体现了市场调节和政府宏观调控相结合的制度设计初衷，政策的实施有效维护了我国粮食价格稳定和种粮农民利益，为促进我国粮食连续十二年增产发挥了关键性的作用。

然而，随着当前国内外粮食生产和市场供求形势的日益复杂多变，现行粮食价格支持与收储制度实施过程中也暴露出了一些亟待解决的新问题。近年来，由于粮食托市收购政策实施使得市场流通粮源减少，粮油加工企业用粮需求被明显抑制。以玉米临时收储为例，大量新粮以相对较高国家临时收储价格进入国有粮库，市场流通粮源减少使得玉米价格上涨，导致 2010 年玉米加工企业出现"用粮慌"；由于国有大型粮食企业托市收购和临时收储规模不断扩大，庞大的粮食托市收购数量形成了垄断色彩浓厚的"政策市"，由此出现了近年来在国内粮食连续丰收情况下，而粮食市场却出现了多个粮食品种价格创历史新高、南北价格倒挂、多元主体进行抢粮等反常现象；2013 年 5 月黑龙江林甸大火导致 80 个货位的 5.08 万吨国家临时储备粮过火，由于中储粮垄断托市收购，民企被排除在外，基层粮库依赖保管费的单一盈利方式，这间接导致国企粮库超负荷运转，储粮安全存在严重隐患；随着国家逐年提高粮食托市收购价格，国内外粮价差不断扩大，2015 年在我国粮食生产十二连增产背景下，我国粮食走私和进口数量却大幅增长，给国内粮食市场和农民增收造成了极大冲击。政府调控陷入"国家收储—进口增加—国家增储"的不利局面，国家财政负担不断加重，粮食市场被严重扭曲。

实践表明，我国现行以"最低收购价、临时收储"为核心的粮食价格干预和支持政策执行的效能正明显趋于弱化，且政策对市场的强烈介入导致市场价格信号被人为扭曲，市场机制对粮价的调节作用难以发挥，不断提高的粮食托市收购价格产生的误导资源配置的风险不断上升，造成社会资源和效率的巨大损失。如以托市收购等为主导的粮价调控方式造成了市场严重扭曲，导致多重粮价倒挂、粮食流通成本上升、突破"天花板"、加工、储备粮轮换企业严重亏损、宏观调控成本与日剧增等严峻局面。事实上，在政策决策过程中要降低粮食托市价格水平也存在极大风险，因为无人能够承担减低托市价格可能引发的粮食生产下滑风险，出现了粮食价格只能上涨不能下跌的"单边市"，价格对长期生产率的刺激作用被托市政策所替代。

随着 2015 年我国首次开启"目标价格"制度改革试点后，目前还没有全面实施，尚无实践经验。如果今后托市收购及临储等政策逐步退出后，市场将面临粮价波幅加剧，部分农民利益受损，粮源分散政府调控难度加大等诸多不确定性风险。与此同时，国外目标价格制度实践经验进入我国仍面临着适应性问题，"目标价格"制度在我国实施目前仍面临着补贴方式、收储模式、市场监管方式创新等众多疑难问题，这些都需要密切跟踪政策试点情况，及时总结经验和提出完善办法，减少操作成本。随着国际与国内粮食差价逐步扩大且市场波动联动性加强，对政府宏观调控能力也提出了更高要求，迫切需要与时俱进地研究提出更加有效的粮食价格调控方式及相关配套调控措施，包括进出口调控机制、储备吞吐调节机制、价格稳定机制等，这些问题的研究对于更好维护粮食市场稳定、保护农民利益和促进粮食生产都具有重要实践价值。本报告研究主要目的就是要优化和完善我国现行粮食价格支持政策体系,提高政策实施效能,减少市场扭曲和提高财政资金使用效率,提出政策完善的基本框架、具体路径和政策措施,更好地发挥市场在资源配置中的决定性作用,更好保障粮食有效供给和国家粮食安全。具体是要在系统评估我国现行粮食价格支持政策实施经验和效果的基础上,深入研究现阶段我国粮食价格支持体系的政策选择等关键问题,探索和研究在我国工业化发展中后期和城镇化快速发展阶段,如何顺应经济发展的客观规律,把握和构建从传统粮食价格干预政策向市场化支持方式转变的时机和保障条件,及时调整政策倾向和相应政策工具,在研究和借鉴国外有益经验基础上,合理设计工业化中后期阶段我国粮食支持政策体系制度的基本框架,初步构建适合中国国情、指向明确、结构合理、受益直接、操作简便、市场化导向的粮食支持政策体系的措施和办法,为完善我国农业支持政策体系提供前期理论积累和参考。

本书的内容安排主要分为两个部分,第一部分为研究总报告,内容主要包括:第一章为新中国成立以来我国粮食价格政策的历史演变;第二章为我国粮食托市收购政策的主要内容与利弊分析;第三章为玉米临时收储制度的执行效果与改革实践;第四章为我国大豆目标价格制度试点经验与效果;第五章为国外粮食价格制度的转型经验与政策启示;第六章为完善我国粮食价格政策的主要措施与对策建议;第七章为研究展望。第二部分为专题研究报告,主要包括"国内外粮价倒挂下粮食价格政策转型""新形势下我国粮食收储体制研究""我国粮食直接补贴政策的增产绩效研究""我国粮食价格支持政策对农户种粮行为的影响""新型城镇化背景下我国粮食市场安全形势""国际粮食金融化趋势下我国粮食市场安全形势"等六个专题研究报告。其中,总报告主要是针对新中国成立以来我国粮食价格政策的历史演变,以及现行以粮食托市收购、临时收储为核心的粮食价格支持政策体系运行中出现的粮食价格扭曲,国内外粮价倒挂,政策性收储规模大幅增加,政府财政负担加重,市场流通粮源减少制约国内涉粮产业发展,进口粮快速增长对国内市场冲击加大,过度追求增产政策导向造成粮食生产难以持续等反常现象,以及自2015年首次在东北三省一区启动实施的我国大豆目标价格制度试点经验与效果等,研究和实证揭示目前我国粮食价格支持与整个收储制度的效果和存在的主要弊端。以问题导向,深入分析和梳理这些现象产生背后的国内外形势与深层次体制原因,并在深入总结国内外价格调控有益经验基础上，提出了改革和完善我国粮食价格支持的具体思路和措施。此外，专题研究还重点针对"国内外粮食价格倒挂，粮食收储制度改革，新形势下粮食市场安全形势，粮食直补政策增产绩效，粮食价格支持政策对农户种粮行为影响，粮食消费结构升级背景下我国粮食市场安全形势，新型城镇化背景下我国粮食市场安全形势，国际粮食金融化趋势下我国粮食市场安全形势等问题进行了探讨和解读，通过专题研究进一步加深了对总报告中所涉及的相关问题的研究和探讨，是对总报告的有效补充。

第一部分

 总报告篇

第一章　新中国成立以来我国粮食价格支持政策的历史演变

粮食作为一种特殊的商品，是人类赖以生存的最基本生活资料，也是关系国计民生和社会稳定的重要战略物质。自新中国成立以来，我国粮食价格支持政策及市场调控方式随着我国粮食市场形势变化和经济社会发展阶段不同历经了曲折的改革和发展过程，初步完成了从计划经济时代向多种经济成分并存和市场经济时代的历史转变。在不同历史时期，粮食价格支持政策在保护种粮农民利益，促进粮食生产稳定发展，以及保障国家粮食安全等方面都发挥了重要作用。

1.1　我国粮食价格支持政策改革的主要历程

自新中国成立以来，我国粮食市场价格制度主要经历了由最初政府主导的统购统销政策调控方式到逐步转向以市场为导向的市场经济体制的历史演变过程，从六十多年的政策调整和转型的主要特征看可以大致划分为以下几个阶段。

1.1.1　粮食价格的自由市场调节时期：1949-1952 年

新中国成立初期，由于社会主义经济制度还未完全明确，基本延续了此前以自由市场调节，粮食市场主要以私营粮商占据主导，多种经济形式并存的局面。这个时期抗日战争刚刚结束，国内物资生产和供应仍然十分匮乏，粮食供应短缺，供求矛盾十分突出。此时，一些商家为了谋求暴利，大量囤积粮食，哄抬粮食市场价格，使得粮食市场价格波动明显加大，进一步加大了社会矛盾。在此情形之下，也成为了新中国粮食政策的重要转折点，国家为了有效稳定粮食市场，政府开始不断加强对粮食市场的管理。政府为掌控更多的粮源和提高对市场的宏观调控能力，于是加大了对粮食的征收力度，并努力培育和壮大国有粮食企业，加强国有粮食企业在市场中的主导地位，逐步形成了以国有粮食企业为主导下的粮食市场自由流通局面。在当时的市场条件下对于稳定粮食市场，保障广大农民和城镇消费者的切身利益发挥了重要作用。同时，也为政府经济建设创造了更多的财政收入。据统计，在1950年的财政概算中仅公粮收入就占到全部财政收入的41.4%，这为新中国成立初期恢复经济发展和加快国内工业化建设提供了重要财力和物质基础。但同时，这些措施在实施过程中也导致了政府和企业行为的扭曲，使得国有粮食企业因具有政府的政策支持而获得了绝对的垄断权力，形成了不公平的市场竞争。

1.1.2 粮食政府定价的统购统销时期：1953-1985 年

自1953年起，我国逐步开始进入了大规模的社会主义改造，当时国内粮食生产能力仍难以满足市场对粮食的消费需求，粮食供给严重短缺。在这个时期粮食市场不法粮商投机、操纵市场行为较为盛行，严重干扰了国内粮食市场正常流通秩序。为有效打击操纵粮食市场和借机敛财的行为，保障人民群众基本生活和经济建设需要，国家出台了一系列重要政策措施，其中主要包括：

一是建立统购统销制度。1953年10月16日中共中央作出了《关于实行粮食的计划收购与计划供应的决议》。决议提出在全国实行对粮食的计划收购和计划销售，即"统购统销政策"。同年11月19日中华人民共和国政务院194次政务会议通过《关于实行粮食的计划收购和计划供应的命令》，并于11月23日发布施行。其基本内容包括四条政策措施：①在农村向余粮户实行粮食计划收购政策，生产粮食的农民应按国家规定的粮种、价格和数量将余粮售给国家；②对城市人口和农村缺粮户，实行粮食计划供应；③由国家严格控制粮食市场，对私营粮食工商业进行严格管理，并严禁私商自由经营粮食；④实行在中央统一管理之下，由中央与地方分工负责的

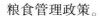

粮食管理政策。

二是加强粮食供应管理。1955 年 8 月 25 日，国务院发布了国务院第 17 次全体会议 8 月 5 日通过的《农村粮食统购统销暂行办法》和《市镇粮食定量供应暂行办法》的命令，对农村实行粮食定产、定购、定销的办法。定产、定购是三年不变，定销是一年一定。国家对余粮户按粮食定产数量，一般统购余粮 80-90%；超过定产的增产部分，增购不超过 40%。对农村缺粮户分别核定粮食供应量，并根据何时缺粮何时供应的原则进行统销；在丰收时，适当核减其原定的粮食供应量。国家对市镇的非农业人口实施居民口粮分等定量、工商行业用粮按户定量、牲畜饲料用粮分类定量的供应制度，并均按核定的粮食供应数量发给供应凭证，如市镇居民粮食供应证、全国通用粮票、地方粮票等。

三是关闭粮食集市贸易。1957 年 10 月国务院《关于粮食统购统销的补充规定》决定关闭国家粮食市场，后来改称"粮食集市贸易"。改由国家粮食机构在可能的范围内，帮助农业生产合作社和农民进行粮食品种的调剂。在这之前，允许农民把向国家缴纳公粮和统购粮以外的余粮，拿到国家粮食市场进行交易，并可在农村间进行少量的互通有无和交换；也允许城市居民到国家粮食市场进行互相间的余缺调剂和品种调剂。1962 年重新开放粮食集市贸易，1966—1976 年中绝大部分地方又关闭了粮食集市贸易。

四是粮食征购实行一定三年、一定五年。1965 年 10 月实行粮食征购（公粮和统购粮）一定三年的政策，即征购任务一定三年，作为征购基数不再变动。灾年调减当年任务，丰年不改变；丰年实行超产超购、加价奖励的办法，加价幅度为统购牌价的 30-50%。1971 年 8 月改一定三年为一定五年，继续实行超购加价奖励的办法，但加价幅度不得高于统购牌价的 30%。1979 年以后大部分省、自治区先后把超购任务从一年一定改为一定三年或五年，即对有余粮的农业生产单位的粮食征超购（公粮、统购粮、超购粮）任务实行包干，一定几年不变。

五是粮食征购、销售、调拨包干。1982 年 1 月国务院下达了《关于实行粮食征购、销售、调拨包干一定三年的通知》，决定 1982-1984 年对除西藏、新疆以外的省、自治区、直辖市实行粮食征购、销售、调拨包干。在包干期内，多购少销的粮食，归地方掌握，如遇自然灾害或其他原因而发生的新的粮食亏损，由地方自行解决。调拨包干数，可以在丰歉年度之间有所调剂，但三年统算，调出总数要如数完成，调入总数不能突破。这是粮食管理体制从中央统一管理、统一调度，转变为中央和省、自治区、直辖市两级管理。

六是多渠道运销粮食。1983 年 1 月中共中央发出的《当前农村经济政策的若干问题》规定："对农民完成统购派购任务后的产品（包括粮食犷不包括棉花）和非统购派购产品，应当允许多渠道经营。"既允许供销合作社、农工商联合企业以及其他集体商业组织经营粮食，也允许个体商贩和农户经营粮食，改变了国家粮食部门独家经营粮食的局面。这是继 1978 年 12 月中国共产党十一届三中全会公报重申"集市贸易是社会主义经济的必要补充部分"、开放粮食集市贸易之后，又一次对粮食流通体制进行改革。

七是取消粮食统购，改为合同定购。1984 年，中国的粮食生产水平有了较大提高。1985 年 1 月中共中央和国务院决定：从 1985 年起取消粮食统购，改为合同定购，由国家商业部门在播种季节前同农民协商，签订定购合同。

在这一系列政策措施综合作用下，国内市场价格和粮食生产主要呈现出以下几个方面的变化特征和发展趋势：

一是 1953－1957 年粮食价格上涨明显快于工业品价格上涨。1953 年实行粮食统购统销时，统购统销价格就是市场收购牌价和零售牌价。1957 年同 1952 年比较，粮食统购价格上升 16.5%，而农村市场的工业品零售牌价只上升 2.2%。在调整粮食统购价格的同时，也相应调整了统销价格，保持了一定幅度的购销差价。但实行统购统销后取消了季节差价、批零差价、地区差价。

二是 1958－1965 年粮食统购价格有两次较大提高。1965 年同 1957 年比较，统购价格上升 38.7%，但生产成本提高更快。

三是 1966－1978 年粮食统购价格基本未动，而生产成本持续大幅度上涨。稻谷、小麦、谷子、玉米、高粱、大豆等六种粮食的统购价格都比成本价格低，种粮食的农业生产单位处于亏赔状态。

四是 1979－1983 年粮食统购价格和超购加价都较大幅度提高。1983 年同 1978 年比较，粮食的实际计划收购价格提高 49.1%，种粮食又都有了一定的利润。在 1961 年大幅度提高粮食统购价格时，而为了保持市场物价的基本稳定，不增加城市居民和农村缺粮人口的经济负担，规定除供应农村的奖售粮、饲料粮、种籽粮等实行购销同价外，对非农业人口定量供应的口粮、工商行业计划内用粮以及农村缺粮户和经济作物区的统销粮，没有相应提高统销价格，第一次出现了粮食购销价格倒挂现象。1965 年调整为购销价格持平，国家财政补贴商品流通费用。1979 年粮食统购价格和超购加价大幅度提高后，统销价格没有动，购销价格再次出现倒挂现象。1981 年六种粮食统销价格低于统购价格 26% 多，加上超购加价和商品流通费用，倒挂 80%。由于粮食购价提高，销价不动，购销价格再次出现倒挂，加上超购粮食数量越来越多，经营量逐年扩大，国家财政对粮食的补贴不断增加。到 1984 年国家财政对粮油净补贴 209 亿元，占当年财政收入的 14.3%。中国的粮食统购统销延续了 32 年（1953-1984）之久，其主要原因是农业生产水平低，农村商品经济发展缓慢，商品粮食的产量增长落后于需要量增长的矛盾，一直到 1982 年都没有解决。1953-1982 年国家收购的粮食比销售的粮食少 4.5%，收购粮食的增长，落后于销售粮食的增长。

五是 1984 年中国的粮食生产水平有了较大提高。1985 年 1 月中共中央和国务院决定：从 1985 年起取消粮食统购，改为合同定购，由国家商业部门在播种季节前同农民协商，签订定购合同。

1.1.3　粮食价格的双轨制时期：1985-1992 年

1985 年，在我国粮食生产连年增长与部分粮食市场已逐步放开的基础上，国家取消了实行三十多年的粮食统购统销制度。从 1986 年起，国家对粮食价格实行"双轨制"。这在一定程度上矫正了以往粮食价格严重脱离市场与价值的状态。国家逐步取消粮食统购，粮食购销改革开始向市场化取向迈进。

一是取消粮食统购统销制度。1985 年 1 月国家出台了《关于进一步活跃农村经济的十项政策》[中发（1985）1 号]，文件中明确规定：粮食棉花取消统购统销，改为合同定购，合同定购的品种是小麦、稻谷、玉米和辽宁、吉林、黑龙江、内蒙古、安徽、河南的大豆。定购以外的粮食实行自由购销，此后我国粮食市场实际上处于合同定购价格和市场议价的"双轨制"时期。从 1985 年 4 月 1 日起，在全国范围内粮食定购按"倒三七"比例的方式计价，即农民交售的征购粮 30% 按原统购价付款，70% 按超购价付款。同时还规定，如果市场价格低于国家统购价格，国家一律按统购价格敞开收购农民在市场销售的粮食。此后，政府又通过数次调整和完善粮食合同定购制度，逐步缩小计划调节范围，扩大市场调节范围；提高粮油合同定购价格和统销价格，使粮油定购价逐步接近市场价，逐步改变粮食购销价格倒挂的状况。价格"双轨制"实际上是中国经济体制向市场经济过渡中的一种特殊的价格管理制度，这一时期粮食价格改革的市场化倾向比较明显。

二是从 1985 年开始实行比例计价办法稳步提高粮油购销价格。1991年，国务院决定调整粮油统销价格，三种粮食（面粉、大米、玉米）中等质量标准品全国平均统销价每斤提高 0.1 元；6 种食用油（花生、大槽芝麻油、菜籽油、精炼棉籽油、茶籽油、豆油）实行购销同价，全国平均每斤提高 1.35 元；倒挂部分和经营费用仍由财政给予补贴；同时对职工给予适当提价补偿。每个职工每月基本工资和标准工资提高 6 元。对专项储备粮收购实行最低保护价。1992 年，适当提高粮食定购价格。在国家规定的现行定购价格基础上，分品种全国平均每 50 公斤中等质量标准的提价额为：小麦 6 元、粳稻 5 元、籼稻 3 元、玉米 3 元、大豆价格不做调整。同时按照购销同价原则，提高粮食统销价格，三种粮食（面粉、大米、玉米）中等质量标准品的统销价格平均每斤提高 0.11 元。并对职工给予每月 5 元的粮价补贴。

1.1.4　粮食保护价收购时期：1993-2003 年

(1) 开放粮食市场价格 (1993-1995 年)

1990 年我国粮食产量首次超过 9000 亿斤，创历史新高，粮食产量的大幅增长，也引发了农民卖粮难，由此自 1991 年起政府在此前取消粮食统购统销制度的基础上，又进一步取消了粮食统销价格，实行"保量放价"，即保留粮食定购数量，但收购价格随行就市。开放粮食市场价格后，逐步实现了购销同价，截至 1993 年底，全国 95% 以上的县市放开了粮食价格，基本完成了从计划定价与市场定价并存的"双轨制"到市场调节的单轨制的转变，我国粮食市场化调节机制基本建立。

一是逐步放开粮食价格，探索粮食购销市场化改革。1992 年党的十四大确立了"我国经济体制改革的目标是建立社会主义市场经济体制，要让市场对资源配置发挥基础性作用"的重要目标。提出了"三个开放"，开放价格、开放市场、开放经营。同时，也对粮食流通市场化进行了重大政策调整。1990年起建立了国家粮食专项储备制度，1993年政府决定建立粮食最低收购价保护制度，保护价主要由国务院和省、自治区、直辖市人民政府根据当地实际情况，按照不低于但可以高于中央下达的基准价格水平，制定本地区的收购保护价。同年，要求中央和各省、自治区、直辖市都要建立粮食风险基金，中央一级由财政部负责筹集，省级则由各省、自治区、直辖市财政厅、局负责筹集。中央和地方政府用于平抑粮食市场价格，维护粮食正常流通秩序，实施经济调控的专项资金。粮食风险基金主要用于国家储备粮油、国家专项储备粮食的利息、费用支出和在特殊情况下需动用中央储备粮调节粮食市场价格时所需的开支，用于地方政府为平抑粮食市场价格吞吐粮食发生的利息、费用和价差支出，对贫困地区吃返销粮的农民由于粮价提高而增加的开支的补助。当年节余的粮食风险基金结转到下年度滚动使用。

二是取消城镇居民粮食供应制度。1993年2月18日政府出台了关于《国务院关于加快粮食流通体制改革的通知》，通知提出将取消在我国实行了近40年的城镇居民粮食供应制度，居民凭粮票购买粮食正式退出历史。

三是建立了"米袋子"省长负责制。继1991－1992年国家两次提高了城镇居民定量口粮的销售价格、基本上实现了购销同价。到1993年5月底，全国宣布放开粮价的县（市）超过总数的95%以上。但是，1994年出现的恶性通货膨胀，特别是粮食价格从1993年底持续飞涨，以保量放价为主要形式的改革受到搁浅，国家恢复并加强了对粮食购销、价格和市场等方面控制和干预。1994年5月《国务院关于深化粮食购销改革的通知》进一步明确规定：实行省、自治区、直辖市政府领导负责制，负责本地区粮食总量平衡，稳定粮食面积、产量与库存，灵活运用地方粮食储备进行调节，保证粮食供应和价格稳定。1995年正式开始实行我国粮食省长负责制，即所谓"米袋子"省长负责制，规定各省区市的行政首长负责本地区粮食的供需平衡和粮价的相对稳定。明确划分中央和地方粮食事权，搞好两级总量平衡；将粮食部门政策性业务和商业性经营分开，实行两条线运行，并

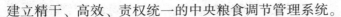

建立精干、高效、责权统一的中央粮食调节管理系统。

（2）推行"四分开一完善"和"三项政策一项改革"（1996-2000 年）

一是实施粮食保护价收购制度。我国粮食在前两年连续丰收的基础上，1997 年全国夏粮又大幅度增产，总产量再创历史最好水平。充足的粮源为我国经济的发展和社会的稳定打下了坚实的物质基础。但粮丰价落，"谷贱伤农"，让农民"喜"中带"忧"，农民"卖粮难"的呼声再次高了起来。1998 年政府启动实施了按保护价敞开收购农民余粮政策，对重点粮食品种实行最低收购价，即在粮食市场价格低于最低收购价格时，国家将指定部分粮食经营企业按照最低收购价格敞开收购，每年的保护价格由政府根据当年的粮食生产和粮食市场价格确定。1999 年，针对我国粮食已由长期短缺变成总量大体平衡、丰年有余，粮食生产结构性矛盾日益突出，优质品种相对不足，一些粮食品种销售不畅，库存大量积压，财政补贴负担过重的状况，国家对东北春小麦、南方早籼稻、长江以南的小麦等一些品质差、不适合市场需求的粮食品种采取当年调低保护价第二年退出保护价的办法。调低玉米收购价保护价，玉米定购价格调低到保护价水平。中晚稻的定购价调低到保护价水平，保护价基本稳定在 1998 年水平。2000 年，进一步扩大退出保护价收购的粮食品种范围，将黑龙江、吉林、辽宁及内蒙古东部、河北东部、山西北部的春小麦和南方早籼稻、江南小麦和长江流域以及以南地区的玉米退出保护价收购范围。同时对北方冬小麦（标准品，下同）收购保护指导价格为每斤 0.57-0.59 元，并对省际间粮食收购价格衔接办法作出了安排。这一时期出现了粮食丰收、市场粮食价格较低和粮食品种结构调整压力较大的情况，粮食收购价格政策的重点是按保护价敞开收购农民余粮和调整保护价收购范围。

二是"四分开一完善"和"三项政策一项改革"。针对我国粮食行业政企不分，政策性业务和商业性经营不分，粮食企业吃着财政和银行的"大锅饭"，缺乏降低费用扭亏增盈的内在动力和外在压力，导致亏损日益严重，财务挂帐不断增加。1998 年国务院颁布实施《关于进一步深化粮食流通体制改革的决定》（国发〔1998〕15 号）提出实行了以"四分开一完善"，即实行政企分开、储备与经营分开、中央与地方责任分开、新老财务账目分开，完善粮食价格机制为基本原则的"三项政策，一项改革"，以进一步深化粮食流通体制改革。

（3）粮食价格市场化改革加快（2001-2003 年）

一是开放粮食主产区和主销区粮食市场，2001 年 7 月 31 日，国务院正式出台了《关于进一步深化粮食流通体制改革的意见》（国发［2001］28号），明确提出"放开销区、保护产区、省长负责、加强调控"的改革方针，明显加快了粮食市场化改革的步伐。为发挥农业资源的区域优势，全面开放主销区市场，逐步开放主产区收购市场，中央决定在浙江、北京、上海、天津、江苏、广东、福建、海南 8 个粮食主销区相继放开粮食市场、价格和经营。

二是建立对农民直接补贴或价内补贴制度试点。2002 年国家首先开始在安徽、吉林等部分地区对农民实行直接补贴试点；2003 年补贴试点范围进一步扩大，河北、河南、吉林、辽宁、江西五个省在坚持原有粮食保护价制度的同时，在省内部分地区实行对农民直接补贴或价内补贴。

1.1.5　粮食最低收购价阶段：2004-2014 年

（1）建立最低收购价制度

由于从 2004 年开始，我国粮食产量连年丰收，2004 年到 2006 年，三年内中国粮食累计增产 1335 亿斤，粮食价格已经面临着较大的下行压力，如何调控粮食市场价格，继续稳定粮食生产，避免重蹈谷贱伤农的老路，成为决策者面临的主要问题。从我国粮食波动发展的历史看，经常出现这样的情况，在连续丰收之后必然伴随着连续的减产，其原因，除了一些不可控因素之外，最重要的就在于"谷贱伤农"情况的发生，连续的丰收导致了粮食的相对过剩，使得卖粮难的现象一再发生，极大的抑制了农民种粮的积极性，从而导致丰年歉年有序循环的规律。国家决定执行最低收购价政策预案，正是为了预防历史重演而采取的一项重要措施。同时，随着我国工业化进程的加快，"三农"问题越来越成为制肘我国经济发展的主要因素，而粮食增产，农民增收是"三农"问题的关键一环，工业反哺农业已提到实施的层面，为此，从 2004 年以来，国家采取了一系列对粮食的宏观调控措施，涉及农田和耕地、粮食生产、市场价格、进出口和库存等多个方面，如通过控制保护农田和耕地，确保粮食生产和粮食安全的基础条件；通过实行"三补贴"政策，鼓励粮食生产、调动农民种粮积极性；而

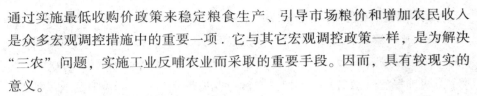

通过实施最低收购价政策来稳定粮食生产、引导市场粮价和增加农民收入是众多宏观调控措施中的重要一项。它与其它宏观调控政策一样，是为解决"三农"问题，实施工业反哺农业而采取的重要手段。因而，具有较现实的意义。

（2）最低收购价政策的主要内容

2004 年国务院出台了《国务院关于进一步深化粮食流通体制改革的意见》（国发〔2004〕17 号），提出实现全国粮食购销市场化和主体多元化，建立粮食最低收购价和对种粮农民直接补贴制度。同时，为了更好地保护农民利益，对重点地区、重要粮食品种实行最低收购价政策。2005 年以来，根据市场价格是否低于最低收购价的情况，分别在不同地区启动了相关品种最低收购价格执行预案。2008 年连续调高了小麦和稻谷的最低收购价格水平，扩大了稻谷最低收购价格实施范围。2009 年、2010 年，国家继续提高粮食最低收购价格水平（见下表）。当时，国家实行小麦最低收购价政策的主产区是河北、河南、山东、江苏、湖北、安徽 6 省；实行稻谷最低收购价政策的主产区是辽宁、吉林、黑龙江、江苏、安徽、江西、河南、湖北、湖南、广西、四川等 11 省区。

（3）最低收购价政策时期粮食市场及价格的变化特征

据有关部门预测，2007 年中国小麦播种面积为 2300 万公顷，预计 2007 年小麦产量为 10700 万吨，较上年的 10447 万吨增长 253 万吨，增幅 2.43%。小麦生产再次获得丰收，与国家最低保护价政策的实施不无关系。最低收购价政策促进了农民种粮的积极性，稳定了粮食生产，促进了农民收入的提高。最低收购价政策的实施使得以往出现过的粮食产量增长之后，随之实际市场价格下滑，从而影响生产者积极性的情况没有出现。2006/2007 年度小麦价格水平明显高于 2005/2006 年度，保护了小麦生产者的积极性。我们可以想象，如果 2006 年不启动最低收购价执行预案，小麦的市场价格可能会降到相当低的水平。正是由于认真执行最低收购价政策，使得小麦的实际价格一直维持在高位运行，增加了农民的收入，有效地激发了农民种粮的积极性。有数据显示，1996 年-2002 年，城市居民收入增长了 3326 元，增幅达 76%，粮食消费价格指数却发生了较大幅度下降，农民收入却只增长 550 元，在较低基数上增幅仅 28.5%。而根据最近的数据显示，2006 年实施小麦最低收购价政策的地区，农民增收 40 亿元以卜，没有实行最低收购价政策的地区由于粮食价格的上涨，也不同程度的增加了农民的收入，据有关部门统计，2006 年农村居民人均纯收入比上年实际增长了 7.4%，应与最低收购价政策的执行有很大的关系，从这层关系上来说，最低收购价政策基本上达到了增加农民收入的预期目标。

从国家粮食安全的角度考虑，最低收购价政策的实施有效地抵御了国际粮价的大幅上涨对我国粮食市场的冲击。从 2006 年以来，由于受到主产国乌克兰、澳大利亚等灾害天气影响，小麦产量及库存大幅减少，根据美国农业部的预测，2007 年度全球小麦库存量将降低到 30 年来的最低水平——11203万吨，年度供需缺口 992 万吨。受此影响，国际小麦市场价格走出了一波较为罕见的上涨行情。2006 年，国际小麦市场价格较上年涨了 30%，2007 年在此基础上继续上涨了 90% 左右，正是由于最低收购价政策的实施，保证了我国小麦的连年丰产，使得小麦的年度供需有所盈余，有力地保证了我国的粮食安全。因而，最低收购价政策是规避粮食生产巨幅波动的重要措施之一，是国家非常时期对粮食市场进行宏观调控的重要手段，具有重要的意义。

表 1-1 2004-2014 年我国粮食最低收购价格

单位：元/斤

	白麦	红麦、混合麦	早籼稻	中晚籼稻	粳稻
2004	——	——	0.70（未启动）	0.72	0.75（未启动）
2005	——	——	0.70	0.72	0.75（未启动）
2006	0.72	0.69	0.70	0.70	0.75（未启动）
2007	0.72	0.69	0.70（未启动）	0.72（未启动）	0.75
2008	0.77	0.72	0.70（未启动）	0.79（未启动）	0.82（未启动）
2009	0.87	0.83	0.90	0.92	0.95
2010	0.90	0.86	0.93	0.97	1.05
2011	0.95	0.93	1.02	1.07	1.28
2012	1.02	1.02	1.20	1.25	1.40
2013	1.12	1.12	1.32	1.35	1.50
2014	1.18	1.18	1.35	1.38	1.55

资料来源：最低收购价格数据为作者根据中国政府网站整理得出。

1.1.6 建立重点农产品临时收储制度：2008 年–至今

2008 年在世界金融危机冲击下，全球大宗商品出现大幅下跌。考虑到我国农户玉米、大豆等农作物种植户数量庞大，为了保护广大种粮农民利益，当年国家启动实施了对重点农产品的临时收储政策。具体做法是：由国家发展与改革委根据历年粮食市场具体情况，制定本年实行 1 次或者多次的农产品临时收储价格和收储的数量，并委托国有粮食企业按照收储价格收购农民余粮，具体的收储量一般由市场情况决定。如粮食市场价格高于国家制定的临时收储预案启动价格时，则不启动临时收储；反之则启动临时收储。2008 年由于国内玉米、大豆、棉花、油菜籽等农作物市场价格低于国家临时收储价格，当面随即启动了对主产区的临时收储政策，历年稻谷、小麦、玉米、大豆、油菜籽的收储情况见下表。下表中也描述了历年主要粮食品种收储数量，自从临时收储启动以来，收储价格呈现稳步向上的趋势，以玉米为例，其收储价格已经从 2008 年的 1500 元/吨上升到 2014 年的 2200 元/吨。随着价格的逐年上升农民种粮收益也得到了大幅提高，临时收储政策发挥了较好的"托市"作用，稳定了农民种粮收入预期，极大调动了农民种粮积极性，有利于引导粮食生产稳定发展，有利于实现农民增产增收和保障国家粮食安全。

表 1-2 2008-2012 年主要农产品临时收储状况

单位：万吨

	稻谷	新疆小麦	玉米	大豆	油菜籽
2008	1425	—	3574	533	
2009	—	106	60	276	411
2010	—	86	—	308	239
2011	—	22	102	367	368
2012		4	3083	81	431

注：1. 主要农产品临时收储数据来源于国家粮食局统计数据，2. ＊表示 2008 年虽然稻谷市场价格高于最低收购价格，国家仍然在主产区实行了政策性临时收储；＊＊表示新疆不属于小麦最低收购价执行范围，2009 年以来国家对新疆小麦实行临时收储。

1.1.7 农产品目标价格试点和收储制度改革：2014-至今

自 2008 年国家在三省一区实行玉米临时收储政策以来，临储玉米价格逐年升高，在 2014 年超过了 2220 元/吨。至 2014 年，中央一号文件首次提出棉花、大豆将不再收储，改为直补。并开始启动东北和内蒙古大豆、新疆棉花目标价格补贴试点。当时我国粮食出现产量、库存量与进口量"三量"齐增的矛盾现象，粮食产量十二年连增，但是粮食进口量突破 1.2 亿吨，结果是粮食库存量"库满为患"，当时玉米临储库存达 2.5 亿吨，稻谷按最低收购价库存 1 亿吨。据国家统计局统计，2015 年全国玉米产量 4491.6 亿斤，而 2015 年消费量仅在 3500 亿斤左右。供过于求 5000 万吨以上，还有临储的 2.6 亿吨玉米等待泄库。

根据当时国内玉米市场呈现阶段性供大于求局面，库存高企、财政负担加重、国内外价差较大、收储和进口压力不断增大、用粮企业经营困难等问题突出。2015 年 9 月，国家首次下调玉米收储价格，幅度在 220-260 元/吨。2013 年和 2014 的玉米收储价格相同，其中，内蒙古、辽宁地区为 2260 元/吨，吉林地区为 2240 元/吨，黑龙江地区为 2220 元/吨；而 2015 年各产区玉米临时收购价则统一调整为 2000 元/吨，下调幅度约为 12%。国家当年对玉米临时收储制度进行了改革，2016 年国家进一步加快玉米收储制度改革，决定取消东北三省和内蒙古地区玉米临时收储政策，进一步调整种植结构。充分发挥市场机制作用，玉米将进行市场化收购，秋后玉米上市后，价格将于市场形成反映市场供求关系。生产者随行就市出售，各类市场主体自由入市收购。同时为了保护种粮农民利益，调整为"市场化收购"加生产者"补贴"的新机制。国家将建立玉米生产者补贴制度，将补贴资金直接兑付到玉米实际种植者手中。为应对出现大范围卖粮难等风险，还将实施安排符合条件的企业入市托底收购。从 2015 年起的五年内，内蒙古将计划调整玉米种植面积 1000 万亩，适度减少籽粒玉米推进粮改饲增加青储饲料玉米，提高优势区域玉米的产能。压减后的耕地，主要种植小麦、大豆、水稻等经济作物。

表 1-3   1950-2016 年我国粮食价格和收储制度演变过程

	1950 年	1978 年	2005 年	2006 年
价格和收储制度	计划经济统购统销	开放粮食价格	建立水稻最低收购价	建立小麦最低收购价
	2008 年	2014 年	2015 年	2016 年
价格和收储制度	启动大豆、玉米、棉花临时收储	棉花、大豆不再收储；启动棉花、大豆目标价格试点	玉米收储价格首次下调	取消玉米临时收储、建立生产者补贴制度

资料来源：作者公开资料整理得出。

1.2   我国粮食价格支持政策改革的主要特点

总的来看，我国始终能够根据不同历史时期经济社会发展的相应阶段，以及国家财政实力、农业农村发展的重点任务等，适时制定和完善粮食价格支持和市场调控方式。粮食价格制度改革也始终贯穿我国粮食流通体制改革的全过程，是改革的最重要核心内容之一，回顾我国粮食市场价格体制 60 多年的改革历程，其主要呈现以下几方面特点。

（1）坚持市场化调节始终是我国粮食价格政策调整的主要方向

从新中国成立初期的市场自由调节，到 1953 年开始的政府开始实施对粮食市场的价格干预，期间主要经历了统购统销、价格双轨制，以及后来的开放粮食市场价格等政策演变，到 2004 年以来的粮食市场化改革，随着 2014 年中央 1 号文件提出"完善我国粮食价格形成机制"，这也意味着 2014 年我国又正式开启了新一轮的粮食市场化改革，着力推进农产品目标价格制度在大豆品种上的改革试点工作；2016 年国家对东北三省和内蒙古自治区的玉米临时收储政策进行改革，调整为"市场化收购"加"补贴"的新机制，在新的机制下一方面玉米价格由市场形成，反映市场供求关系，调节生产和需求，生产者随行就市出售玉米，各类市场主体自主入市收购；

另一方面，建立玉米生产者补贴制度，给予一定财政补贴，中央财政补贴资金拨付到省区，由地方政府统筹补贴资金兑付到生产者，以保护优势产区玉米种植收益稳定。其中，农产品目标价格制度改革的最大特点就是要推进粮食价格形成机制改革，实现市场价格形成与政府补贴相分离，减少政府对粮食市场价格形成的干预。从近六十多年来的价格制度调整与改革历程看，我国粮食价格政策和市场调控手段始终坚持市场化的改革方向。

（2）粮食价格政策改革始终坚持渐进式改革原则

渐进式方式始终是我国的经济和政治体制改革的基本原则，在粮食价格政策领域也基本坚持了这一原则。如从 1985 年的按照先统购，后统销的顺序逐步改革，直至最后取消粮食统购统销制度；2000 年以来逐渐分地区、分品种退出粮食保护价制度，2004 年以来逐步扩大纳入最低收购价制度的地区范围和粮食品种，按先主销区、后主产区的顺序逐步放开粮食购销市场，对种粮农民直接补贴先试点后逐步推广，再到 2014 年后分步骤取消油菜籽、大豆、玉米的临时收储，2015 年首次开展大豆目标价格制度改革试点，2016 年全面放开东北三省一区玉米临时收储价格，政府不再参与玉米的收储，玉米价格由市场供求形成，并通过建立新的生产者补贴制度以弥补价格波动对种粮农民收入造成大的冲击；同时，2016 年国家还对原先的农作物良种补贴、种粮农民直接补贴和农资综合补贴三项补贴进行了改革，改革的主要内容是将农作物良种补贴、种粮农民直接补贴和农资综合补贴合并为"农业支持保护补贴"，支持耕地地力保护和粮食适度规模经营。耕地地力保护的补贴对象为所有拥有耕地承包权的种地农民，享受补贴的农民要做到耕地不撂荒、地力不降低。用于粮食适度规模经营的补贴资金，支持对象重点向种粮大户、家庭农场、农民合作社和农业专业合作社等新型经营主体倾斜，充分体现谁种粮食，就优先支持谁，不让种粮农民吃亏等。从政策改革的过程看，每一项改革措施的出台都充分体现了积极稳妥、渐次推进、不断摸索和总结经验的根本特点。

（3）从较为单一的价格调控措施向更加多元化的支持政策体系转变

新中国成立后，为加快国内经济发展步伐，更好支持工业化发展和保障城镇居民粮食供应，我国实施了粮食由政府统购统销的价格干预措施，对粮食市场实行高度集中管理体制。这一阶段的粮食市场调控政策主要为国民经济恢复发展和工业化建设提供原始物质积累。改革开放以后，20 世纪 80 年代，政府采取减购提价、价格双轨制和保量放价等一系列政策措施，大幅度提高了粮食市场收购价格。随后，逐渐取消了统购统销制度，1990年开始对粮食收购实行最低保护价制度，并建立了粮食专项储备制度，加强对市场供求和价格的调节；1993 年国家放开粮食销售价格，实行按照保护价敞开收购农民余粮的政策；2004 年又建立粮食最低收购价政策，粮食直接补贴等价格和收购保障制度；2008 年进一步出台了重要农产品临时收储制度，并积极开展农产品农业保险制度改革和试点工作，如棉花、水稻等农产品保险制度。为调动产粮大县农业生产积极性，2016 年中央财政安排产粮大县奖励资金 394 亿元，比前一年增加 22 亿元。奖励资金进一步向商品粮大省、粮油调出大县倾斜，并对黄淮海的玉米产区增加了资金安排，鼓励地方加大对新型经营主体的支持，保护好种粮积极性，并促进玉米等种植结构调整，更好地推动实现农产品收储制度改革目标。截止目前我国已初步建立了以农民直接收入补贴，粮食生产支持，价格支持，农产品保险等主要内容的多元化粮食支持政策保障体系。

（4）粮食价格政策改革始终把保护种粮农民利益作为重点目标

一直以来，党和政府高度重视农民增收问题，始终将其作为农业政策制定的重点目标之一。尤其是从二十世纪 90 年代初期以来，这个目标的重要程度似乎已经接近生产目标（柯炳生，1998）从粮食价格制度改革的主要目标看，保护种粮农民利益始终是政府粮食价格政策改革的重要目标。粮食市场价格也直接关系到农民种粮收益和积极性，自新中国成立以来，我国政府先后出台了一系列粮食价格政策的改革措施，如先后多次大幅度提高粮食市场收购价格，粮食收购价格"双轨制"，2000 年中央加快推进农村的税费改革，首次开展农业税改革试点，仅仅用了两年时间，2006 年我国历史上首次实现了全面取消农业税，中国延续了 2600 多年的"皇粮国税"走进了历史博物馆；为更好保护种粮农民利益，2004 年同时启动实施按保护价敞开收购农民余粮、对短缺重点粮食品种在粮食主产区实行最低收购价政策，对主要粮食品种实施临时收储政策；2016 年国家在东北三省和内蒙古自治区建立玉米生产者补贴制度。这是在推动农产品价格形成机制和收储制度改革背景下，国家保障农民种粮基本收益、推动实施农业供给侧结构性改革、促进提升农业发展质量和效益的一项重要政策措施。其政策出台的主要目标就是为了保护种粮农民利益，调动农民种粮积极性，

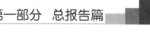

促进了粮食产量和农民增收。

（5）目标价格制度将成为未来粮食价格制度改革的重要方向

2014年中央1号文件明确指出要"完善粮食等重要农产品价格形成机制"，"继续坚持市场定价原则，探索推进农产品价格形成机制与政府补贴脱钩的改革，逐步建立农产品目标价格制度。决定先期对东北和内蒙古大豆、新疆棉花进行目标价格补贴试点，2014年6月国务院常务会议再次明确了"在保护农民利益前提下，推动最低收购价、临时收储和农业补贴政策逐步向农产品目标价格制度转变"的改革方向。这也意味着农产品目标价格制度将成为我国粮价政策的重大历史性转折点。有利于推进粮食价格形成机制与政府补贴脱钩，减少政府对市场的价格干预。建立粮食目标价格制度对于对市场调节配置粮食资源、实现国际国内粮价接轨、协调期货与现货粮价关系、控制物价总水平具有重要作用。目标价格是在综合考虑CPI指数和当年农民收入增加目标、市场价格等因素的基础上预测出来的一个价格水平。当市场粮价低于目标价格时，政府按差价补贴生产者，防止谷贱伤农；在市场价格过高时补贴低收入消费者，防止米贵伤民。与此同时，实施目标价格制度，按差价进行直接补贴，在保障农民基本收益的前提下，使农产品价格形成与政府补贴脱钩，发挥市场配置资源的决定性作用，也符合中国在"WTO农业规则"下，实行"干预扭曲程度小、市场化导向"的粮食价格支持制度的基本要求，是今后中国粮食价格支持制度调整的基本方向。

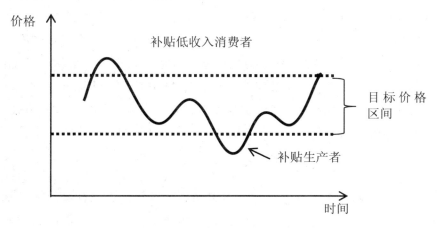

图1-1　粮食目标价格补贴制度的基本原理

1.3 我国粮食价格支持政策改革的主要成效

粮食是关系到国计民生的重要商品和战略物资，粮食安全是经济发展、社会稳定和国家自立的重要保障。我国是一个人口大国，也是粮食消费大国。人口多、耕地少是我国的基本国情，解决好吃饭问题始终是治国理政的头等大事。我国年粮食消费量约为世界粮食贸易总量的 2 倍，依靠国际市场解决我国粮食需求并不现实。因此，我国的粮食安全必须立足于自给，通过依靠进口保障国家粮食安全既面临较大的市场风险，同时也要面临较大的政治风险。粮食产业是一个总体利润率较低的产业，但又是国民经济发展的重要物质基础，为保护粮食生产者利益和保障粮食供给，世界主要经济发达国家普遍对国内粮食产业采取了支持保护制度。自新中国成立以来，结合经济社会发展不同阶段，不断改革和完善与经济发展水平相适应的粮食市场价格支持和市场调控制度，初步建立了"以最低收购价和临时收储、目标价格、粮食补贴制度、进出口调节措施"为主要内容的粮食价格支持和市场调控体系，该体系在促进我国粮食生产能力提升，保护种粮农民和消费者利益，以及保障国家粮食安全等都方面发挥了重要作用。

一是新中国成立之初 1953 年至 1992 年采取的统购统销和价格双轨制的粮食价格调控方式，有效维护了人民生活和市场物价的基本稳定，保障了国内城乡居民粮食供求平衡。新中国成立初期，为控制国民党统治时期历史遗留的通货膨胀问题，1950 年 3 月出台了"关于统一国家财政经济工作的决定"，实行粮食统一调度，对缺粮地区大量抛售粮食，平移市场价格，有效稳定了粮食价格大幅上涨势头。1953 年 11 月为进一步加强对粮食市场的调控能力，我国政府颁布了"关于实行粮食计划收购和计划供应的决定"和"粮食市场管理办法"，即"统购统销"，这是一种由国家统一定价，由地区或经济单位自行订价的议购议销，以及执行自由价格的城乡粮食集市贸易的粮食价格管理机制。粮食统购统销实际上也是粮食计划收购和计划供应的简称，是我国粮食商品计划分配和计划流通的一种特殊形式。是中国政府在特殊历史条件下，处理国家同农民关系，解决粮食供应问题的一种特殊政策。统购统销从 1953 年开始直到 1992 年底停止，总共施行了近 40

年。其中这一时期全国统购统销占全部社会商品粮食的80%以上，在整个流通领域居于主导地位。在粮食资源相对短缺的时期，为了保障人民生活和保持市场物价的稳定，在特定的历史时期这样做是十分必要的，在维护国内粮食市场稳定发挥了积极作用。

二是随着1993年粮食保护价收购政策的实施，稳步提高了粮食市场收购价格，极大调动农民种粮积极性，实现了粮食连续增产。1993年粮食保护价收购政策的实施后，为了进一步缩小市场价格和定购价格间的较大差距，刺激粮食生产，在随后的1994年和1996年，中央分两次提高了粮食定购价格，两次粮食提价幅度均在40%以上。政策干预和提价等因素刺激了粮食生产增长，1993-1997年，粮食总产量增加3768万吨，年平均增长率为2.0%。在国内粮食大幅增产后，粮食市场价格面临较大下行压力，农民面临着卖粮难问题比较突出，国家一方面通过保护价政策来收购农民手中的余粮，另一方面通过建立粮食风险基金来填补政策运作中的各项成本，有效维护保护了种粮农民利益。这一时期尽管国家出台了一系列保护农民利益的重要措施，但粮价的下跌对农民种粮积极性造成了一定负面影响，由此也出现了1998年后我国粮食生产连续五年下滑的趋势。

三是自从2004年粮食最低收购价和临时收储政策实施以来，国内粮食播种面积逐年回升，粮食收购价格不断提高，直接带动了种粮农民增收，粮食最低收购价格政策在调动农民种粮积极性和稳定粮食生产过程中发挥了重要作用，保障了国家粮食安全。2004年以来，在国家粮食托市收购政策等一系列支持政策的激励下，农民的种粮积极性得到了极大提高，一举扭转了自1998年以来国内粮食生产连续下滑的态势，各地粮食生产逐渐恢复，粮食播种面积逐年增长。截止2015年我国粮食作物播种面积已由2003年的9941万公顷，增加至2014年的11272.2万公顷，总播种面积增长约14%。随着国家逐年提高粮食最低收购价格，农民的种粮收入也不断增加，粮食价格的上涨，也直接促进了农民种粮收入的增加。2003年以来，农民从事粮食种植业的收入增长明显加快，仅从粮食价格上涨的影响来看，2003年到2011年农民从种粮中得到的收入年均增长约为8%左右。如果考虑到粮食单产的增加，农民从事种粮的收入增长将高于9%。据国家统计局数据显示，2007-2012年全国粮食生产的亩均现金收益年均增长10.1%，已从2007年的304元大幅增加到2012年的655元，加上每年国家给予的直接补

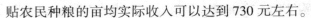

贴农民种粮的亩均实际收入可以达到 730 元左右。

四是粮食托市收购政策在应对 2008 年国际金融危机和国际市场粮食价格大幅波动，稳定国内粮食市场价格，促进国民经济平稳较快发展等方面发挥了重要支撑作用。近年来，在我国各项粮食市场价格制度调控下，国内粮食市场价格总体基本稳定。2003 年以来，国际市场粮食价格年均波动幅度都在约 20% 左右，特别是 2008 年、2010 年、2012 年国际金融危机爆发期间，国际粮食市场价格出现了三次大幅波动，波动幅度更是超过了 40%，而国内原粮收购价格平均每年保持平稳上涨态势，年均上升约为 10% 左右，成品粮零售价格年均上涨约为 8% 左右，且年度和月度间波动幅度明显小于国际市场。

1.4　本章小结

据上所述，本章主要针对新中国成立以来我国粮食市场价格支持政策改革的主要历程、特点和成效等三个方面进行了系统回顾、梳理和分析。从 1949 年至今的不同历史时期我国各项粮食价格支持政策和制度实施的实际效果看，粮食价格支持政策在维护国内粮食市场稳定，促进粮食生产和农民增收，以及保障国家粮食安全等方面都发挥了十分重要的作用。各个时期政府出台的各项政策措施在实施过程中也都基本能够达到政策设计之初的效果，但同时随着国内经济社会发展情况和国际市场形势的不断变化，不同政策在长期执行过程中也都逐渐暴露出了一些矛盾和问题。诸如自 1953 年以来实行长达 32 年的粮食统购统销体制，虽然不同程度上适应了当时历史阶段下国内粮食短缺和经济发展形势需要，保证了城镇居民口粮供应，稳定了市场供应；但根据之后的情况看，这种政策又严重挫伤了农民种粮积极性，使得国内粮食生产长期停滞不前，且长时间内粮食购销价格倒挂造成了政府财政负担加重等不利局面。此外，自 2004 年以来粮食托市收购政策实施以来，虽一举扭转了我国粮食生产连续多年下滑的趋势，促进了国内粮食生产十二连增，较好保护了农民利益和调动了农民种粮积极性，但在近 10 多年的实施过程中也正面临严重的市场扭曲，粮食生产资源过度集中，财政负担加重，资源环境压力不断加大等严峻挑战。

　　不难看出，历经 60 多年的艰难探索，我国粮食价格支持政策始终能够不断根据经济社会发展需要和粮食市场形势变化适时调整和完善粮食价格体制机制。其中，主要经历了从最初的粮食市场自由流通，实行公有制改造和粮食计划流通，到缩小粮食计划管理范围，加大市场调节比重，再到全面放开粮食购销市场，出台粮食最低收购价政策，2008 年又进一步增加对部分重点农产品的临时收储，我国粮食市场价格调控体系得到了不断健全和完善，目前已基本建立了以"最低收购价和临时收储"为主要内容的粮食托市收购制度。但随着 2014 年国家开始启动大豆、棉花农产品目标价格制度试点，紧接着 2015 年又首次降低玉米临时收储价格，2016 年在此基础上进一步全面取消了东北三省一区玉米临时收储制度，试点建立新的玉米生产者补贴制度，这都表明了我国新一轮的粮食价格支持政策改革的大幕已经正式开启，减少政府对价格的直接干预，粮食市场价格回归市场供求调节，充分发挥市场配置资源的作用，将不可避免的成为未来我国粮食价格制度改革的重点方向。

第二章　我国现行粮食托市收购
政策的执行情况与利弊

历年来，我们党和政府始终高度重视粮食安全工作，不断加大对国内粮食生产的支持和扶持力度，出台了一系列支农强农惠农政策。特别是在2004年，政府首次出台了粮食托市收购政策，自该项政策实施以来一举扭转了自1998年以来我国粮食大丰收以来，粮食生产出现的连续多年的下滑态势，实现了自半个多世纪以来我国粮食产量的首次"十二连增"，2014年全国粮食总产量达到了60702.6万吨，创出了历史新高。粮食托市收购政策的实施让全国29个省，超过约6亿多农民直接得到了实实在在的实惠和利益，对我国粮食生产产生了十分深远的影响，各地区农民种粮积极性得到极大提高，粮食产量和播种面积逐年稳步增长。现行以托市收购政策为主要内容的价格支持政策在保护种粮农民利益，促进国内粮食生产，维护粮食市场稳定，和保障国家粮食安全等方面都发挥了重要作用。

2.1　我国粮食托市收购政策的重点内容与运行机制

粮食托市收购政策是自2004年我国粮食购销市场全面放开以来，国家在特定区域和范围内，对特定粮食品种通过实施最低收购价收购和临时收储的方式，以此来调节粮食市场供求关系，达到稳定市场价格、保护种粮农民利益、提高农民种粮积极性和促进粮食生产的目的，是我国粮食市场宏观调控的重要措施之一。其中，粮食托市收购政策主要包括了"最低收购价政策"和"临时收储政策"，国家对稻谷、小麦的价格调控以最低收购

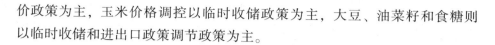

价政策为主，玉米价格调控以临时收储政策为主，大豆、油菜籽和食糖则以临时收储和进出口政策调节政策为主。

2.1.1　粮食托市收购政策的重点内容

（1）粮食最低收购价政策

自 1998 年粮食大丰收以来，连续丰收导致了粮食相对过剩，使得卖粮难现象一再出现，极大地抑制了农民种粮积极性。我国粮食生产出现了连续 5 年减产，粮食供给日益偏紧，国家粮食库存降至了历史最低，为进一步调动农民种粮积极性和保护广大种粮农民利益。同时，随着我国工业化进程的不断加快，粮食增产、农民增收仍是农业发展所面临的关键性问题，经济发展阶段已基本到达实施工业反哺农业的阶段。2004 年国家随即出台了《国务院关于进一步深化粮食流通体制改革的意见》，指出要进一步放开粮食市场收购价格，健全粮食市场体系，由市场供求形成粮食收购价格，国家在充分发挥市场机制的基础上实行宏观调控，当粮食供求发生重大变化时，为保证市场供应、保护农民利益，必要时可由国务院决定对短缺的重点粮食品种在粮食主产区实行最低收购价格。粮食最低收购价政策的调控逻辑为：在当年新粮收获、价格下跌时，国家入市收购和掌握一定数量的粮源，稳定市场价格；然后在后期市场供给减少、价格上涨时，顺价抛售政策性粮食储备，以熨平市场粮价波动。具体操作办法为：粮食最低收购价政策是国家为保护农民利益，保障市场稳定，对某些粮食品种确定最低收购价格，当市场价格低于最低收购价格时，由中储粮总公司和其委托公司按照最低收购价格收购农民的粮食。粮食最低收购价政策的执行有四个条件：（1）当市场价格低于最低收购价时，粮食最低收购价的预案才启动。当市场价格高于最低收购价时，最低收购价政策则处于休眠状态。（2）政策执行主体是中储粮总公司和其委托的公司。当市场价格低于最低收购价时，中储粮总公司和其委托的公司必须按照最低收购价收购粮食，而其他粮食企业可以按照市场价格自行收购。（3）政策实施范围有限制。粮食最低收购价政策只限于规定品种的重点主产区，如早籼稻是湖南、湖北、江西、安徽四个省（2008 年后又增加了广西），中晚稻和粳稻是湖南、湖北、江西、安徽、四川、吉林、黑龙江七个省（2008 年后又增加了江苏、河南和广西），小麦是河北、河南、山东、湖北、安徽、江苏六个省，在范围之外的粮食价格完全由市场决定，不执行最低收购价政策。（4）政策运行时间有规定。最低收购价政策并不是全年实施，而是按照粮食收获季节和农民售粮习惯规定了一定的时间期限，农民在此时间内售粮可以按照最低收购价进行收购，超出期限则按市场供求关系自主决定价格。在品种、区域范围之外的粮食价格完全由市场决定，不执行最低收购价政策。

表 2-1　粮食最低收购价执行的品种与地区

品种	执行地区
早籼稻	湖南、湖北、江西、安徽四个省（2004 年执行）；2008 年后又增加了广西
中晚籼稻	湖南、湖北、江西、安徽、四川五个省（2008 年后又增加了江苏、河南和广西）
粳稻	黑龙江、吉林、辽宁
白麦、红麦以及混合麦	河北、河南、山东、湖北、安徽、江苏六个省

（2）重点农产品的临时收储政策

2008 年全球金融危机爆发，全球粮食等大宗农产品等都出现了大幅下跌，对国内市场价格的冲击也日益增强。国家在考虑到我国玉米、大豆、棉花等种植户数量庞大，为了保护好农民利益，2008 年国家随即在特定区域内启动了对大豆、玉米、棉花等重点农产品的临时收储政策，而此前国家在确定最低收购价品种时，却并未将玉米、大豆、棉花等品种列入国家最低粮食收购价格制度。实际上，除了小麦和大米，其他大宗农产品价格与国际市场的关联度更加明显。临时收储政策的调控逻辑为：临时收储是国家根据局部地区粮食供求关系调节的需要而采取的一项临时性托市收购政策，其主要目标是国家控制一定规模的粮源并用于稳定粮食市场。具体操作办法是：历年通常由发改委根据具体的市场情况，制定本年实行 1 次或者多次的临时收储价格和收储的量，并委托国有粮食企业按照收储价格收粮。具体的收储量一般由市场情况决定。如果价格行情较好，则没有必要收储。自国家 2008 年 3 月首次在东北地区启动玉米的临时收储政策以来，目前收储品种已经涵盖了稻谷、小麦、大豆、玉米、油菜籽等，其中玉米、大豆、油菜籽这些没有被最低收购价政策所覆盖的粮食品种是国家临时收储的重点，而稻谷、小麦的临时收储则主要作为最低收购价政策执行情况的补充。临储政策的执行区域集中在这些粮食品种的主产区：大豆和玉米主要是内蒙古、辽宁、吉林和黑龙江等4省（区）；油菜籽主要是湖北、四川、安徽、江苏、湖南等17个处于长江流域和西部地区的油菜产区。国家首次实施临时收储时采取了分批下达收购计划的方式，但效果并不理想。这主要是因为难以准确把握收储计划的下达量。如果计划量过大便会严重影响市场预期，反之过小则又会使托市效果大打折扣，而且多次追加收储计划增加了成本、降低了效率。因此，2009年以后国家将临时收储的操作方式调整为敞开收购。

表2-2　2008-2014年粮食临时收储政策执行的品种与地区

品种	执行地区
玉米、大豆	黑龙江、吉林、辽宁、内蒙古
油菜籽	湖北、四川、安徽、江苏、湖南、贵州、江西、内蒙古、河南、青海、陕西、浙江、甘肃、重庆、云南、新疆、西藏等17个处于长江流域和西部地区的油菜产区。

根据2014年中央1号文件要求和国务院有关部署，从2014年起国家将取消棉花和大豆临时收储政策，对新疆（含兵团）棉花和辽宁、吉林、黑龙江、内蒙古的大豆实行目标价格改革试点。经国务院批准，国家发展改革委、财政部、农业部联合发布2014年大豆目标价格，为4800元/吨。生产者按市场价格出售大豆。当市场价格低于目标价格时，国家根据目标价格与市场价格的差价和种植面积、产量或销售量等因素，对试点地区生产者给予补贴；当市场价格高于目标价格时，国家不发放补贴。2015年国家又首次下调玉米收储价格，幅度在220-260元/吨。2013年和2014的玉米收储价格是一样的，内蒙古、辽宁为2260元/吨，吉林为2240元/吨，黑龙江为2220元/吨，2015各产区收购价则统一为2000元/吨，下调约12%。

表 2-3　2014 年至今粮食临时收储政策执行的品种与地区

品种	执行地区
玉米	黑龙江、吉林、辽宁、内蒙古
油菜籽	湖北、四川、安徽、江苏、湖南、贵州、江西、内蒙古、河南、青海、陕西、浙江、甘肃、重庆、云南、新疆、西藏等 17 个处于长江流域和西部地区的油菜产区。（2014 年已收储工作已由中央划归地方）

2.1.2　粮食托市收购政策运行的基本机理

粮食最低收购价政策是政府为保护种粮农民利益和保障粮食市场稳定供应实施的粮食价格调控政策，其政策调控基本原理主要是通过粮食市场价格机制进行传导，即国家在充分发挥市场机制作用的基础上，通过政府对短缺的重点粮食品种实行收储，以达到稳定粮食市场供求和价格的宏观调控目标。

如利用理论模型分析描述，如下图 2-1 所示，在粮食托市收购政策未启动实施前，粮食市场供求关系处于均衡状态点 E^1，粮食市场均衡价格为 P^1；当市场价格低于政府制定的最低收购价时，政府启动托市收购，一部分粮食由国家以最低收购价 P^1 收储进入国库，此时市场粮源供给量将会减少，原先均衡点的供给曲线 S^1 也将会向左移动至新的供给曲线 S^2，市场将在点 E^2 实现新的均衡，此时市场价格也将从 P^1 上升到 P^2；当市场价格上升至政府托市价格水平之上水平时，政策性托市收购则退出。由此可见，在托市收购政策机制下，国家只需收购较少数量的粮食 $Q^1 Q^2$，就会拉动粮食价格较大幅度的上升（$P^2 - P^1$），而在农民卖出粮食数量 Q^2 情况下，将能够获得比原先售粮多增加 $Q^2 (P^2 - P^1)$ 的政策性收益。

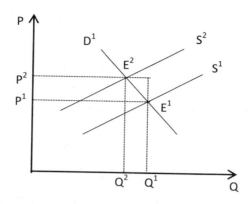

图 2-1 粮食托市收购政策运行的基本运行机制

与此同时，粮食托市收购政策从启动实施到产生的效果，还需要对多个因素进行调控。首先，价格是托市收购最基本的调控工具，托市收购政策通过价格机制起到调控市场的作用，同时价格也是托市收购退出机制的决定因素，一旦市场粮价高于托市价格，托市收购即告退出。其次，托市收储是托市收购必不可缺的调控手段，通过托市收购，市场上一部分粮食用于储备，对区域性粮食市场供求关系产生直接的调控作用。这也是国家为什么要试图通过采用托市收购减少市场流通粮源，以达到拉升市场价格回升和增加种粮农民收入双重目的的基本调控逻辑和作用机理。

2.2 我国粮食托市收购政策执行取得的成效

2.2.1 促进了国内粮食生产连续增产

表 2-4 为 1995-2014 年全国主要粮食作物播种面积变化情况，从图中不难看出自 1998 年我国粮食大丰产以来，1999-2003 年间我国粮食物播种面积出现了连续 5 年下降趋势，2003 年全国粮食播种面积下降至 9941 万公顷，较 1998 年的 11378.8 万公顷减少 1437.8 万公顷，粮食生产形势十分严峻。在此背景下我国政府加大对种粮农民扶持力度，自 2004 年起开始实施粮食最低收购价和粮食直补政策，极大调动了种粮农民积极性，当年粮食

播种面积出现恢复性增长 219.6 万公顷，彻底扭转了连续 6 年下降的不利局面，截止 2014 年全国粮食播种面积达到 11272 万公顷，也实现了粮食播种面积的十二年增长，粮食播种面积的恢复有力维护了国家粮食安全，为国家经济发展提供了重要的物质保证。

表 2-4　1995-2014 年全国主要粮食作物播种面积变化情况

	粮食作物播种面积（千公顷）	谷物播种面积（千公顷）	稻谷播种面积（千公顷）	小麦播种面积（千公顷）	玉米播种面积（千公顷）
1995 年	110060.40	89309.60	30744.10	28860.20	22775.70
1996 年	112547.92	92207.45	31405.60	29610.54	24498.15
1997 年	112912.10	91963.50	31764.87	30056.69	23775.09
1998 年	113787.40	92116.96	31213.80	29774.05	25238.84
1999 年	113160.98	91616.74	31283.49	28855.07	25903.71
2000 年	108462.54	85264.23	29961.72	26653.28	23056.11
2001 年	106080.03	82595.59	28812.38	24663.76	24282.05
2002 年	103890.83	81466.27	28201.60	23908.31	24633.71
2003 年	99410.37	76810.10	26507.83	21996.92	24068.16
2004 年	101606.03	79350.37	28378.80	21625.97	25445.67
2005 年	104278.38	81873.91	28847.18	22792.57	26358.30
2006 年	104958.00	84931.00	28937.89	23613.00	28462.98
2007 年	105638.36	85776.74	28918.81	23720.62	29477.51
2008 年	106792.65	86247.83	29241.07	23617.18	29863.71
2009 年	108985.75	88401.08	29626.92	24290.76	31182.64
2010 年	109876.09	89850.61	29873.36	24256.53	32500.12
2011 年	110573.02	91015.83	30057.04	24270.38	33541.67

续表

	粮食作物播种面积（千公顷）	谷物播种面积（千公顷）	稻谷播种面积（千公顷）	小麦播种面积（千公顷）	玉米播种面积（千公顷）
2012 年	111204.59	92612.43	30137.11	24268.26	35029.82
2013 年	111955.56	93768.65	30311.75	24117.26	36318.40
2014 年	112722.58	94603.49	30309.87	24069.42	37123.39

注：数据来源于国家统计局

　　表 2-5 为 1995-2014 年全国主要粮食产量变化情况，从图中也不难可以看出 1999-2003 年间我国粮食产量连续 5 年减产，粮食供求形势不断恶化。为扭转粮食生产不断下滑趋势，保护种粮农民利益，维护国家粮食安全，2004年我国政府果断出台了粮食最低收购价和粮食直补办法，加大对种粮农民扶持力度，调动种粮农民积极性，2004 年我国粮食总产量出现了恢复性增长，一举扭转了连续 6 年下降趋势，达到 46946.9 万吨，比上年增加 3877.4 万吨，增产 9%，自 2004 年起我国粮食产量实现了连续十一年增产，2014 年全国粮食总产量达到了 60702.61 万吨，创出了历史新高。粮食的逐年增产也为国家加强宏观调控，促进经济社会平稳较快发展奠定了良好基础。

　　　　表 2-5　1995-2014 年全国主要粮食产量变化情况

单位：万吨

时间	粮食产量（万吨）	谷物产量（万吨）	稻谷产量（万吨）	小麦产量（万吨）	玉米产量（万吨）	豆类产量（万吨）
1995 年	46661.80	41611.60	18522.60	10220.70	11198.60	1787.50
1996 年	50453.50	45127.10	19510.27	11056.90	12747.10	1790.30
1997 年	49417.10	44349.30	20073.48	12328.90	10430.87	1875.50
1998 年	51229.53	45624.72	19871.30	10972.60	13295.40	2000.60
1999 年	50838.58	45304.06	19848.73	11388.00	12808.63	1893.96
2000 年	46217.52	40522.36	18790.77	9963.60	10599.98	2010.00

续表

时间	粮食产量（万吨）	谷物产量（万吨）	稻谷产量（万吨）	小麦产量（万吨）	玉米产量（万吨）	豆类产量（万吨）
2001 年	45263.67	39648.21	17758.03	9387.30	11408.77	2052.81
2002 年	45705.75	39798.66	17453.85	9029.00	12130.76	2241.22
2003 年	43069.53	37428.73	16065.56	8648.80	11583.02	2127.51
2004 年	46946.95	41157.21	17908.76	9195.18	13028.71	2232.07
2005 年	48402.19	42776.01	18058.84	9744.51	13936.54	2157.67
2006 年	49804.23	45099.24	18171.83	10846.59	15160.30	2003.72
2007 年	50160.28	45632.37	18603.40	10929.80	15230.05	1720.10
2008 年	52870.92	47847.40	19189.57	11246.41	16591.40	2043.29
2009 年	53082.08	48156.30	19510.30	11511.51	16397.36	1930.30
2010 年	54647.71	49637.06	19576.10	11518.08	17724.51	1896.54
2011 年	57120.85	51939.37	20100.09	11740.09	19278.11	1908.42
2012 年	58957.97	53934.68	20423.59	12102.36	20561.41	1730.53
2013 年	60193.84	55269.21	20361.22	12192.64	21848.90	1595.27
2014 年	60702.61	55740.72	20650.74	12620.84	21564.63	1625.49

注：数据来源于国家统计局

2.2.2　有力促进了种粮农民增收

自改革开放以来，我国农民收入增长主要呈现出"两头高，中间低"的特征，1978-1985 年在粮食实行统购统销政策时期，农民收入从 1978 年的 133.6 元增加至 1985 年的 397.6 元，年均增速为 15.2%，其后 1985—
2003 年 18 年间粮食流通政策进入双轨制和保护价收购时期，农民收入增幅
开始放缓，年均增长率约为 4.06%，而此时粮食产量的增幅也仅为 0.7%。
为扭转农民收入增长放缓等不利局面，2004 年我国开启了新一轮的粮食市
场购销市场化改革，建立了最低收购价和临时收储等政策，有效拉升了国
内粮食价格回升，较好促进了农民收入增长，农户收入从 2003 年的 2622.3
元大幅增长至 2013 年的 8896 元，年均增幅超过了 13%，我国农民收入增长
再次进入了高增长期。据国家粮食局测算，按照 2011 年全国各类粮食经营
企业收购粮食 6946 亿斤计算，因收购价格提高，促进农民增收约 300 亿元。
数据显示，粮食托市政策的实施较好地调动了农民种粮积极性，有力促进
了农民增收和我国粮食连续增产。

表 2-6 农民收入年均实际增长率比较

	统购统销时期		双轨制和保护价时期		托市收购政策时期	
	1978 年	1985 年	1985 年	2003 年	2003 年	2013 年
农民人均纯收入(元)	133.6	397.6	397.6	2622.2	2622.3	8896
年均增长率	15.2%		4.1%		13.0%	

资料来源：根据历年《中国统计年鉴》整理计算得出。

2.2.3 有序拉动了国内粮食市场价格上升

从 2004 年、2006 年起国家分别对主产区稻谷、小麦实行最低收购价
制度；2007 年以来，又先后对玉米、大豆、油菜籽等实行临时收储政策。
2004—2007 年稻谷最低收购价格一直维持 2004 年价格水平不变，其主要
原因有：一是由于政策刚开始实施缺乏经验，无章可循，且对于提价水平
制定等还处于摸索阶段，各方也未形成明确认识；二是在这段时期国家制
定的最低收购价格大都低于市场粮价，政策的启动情况并不理想，没有达
到政策设计的初衷（贺伟、刘满平，2011）。2008 年受到国际金融危机和
国内粮食生产成本大幅上升影响，国家先后两次提高小麦和稻谷最低收购
价格。随后国家连续 7 年提高粮食最低收购价格，临时收储价格也呈现逐

年提高态势。其中稻谷、小麦最低收购价格累计分别提高 92%、57%，玉米、油菜籽累计提高 60% 和 38%，粮食托市收购政策拉动粮食市场价格明显上升。

表 2-7　2008-2014 年政策性粮食托市价格变动情况

单位：元/斤

品种 \ 年份		2008	2009	2010	2011	2012	2013	2014
稻谷	早籼稻	0.77	0.90	0.93	1.02	1.20	1.32	1.35
	中晚籼稻	0.79	0.92	0.97	1.07	1.25	1.35	1.38
	粳稻	0.82	0.95	1.05	1.28	1.40	1.50	1.55
小麦	白麦	0.77	0.87	0.90	0.95	1.02	1.12	1.18
	红麦 混合麦	0.72	0.83	0.86	0.93	1.02	1.12	1.18
玉米	黑龙江	0.74	0.74	——	0.98	1.05	1.11	1.11
	吉林	0.75	0.75	——	0.99	1.06	1.12	1.12
	内蒙古 辽宁	0.76	0.76	——	1.00	1.07	1.13	1.13
大豆		1.85	1.87	1.90	2.00	2.30	2.30	——
油菜籽		——	1.85	1.95	2.30	2.50	2.55	2.55

注：1. "——"表示当年没有制定和实施该品种的托市政策。2. 国家 2014 年在东北地区实施大豆目标价格试点，目标价格水平为"4800 元/吨"。3. 小麦品种从 2012 年开始不再区分白麦和红麦、混合卖，实施统一的最低收购价格。

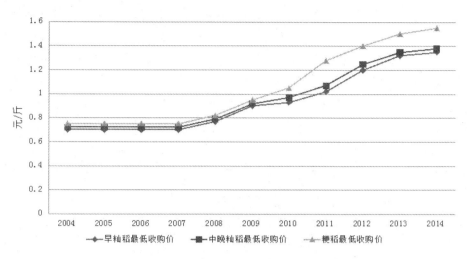

图2-2 2004-2014年我国稻谷最低收购价增长趋势

数据来源：国家发展与改革委政府网

2.2.4 有效维护了国内粮食市场价格稳定

我国粮食托市收购等收储政策的实施为粮食宏观调控奠定了坚实的物质基础，在应对国际粮价大幅波动中，充足的国家粮食储备切实发挥了作用，有效保证了国内市场的正常供应和价格稳定，对稳定国内粮食市场价格发挥了明显调节作用。2003年以来，国际市场粮价年均波动幅度均在20%以上，特别是2008年、2010年和2012年国际粮价波动幅度更是超过了40%；尽管国际市场粮食价格经历了大幅度震荡，但在托市收购政策的支撑下，国内粮食市场价格保持了持续稳定上升态势，粮食价格总水平基本稳定。以2009年7月至2014年4月小麦和玉米价格为例，从国内外粮食价格波动幅度对比情况看（国际小麦、玉米价格样本为美麦、美玉米到岸完税价格，国内小麦、玉米价格选取郑州中等小麦成交价格和深圳中等玉米成交价格），国内粮食市场价格波幅要明显低于国际市场的波动幅度，其中国际小麦、玉米市场价格波动标准差分别为305.56元和363.31元，同期国内价格波动标准差仅为220.23元和245.16元，国际市场玉米价格在2012年9月达到了3081元/吨的最高价，2009年8月的1722元/吨为最低价格，最低价与最高价价差达到了 1359 元/吨；同期国内市场最高价和最低价分别为 2560 元/吨和 1860 元/吨，差价为 700 元/吨，也明显小于国外市场（见图 2-3）。我国主要粮食品种价格在国际市场粮 价大幅波动下，总体保持了相对独立的运行态势。

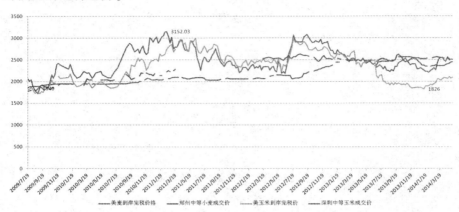

图 2-3　2009-2014 年国内外小麦和玉米价格波幅比较

数据来源：中华粮网

2.3　我国粮食托市收购政策执行面临的挑战

我国粮食最低收购价和临时收储等托市收购政策施行以来，在提高国内粮食综合生产能力，调动农民种粮积极性，促进农民增收，维护国内粮食市场价格稳定等方面取得显著成效。但政策运行过程中逐渐出现了严重市场扭曲，导致了粮食总量结构性过剩但高质量品种供给不足，粮食连续增产却进口大幅增长，产业链下游粮食企业受到冲击越来越大，生产可持续发展面临严峻挑战等等诸多矛盾和问题。

2.3.1　粮食总量结构性过剩但高质量品种供给不足

目前我国粮食最低收购价的确定没有充分考虑到粮食品质差价，难以实现鼓励优种、淘汰劣种的种植结构调整目的，甚至使得已调整好的种植结构又反调回来了。调研中农民反映，优质早籼稻（糯稻）和一般早籼稻正常情况下两者差价应为 0.15-0.20 元/斤，一般早籼稻的价格应为每斤 0.62 元左右，将早籼稻最低收购价定为 0.70 元/斤，打乱了优质稻和一般稻、早籼稻和中晚稻的正常比价关系，种植优质稻远不如一般稻划算，国家的最低收购价政策实质上保护了劣质品种生产，使得农民开始盲目扩大早籼稻种植，放弃或减少优质稻的生产。湖北省监利县，前几年政府下大力气调整种植结构、推广优质品种，早籼稻种植面积减少到 10 万亩以下，2005 年又恢复到 30 万亩以上。目前，在湖北、湖南等省执行早籼稻最低收购价政策的地区，这个趋势越来越明显。

2.3.2 关税、配额等防火墙失去作用后粮食进口激增对国内冲击加大

从 2010 年起，我国粮食价格开始高于国际市场离岸价格，而仅 3 年左右时间，截止 2013 年 4 月我国稻谷、小麦、玉米、大豆等主要粮食价格已经突破国家价格"天花板"。国家粮油信息中心数据显示，截止 2015 年 1 月 30 日除去油脂外，我国小麦、大米、玉米、大豆、油菜籽等主要粮食品种均已大幅超过国外粮食进口到岸完税价格，其中小麦高 33.3%，大米高 37%，玉米高 51.3%，大豆高 39.2%，油脂高 44.97%。

表 2-8 2015 年主要粮食品种国内外价格对比

品种	进口到港完税价格（元/吨）	国内批发价格（元/吨）	国内与国外差价（元/吨）	本年度累计进口量（2014年1-12月）	国家确定的原粮价格与进口完税价格比较（元/吨）		
					国家确定的原粮价格	与进口差价	与国内批发价格差价
小麦	1980	2640	660	297	2360	380	-280
大米	2846	3900	1054	256	2700(稻谷)	708	—
玉米	1599	2420	821	260	2240	641	-180
大豆	3133	4360	1227	7140	4800	1667	440

续表

品种	进口到港完税价格（元/吨）	国内批发价格（元/吨）	国内与国外差价（元/吨）	本年度累计进口量（2014年1-12月）	国家确定的原粮价格与进口完税价格比较（元/吨）		
					国家确定的原粮价格	与进口差价	与国内批发价格差价
油菜籽	3518	5100	1582	507	5100	1582	0
油脂	5989	5500	−489	787	—	—	—

注：数据来源于 2015 年 1 月 30 日国家粮油信息中心粮油市场报告。

　　在国际国内粮价倒挂背景下，从此我国关税、配额等防火墙功能将失去作用，国内用粮企业为了降低生产成本，势必将导致粮食进口数量大量增加（见图 2-3）。据海关总署数据显示，2014 年前 7 个月包括小麦、大米、玉米在内的我国谷物进口量较去年同期增长 80%；[②] 全年进口量大豆为 7140 万吨，同比增加 12.7%，为国产大豆的 6 倍左右，更是 1996 年开始进口时（111 万吨）进口量的 64 倍。目前我国玉米、稻谷等粮食品种已呈现出阶段性供大于求的特征，粮食价格倒挂下大量进口和走私粮食入境进一步加剧国内市场供大于求的矛盾，加大了国内粮食市场价格的下行压力，扰乱国内粮食市场正常流通秩序，影响国家托市收购政策保护种粮农民利益的效果。

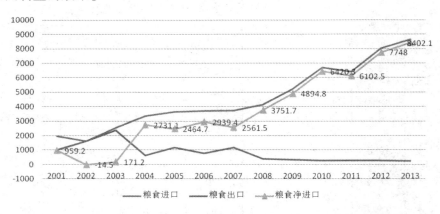

图 2-3　2001-2013 年我国粮食净进口数量增长趋势　单位：万吨
数据来源：国家发展与改革委统计资料

2.3.3 储备粮顺价销售不畅造成储备粮企业经营出现普遍亏损

在国内外粮价倒挂和国外粮食进口大量增加大背景下，我国国有粮食储备企业托市粮顺价销售变得更加困难。按规定中央和地方储备粮每3年要进行轮换，但受国际市场价格大幅走低和进口粮食大量增长等因素冲击，国内粮食市场行情也呈逐步走弱趋势，国家储备粮竞价销售市场成交率长期处于较低水平，粮食市场流通和政策性粮食轮换严重不畅。根据中华粮网最新数据显示，2015年3月10日河南市场拍卖投放托市小麦20.11万吨，成交0.32万吨，均价2430元/吨，成交率仅为1.62%，安徽市场投放81.85万吨，成交28.84，均价2452－2465元/吨，实际成交率也只有35.23%。

在针对湖北省京山、天门、黄陂、武昌等地国有粮食储备企业经营和轮换情况的调研中，发现2013-2014年湖北省内粮食产销区中央和地方储备粮企业经营和轮换均出现了普遍亏损，据测算仅全省稻谷轮换亏损就超过4000万元，给国有储备粮企业正常经营带来了严重困难。其中，被调查的中储粮滠口中央直属库2013年籼稻轮换每斤亏损约0.245元，总亏损接近300万元（见表2-9）。

表2-9　2013年湖北省国有储备粮企业储备和稻谷轮换亏损情况

	储备主要品种	稻谷轮入平均成本（元/斤）	稻谷轮出平均价格（元/斤）	稻谷轮换差价（元/斤）	总亏损额（万元）
京山粮食储备库	稻谷、小麦	1.350	1.200	0.150	180
天门粮食储备库	稻谷	1.390	1.390	0.000	0
中储粮滠口储备库	稻谷、小麦、玉米	1.420	1.175	0.245	300
湖北武昌直属库	小麦、稻谷、玉米	1.430	1.175	0.255	490

注：资料来源于湖北省粮食局《粮食储备与安全》课题组调研数据。

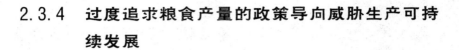

2.3.4 过度追求粮食产量的政策导向威胁生产可持续发展

在这些年国家托市价格只提高不降低的影响下，农民和地方政府已经形成政策依赖的惯性，特别是部分粮食主产区盲目追求粮食产量，超量施用化肥农药，导致水土资源过度开发利用和农业环境严重污染。目前，全国粮食播种面积占耕地总面积的90%以上；粮食生产灌溉用水占农业用水总量的90%左右，继续扩大水土资源投入的空间十分有限。大量施用的化肥农药导致耕地质量下降、重金属污染严重，我国化肥每公顷施用量高达480多公斤，是世界平均水平的4倍多；农药施用量180多万吨，利用率仅30%，较发达国家低20%-30%；农膜使用量238万吨，残留率高达40%。全国受污染耕地面积已达1.5亿亩，占耕地总面积的8.3%[7]，进一步加剧了水土资源的供求矛盾。此外，政府高价托市对粮食生产结构也造成严重误导。按照目前的托市价格水平，2014年种植玉米的亩均收益为794元，远高于小麦和大豆576元、648元的收益水平，加上国家敞开收购，在巨大收益差距的驱动下，东北地区玉米种植带已经扩展至第四、五积温带等不适合种植玉米的区域，而且目前在这些地方种植的品种基本是品质较差的"德美亚"系列，收获后可用价值不高。相反，一些传统的适合种植大豆、小麦地区普遍存在"弃豆、弃麦，改种玉米"的现象，导致长期自然形成的玉米与小麦、大豆倒茬轮作体系被人为破坏，玉米产量和库存畸高，严重影响农业生态和粮食生产能力。

2.3.5 托市价格上升难以跟上生产成本增长速度导致政策陷入"两难"局面

尽管政府托市收购政策大幅提高了国内市场粮价，但由于粮食生产土地、农药化肥、劳动力等投入要素成本持续上升，多数农产品成本增长速度快于收入增长速度（马晓河，2011），粮价上涨仍难以跟上种粮成本增长幅度。国家发展与改革委统计显示，2012年我国粮食生产成本已由2007年的481元/亩提高至的936元/亩，5年已累计增长94.66%，年均增幅高达

14%；而同期稻谷、小麦、玉米等粮食收购价格年均分别上涨 10%、8.2%、8.3%，粮价涨幅明显低于生产成本涨幅，农民种粮收益增长更低于外出务工收入增速。现行托市政策的激励作用逐渐减弱，宏观调控陷入"两难"严峻局面，如果继续提高国内粮食托市收购价格，势必将进一步刺激国外粮食进口，政府粮食收储压力和财政负担将越来越重；如若不提高粮食收购价格，则粮价上涨幅度弥补不了生产成本增速，必将对我国农民种粮积极性和粮食生产造成巨大冲击。

表 2-10　稻谷、小麦、玉米三种粮食作物平均生产成本

单位：元/亩

	2007	2008	2009	2010	2011	2012	累计增长率
总成本	481	562	600	673	791	936	94.66%
生产成本	399	463	486	539	641	770	92.84%
物质与服务成本	240	289	298	313	358	398	66.04%
人工成本	160	175	188	227	283	372	133.12%
土地成本	82	100	115	133	150	166	103.56%

注：资料来源于国家发展与改革委《全国农产品成本收益资料汇编》。

2.3.6　政府粮食收储数量大幅增加造成财政成本和风险剧增

近年来，由于我国粮食连续多年丰收，国内市场粮食价格却持续多年上涨，民营企业入市收购谨慎，国有收储企业成为收购主力军，大部分粮食流向国储库，造成各地粮库爆满、仓容紧张，政府财政负担加重。据国家粮食局测算，国家临时收储每储存 1 吨玉米需收购费用 50 元，每年利息支出约 137 元和保管费 100 元，共计约 287 元；如按照 2013-2014 年我国临时收储玉米 6919 万吨的数量计算，仅收购费、利息支出和保管费这三项费用国家财政每年支出就高达 198.58 亿元；如再加上企业竞拍临储玉米，除高于收储价的拍卖价外，还要支付出库费 30 元，品质升降差平均约 40 元，

短途运输和损耗费用平均约 50 元等，共约 120 元，成本则将进一步增加。此外，受到国际粮价大幅下跌因素影响，国内库存粮食价值还存在大幅贬值风险，如果以 2013－2014 年我国临时收储菜籽油 600 万吨测算，若按 2014 年 4 月市场价格销售，仅这一项价差损失就超过 150 亿元。食糖临储库存累计 500 万吨左右，隐亏估计超过 200 亿元。

2.3.7 市场流通粮源减少影响涉粮产业健康发展

由于托市价过多高于市场价，使得大量粮源进入国有粮库，市场上自由流通的粮源减少，涉粮企业自主经营空间缩小，用粮成本增加，"稻强米弱"、"麦强粉弱"等现象频频出现，严重影响产业健康发展。以小麦为例，国家托市收购的价格本来就已经高出市场价格，再加上从托市收购入库到出库，中间产生的收购补贴、保管费用、农发行贷款利息等，加起来每斤小麦约有 0.2 元的"沉默成本"，进一步抬高了原粮的使用成本。东北地区的玉米问题更加严重，正常情况下玉米加工企业要储存一个月以上的原料粮，但由于市场上玉米流通量减少，企业往往只能通过粮食批发市场竞买高价的托市储备玉米维持生产，多数企业库存仅能满足 5－10 天的加工用粮。与原料成本居高不下形成鲜明对比的是，粮食加工品受经济下行压力较大影响，消费需求不旺、价格低迷，企业生产利润下降甚至出现了亏本，不少企业特别是东北地区的玉米加工企业陷入了停产半停产的困境。长期的原粮与加工品价格倒挂，不利于粮食企业健康发展，也对地方粮食经济发展造成了较大冲击。

2.3.8 粮食进口规模快速增加对国内市场造成较大冲击

在较高托市价格的支撑下，国内粮食价格已经全面高于国际粮价，而且持续保持着较大的价差。根据国家粮油信息中心的监测数据，8 月份小麦、稻米、玉米、大豆等主要粮食品种配额内进口完税价格与国内批发市场价格的差价每吨分别为 701 元、1057 元、897 元、1055 元。国内外粮价这么大的差距，直接导致粮食进口压力明显增加（见表 2－11）。按照国家海关的数据，2014年我国粮食进口总量突破1亿吨，达历史新高。其中，谷物进口量高达1951万吨，大豆进口量达到7140万吨。特别需要注意的是，除小麦、大米、玉米三大谷物受关税配额限制，进口增幅可控外，大麦、高粱等配额外谷物品种的进口量呈井喷式增长，去年进口量分别达到541万吨和578万吨，较2013年增长了1.3倍和5.8倍，主要用于替代玉米作饲料[6]。大量低价进口粮通过各种渠道涌进来，严重冲击了国内粮食市场，导致国家高价托市收上来的粮食难以顺价销售。如果国内粮食价格按照目前的增长幅度上涨，将在10内全面突破"价格天花板"（关税配额外的进口完税价），那时关税配额的防火墙功能便会实效，粮食的大量进口将无法避免。

表2-11　2010-2014年我国主要粮食品种进口情况

单位：万吨

	2010年	2011年	2012年	2013年	2014年
小麦	123	126	370	551	297
大米	39	60	235	224	256
玉米	157	175	521	327	260
大豆	5480	5264	5838	6338	7140

注：根据海关总署发布数据整理。

2.4　本章小结

自2004年粮食购销市场全面开放以来，为维护粮食市场和价格稳定，保护种粮农民利益，国家实施了以粮食最低收购价、临时收储为主要内容的粮食价格支持政策，粮食托市收购政策已成为国家粮食宏观调控的重要组成部分之一。从近十多年政策执行的效果看，最低收购价政策与临时收储政策相互补充，较好体现了市场调节和宏观调控相结合的设计初衷，政策实施有效维护了粮价稳定和种粮农民利益，为促进粮食连续增产发挥了关键性作用。

然而，随着国内外粮食生产和市场供求形势的日益复杂多变，现行价格支持政策体系在实施过程中也暴露出了一些亟待解决的新问题。近年来，托市收购政策实施使得市场流通粮源减少，企业加工需求被明显抑制，大量新粮以相对较高国家临时收储价格进入国有粮库，市场流通粮源减少使得价格上涨，导致加工企业出现"用粮慌"；随着国有大型企业托市收购和临时收储规模扩大，庞大的粮食托市收购数量形成了垄断色彩浓厚的"政策市"，由此出现了国内粮食连续丰产情况下却出现了多个粮食品种价格创历史新高、南北价格倒挂、多元主体进行抢粮等反常现象。政府调控陷入"国家收储-进口增加-国家增储"的不利局面，国家财政负担不断加重，粮食市场被严重扭曲。

实践表明，我国最低收购价、临时收储为主要核心的粮食价格支持政策实施的效能正明显趋于弱化，且政策对市场的强烈介入导致市场价格信号被人为扭曲，市场机制对粮价的调节作用难以发挥，不断提高的粮食托市收购价格产生的误导资源配置的风险不断上升，造成社会资源和效率的巨大损失。事实上，在政策决策过程中要降低粮食托市价格水平存在极大风险，因为无人能够承担减低托市价格可能引发的粮食生产下滑风险，出现了粮食价格只能上涨不能下跌的"单边市"，价格对长期生产率的刺激作用被托市政策所替代。为此，必须与时俱进地调整完善粮食价格和市场调控机制，在保护种粮农民利益前提下，更好地发挥市场配置资源的作用。

第三章 我国玉米临时收储制度的
执行效果与改革实践

2008 年下半年以来，全球金融危机蔓延使得国际粮价出现大幅异常波动，且对国内市场传导效应不断加强，特别是对未纳入最低收购价制度的玉米冲击尤为明显。为防止谷贱伤农和解决东北玉米主产区农民卖粮难问题，2008 年国家随即出台了玉米的临时收储政策（徐志刚、习银生、张世煌，2010），旨在通过收购一部分临储玉米，减少市场流通量，达到拉动市场价格回升的目的。玉米临储政策在有序提升国内市场价格和保护农民利益的同时，也造成了市场机制严重扭曲（马晓河，2014），使得玉米产区与销区、原粮与产品粮、国际与国内价格倒挂，政策性玉米库存难以实现顺价销售，国内连续丰产情况下玉米及其替代品进口却大幅增长，不仅增加了原粮流通和政府财政成本，对整个产业链的正常经营和市场公平竞争造成了严重损害（程国强，2014），国内玉米加工全行业经营出现普遍亏损（郭庆海，2015），调整和完善玉米收储制度已逐渐成为了社会共识。随着政府首次下调玉米收储价格这也意味着政策调整已正式开启，由此打破了以往对价格只涨不跌的市场预期，本章主要在厘清政策背后逻辑与当前困局的基础上，深入分析了玉米收储价格调整的市场风险，并提出了下一步制度改革的具体措施和办法，希望能够为继续深化临储制度改革提供理论和政策参考，促进该领域相关研究。

3.1 玉米临时收储政策执行的效果

（一）有效缓解了东北玉米主产区农民卖粮难

2008 年秋粮上市后，东北地区粮食生产获得大丰收，市场价格持续走低，区域性、阶段性农民卖粮难问题突出，引起了政府高度关注，随即启动了实施对玉米的临储收购。具体做法是由发改委根据当年市场情况，制定本年实行1次或多次临时收储价格和数量，委托国有粮食企业按照收储价格收粮。政策最初采取分批次下达收储计划，之后由于存在库点布局受限、无法及时满足农民售粮需要等缺陷，2009年开始实行敞开收购。在过去的2008-2014年间，共有6年启动实施，仅2009年1年没有启动。在实施的6年中，东北大范围启动的占4次，未启动（或略有收购量）的仅占3次。据国家粮油信息中心数据显示，2012-2014年累计共收购临储玉米近1.8亿吨，约占全国玉米商品粮的80%左右，临储玉米逐渐成为农民售粮主渠道，有效缓解东北地区农民卖粮难问题。

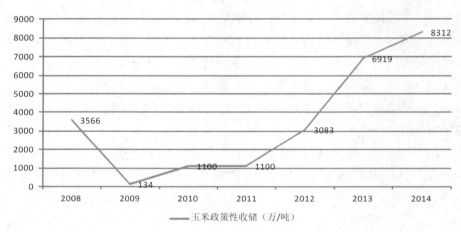

图 3-1　2008-2014 年东北地区玉米临时收储数量
数据来源：国家粮油信息中心

（二）玉米比较收益上升推动玉米播种面积快速增长

随着国家逐年提高玉米临储收购价格，也使得玉米相对于其他粮食作物品种的比价优势更加突出。根据2011年对黑龙江省依安县水稻、玉米、大豆的调查，三种作物收益分别为1600-1700元/亩、1000-1200元/亩、400-600元/亩，其中水稻收益最高，玉米次之，约为大豆的2-3倍，受种植条件及投入成本制约，农民更偏向于播种玉米（李欣，2012）。玉米种植比较收益上升，也使更多耕地资源集中于玉米生产。据国家统计局数据显示，2014年全国玉米播种面积达到37076千公顷，较临储政策实施前增长

7212 千公顷，增幅达 24.15%。从总的区域来看，玉米播种面积增加主要来自于东北三省一区，仅该地区 2014 年玉米播种面积达到 14870 千公顷，与 2008 年相比增加 4128 千公顷，增幅为 38.43%，增幅占到全国增量的 57.24%（王梅、李小川、刘研，2015），我国玉米播种面积总体呈现稳步增长态势（见图 3-2）。

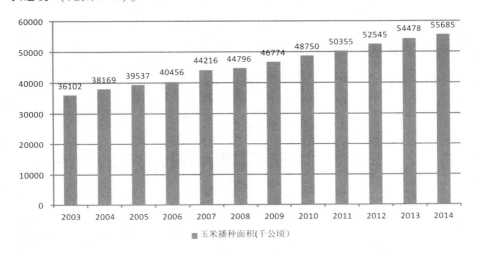

图 3-2　2003-2014 年全国及东北地区玉米播种面积

数据来源：国家统计局

（三）玉米价格稳步提升和维护了国内市场价格稳定

考虑到农民种粮成本上升，国家大幅提高了东北三省一区玉米临储收购价格，有效拉升了国内玉米市场价格和维护了市场稳定。以吉林省为例，2008 年国标二等质量标准玉米和 2009 年国标三等质量标准玉米收购价格均为 0.75 元/斤，2013 年国标三等质量标准玉米收购价格已提高至 1.12 元/斤，仅五年间上涨了 0.37 元/斤，累计提价幅度近 50%（见表 3-1）。尽管 2015 年首次下调玉米收储价格，但较 2008 年涨幅仍然超过 30%。此外，自玉米临储制度实施以来，国内玉米价格总体保持稳步上升趋势，且与同期国际市场大起大落相比较国内玉米市场波动程度则小得多（黄季焜等，2009）。

表 3-1　2008-2015 年 东北地区玉米临时收储价格

	2008	2009	2010	2011	2012	2013	2014	2015
内蒙古	0.76	0.76	0.91	1.00	1.07	1.13	1.13	1.00
辽宁	0.76	0.76	0.91	1.00	1.07	1.13	1.13	1.00
吉林	0.75	0.75	0.90	0.99	1.06	1.12	1.12	1.00
黑龙江	0.74	0.74	0.89	0.98	1.05	1.11	1.11	1.00

注：数据来源于国家发展与改革委网站。

3.2　玉米临时收储政策运行陷入的市场困局

（一）政策性玉米库存销售不畅使得陈化风险和政府财政负担加剧

由于东北地区临储玉米收购价格不断提高，出现了国际与国内、产区与销区、原粮与产品粮价格倒挂等反常现象，致使政策性收储玉米难以顺价销售，库存消化严重不畅。据国家粮油信息中心数据显示，2014 年 5 月以来国储政策性玉米竞价成交率呈持续下降趋势，截至 2015 年 10 月 22 日竞价成交率仅为 0.08%，期间还出现多次流拍（见图 3）。2012-2014 年全国共收购政策性玉米约 1.8 万吨，而同期销售玉米仅 3000 万吨，结余库存高达 1.5 亿吨，临储玉米库存的大幅增加进一步加剧了政府财政负担，且部分玉米已面临陈化风险。据国家粮食局测算，国家临时收储每储存 1 吨玉米需收购费用 50 元，每年利息支出约 137 元和保管费 100 元，共计约 287 元（樊琦、祁华清，2015）；如以 2012-2014 年临时库存 1.5 亿吨的数量计算，仅收购费、利息支出和保管费这三项费用国家财政每年支出就高达 430 亿元；再加上新陈差价、出库费和损耗等，财政负担则将进一步增加。

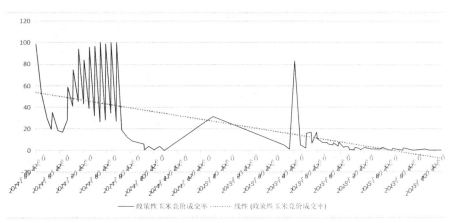

图3　2014-2015 年 国储玉米竞价销售成交率

数据来源：国家粮油信息中心。

（二）政策失衡导致的不公平市场竞争使得全行业发展陷入低迷

玉米临储政策本身先天具有的两个不平衡，即区域不平衡（仅在东北三省一区实施）和环节不平衡（片面强调了存储环节，忽略了加工和贸易环节），国内玉米市场价格也因临储政策被分为东北三省一区即关内和关外两个区域，且关内玉米价格只涨不跌，临储玉米销售时需顺价拍卖，再加上拍卖费和出库费等，导致玉米价格层层价码，2014 年出现了关内关外玉米价格"倒挂"，造成关内与关外企业的原料价格不在同一市场机制下形成，而产品却在统一市场机制下形成，使得东北玉米深加工企业处于不公平的市场竞争环境之中，由此出现了近年东北地区玉米深加工企业普遍亏损和大面积停产等现象，全行业发展陷入低迷。据吉林省粮食局对该省 21家规模以上玉米深加工企业调查，2013 年吉林省玉米深加工行业全年实现工业总产值 324.83 亿元，同比下降 49.62%；产品销售收入 326.00 亿元，同比下降 50.54%；利税总额 3.03 亿元，同比下降 90.40%；利润总额 -10.31 亿元，同比下降 160.19%。其中 4 家企业处于全年停产状态，开工生产的 17 家企业中 7 家企业亏损，亏损企业家数同比增加 1 户，亏损 18.12亿元，亏损企业亏损额同比增加 566.18%；其余 10 家企业盈利，利润 7.82亿元，盈利企业的利润下降了 60.60%。

表 3-2　2012-2013 年吉林省玉米深加工业企业经济指标

年度	玉米加工量（亿元）	工业总产值（亿元）	产品销售收入（亿元）	利税总额（亿元）	利润		
					行业利润总额	盈利企业利润总额	亏损企业利润总额
2012	1024.70	644.71	645.06	31.55	17.13	19.85	-2.72
2013	1040.71	324.83	319.06	3.03	-10.31	7.82	-18.12
同比	16.01	-319.88	-326.00	-28.52	-27.44	-12.03	-15.40
	1.56%	-49.62%	-50.54%	-90.40%	-160.19%	-60.60%	566.18%

注：数据来源于吉林省粮食局《2013 年我省玉米深加工企业运行情况分析报告》。

（三）国际玉米及其非配额管理的替代品进口激增冲击国内市场

由于目前我国对玉米进口仍实行配额管理，配额内关税仅为 1%，2004 -2015 年一直维持在 720 万吨水平不变，一旦超过关税配额数量后将采用正常关税，即 65% 的税率。因此配额以外的玉米目前仍难以大量进入国内市场，而高粱、大麦、木薯等其他玉米替代品的进口却并未受到限制，出现了以进口玉米替代品来避开关税配额的现象。在国内玉米价格畸高情况下，由于进口玉米替代品价格比国内市场玉米价格低，其中进口大麦和酒糟的到厂价格仅为 1700 元/吨和 1600 元/吨，而同期国内玉米市场价格为 1900 元/吨，导致企业对高粱、大麦、木薯等非配额管理的替代粮进口需求迅速增长，严重挤占了国产玉米市场消费份额。据海关总署统计数据显示，截止 2015 年 10 月我国累计进口高粱 8777036.54 吨、大麦 9718475.19 吨，同比分别增加 164%、99.9% 和 116%。2013 年同期仅进口约 890218.9 吨、2041998 吨，三年累计增长超过 8.86 倍和 3.76 倍。国家粮油信息中心估算，如以 2014 年我国进口高粱、DDGS（酒糟蛋白饲料）和大麦 850 万吨、450 万吨和 700 万吨，合计三大品种进口数量 2000 万吨可替代玉米约 1433 万吨。

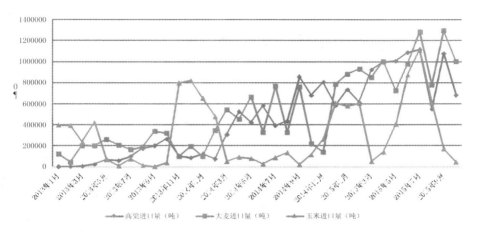

图 3-3　2013-2015 年玉米及替代品高粱、大麦进口量变化趋势

数据来源：海关总署

3.3　玉米临时收储价格下调的主要风险

在国内去库存化压力加大，行业发展陷入低迷、替代粮进口冲击等多重因素下，2015 年国家首次下调玉米收储价格，由此打破了市场对价格只涨不跌的预期，这也意味着执行了八年的玉米临储政策调整正式开启，价格调整将不可避免会对种粮农民、企业、政府等各方利益产生影响，因此有必要深入分析当前政策调整可能引发的市场风险，提前做好风险防范及预警管理。

（一）收储价格下降和种植成本上升的双重挤压对种粮积极性产生负面影响

国家下调临储价格对市场价格引导正逐渐显现，东北地区玉米价格已从 2015 年 5 月份的 2500 元/吨大幅下降至降到 2015 年 10 月 27 日的 1736 元/吨，最大降幅超过 30%，玉米价格降低直接影响了种粮农民的收益。据中央农村工作领导小组测算，今年玉米临储价格下调将使得东三省和内蒙古的玉米种植户减收约 200 亿元。一方面在收购价格下降同时，对应的玉米生产成本仍保持上升势头，以东北地区内蒙古、辽宁、吉林、黑龙江为例，2013 年玉米平均每亩生产成本已分别达到了 894.8 元、1003.5 元、1142.13

元和 867. 19 元（见图 3 - 4），较 2007 年临储政策实施前分别增长了 67. 20%、74. 16%、87. 63%和 107. 60%。在国内玉米种植成本不断上升和市场价格下降的双重作用影响下，必将对农民种粮收益和种粮积极性产生一定负面影响。

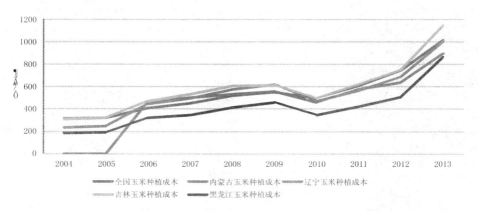

图 3-4　1975-2013 年全国及东北地区玉米种植成本变化趋势

资料来源：全国农产品成本收益资料汇编

（二）即使玉米原料价格下降短期仍难以扭转企业经营困境

玉米临时收储导致大量新粮以相对较高的国家临储价格进入国有粮库，市场流通粮源明显减少使得玉米价格上涨，导致玉米加工企业出现"用粮荒"，饱受市场各方争议（贺伟、朱善利，2011）。目前东北玉米深加工企业经营困境与临时存储玉米政策密切相关，关键是要理顺玉米市场价格形成机制。从短期来看，玉米市场价格下调，以玉米为原料的下游产品也会出现不同程度下跌，企业经营困难短期将仍难以化解；但是从长期来看，玉米价格逐步回归市场调节，又能够减少临储政策对市场扭曲，恢复关内、关外企业公平市场竞争环境，最终将降低玉米加工企业原料成本和缓解"用粮荒"，从而摆脱东北玉米主产区储粮难以及企业没有原料和原料成本过高的困境，实现产品顺畅流通，解决南北价格倒挂、抵挡住进口产品的冲击、逐步恢复市场活力。

（三）市场价格下跌导致玉米政策性库存顺价销售更加困难和减值风险加大

临储收购价格下调，也让玉米顺价销售将变得更加困难，老库存销售出现差价亏损将不可避免。据国家粮油信息中心统计数据，目前我国临储玉米总库存约为 1.5 亿吨，且库存玉米大都为 2013-2014 年收储，内蒙古、辽宁地区收购价格为 2260 元/吨，吉林为 2240 元/吨，黑龙江为 2220 元/吨，2015 年国家将各产区收购价格统一下调至 2000 元/吨，调减幅度约为 12%。如以临储玉米收购价格平均下降 220-260 元/吨计算，当前政策性玉米库存仅名义货值减值就高达 330 亿-390 亿元。如若再因无法正常顺畅出库，每年还将多支付贷款利息和存储费用约 213 元/吨，且玉米的宜存期较短，一般仅为 2-3 年，超期储存后品质会急剧下降，食用和饲用价值将大幅下降，销售价格也会大幅降低，加上新陈差价则库存减值风险将进一步上升。

3.4 玉米临储制度下一步改革的路径

此次政府通过下调玉米收购价格，适当降低玉米种植收益，虽然有利于引导调减玉米产量，减少玉米及其替代品进口，促进玉米国内需求和去库存化的目的。但显然还远远不够，我国玉米临储政策陷入当前困境的根本原因在于现行政策调控目标的多重性和功能存在严重错位：既要保障粮食有效供给，又要保护种粮农民利益，涉及利益关系复杂，而成本全部由中央财政负担。在国内外粮价倒挂下，保供给、保收益目标之间已存在明显冲突，必须在厘清政策背后逻辑与当前困局，并充分估计价格调整的市场风险基础上，按照发挥市场供求在价格形成中的基础作用的改革目标，研究提出下一步改革的思路和办法，防止市场出现大的波动和大幅减产，实现政策的平稳过渡和转型。

1. 抓紧消化畸高玉米存量库存减少存量，调动企业竞购和加工转化积极性。目前在政策性库存大量积压，财政风险与日俱增，玉米流通市场受到严重影响情况下，既要抓紧消化高达约 1.5 亿吨的临储玉米库存，还要尽量避免财政损失，是摆在政府面前最迫切需要解决的问题，而近年来政策性玉米竞价拍卖成交率极低的实际情况已证明继续采取"顺价销售"的出库办法已无可能。与此同时，随着新年度临储新玉米政策性收购正式启动，还将面临为收购新玉米腾挪仓容的现实问题，库存老玉米如不尽快出库还将造成巨大的仓容缺口，给新粮收购造成极大困难。此外，当前库存玉米大都为2012-2014年收储并已面临陈化变质问题，如不能及时销售出库陈化减值风险将进一步上升，再加上期间的保管费及利息补贴等费用将使得政府财政蒙受更大损失。因此，及早去玉米库存化无疑是最经济的选择且风险相对较小。

一是取消临储玉米"顺价销售"的做法，树立"临储随销"的理念，消除中央储备库赚取差价的想法。因此，应按照市场化原则，根据临储玉米库存的不同年份、不同等级，采取"随行就市"定价方式竞价拍卖，竞拍基准价可略低于当期实际市场价格，如若仍无法成交则继续降价直至成交为止，不存在流拍，所有企业均可公平参与竞买，提高企业竞购积极性，购销差价由中央和地方财政按照一定比例共同承担。从短期看尽管财政支出会有所增加，但可有效减少玉米库存，缓解秋收仓容紧张压力，减少储粮保管、利息等费用，防止原粮进一步陈化风险，从长期看对减轻政府成本和化解财政风险也是有利的。此外，还可使得东北、关内企业在原料成本上置于公平的市场环境中，消除南北价格"倒挂"和南北玉米"倒流"等反常现象，最终实现东北玉米原料与产品在全国范围内的正常流通。

二是发挥财税政策引导和杠杆作用，构建玉米加工转化动态调节机制，促进企业加大加工转化力度。采取动态税收调节方式，在玉米库存压力较大时期，采取适当降低玉米深加工企业增值税税率，减少或取消酒精等产品消费税等优惠政策，让企业除去生产成本以外能够获取合理经营利润，调动企业加工转化积极性。另外，还可以通过建立玉米深加工产品出口退税动态调节方式，在国内玉米阶段性供过于求时期，适当提高产品出口退税率；反之，在供求形势偏紧时期，则采取反向调控措施，对玉米进口采取更加便利的通关措施，适当减少产品出口退税率等，增加国内有效供给，保障市场的正常供应。目前也有学者提出采取定向销售或补贴给特定企业，其做法虽短期去库存化效果明显，但长期仍不利于建立公平市场竞争环境。

2. 适当调减播种面积和产量控制增量，探索玉米替代和耕地轮作休耕制度。综合国内外各方面因素，下一步政策调整应适当调减当期的产量，但将着力保持生产能力的稳定和提升（陈锡文，2015）。由于过去多年来，我国为提高粮食产量，以牺牲资源环境为代价，耕地开发利用强度过大，一些地方地力严重透支，水土流失、地下水严重超采、土壤退化、面源污染加重等突出矛盾。要充分利用好现阶段国内外玉米市场供给宽裕的有利时机，在部分地区实行耕地轮作休耕，既有利于耕地休养生息和粮食生产可持续发展，又有利于平衡供求矛盾、稳定农民收入、减轻财政压力。

一是通过价格和政策引导调整和优化种植结构，适度调减非优势产区玉米种植的同时，实施玉米替代策略。根据目前情况玉米作为东北地区的传统优势作物，能够大量替代玉米的作物能只有大豆。玉米去库存可采取"种大豆、压玉米"的方式，具体是在1-2年内适度提高现行的大豆目标价格，同时降低玉米临储收购价格，使得玉米比较收益明显低于大豆，引导农户在政策实施期内改种大豆，如每年多生产3000万吨大豆，就可以减少约9000万吨的玉米产量（刘笑然，2015）。如此，不仅可以在1-2年时间内消化玉米库存，还能够弥补国内大豆不足问题。利用大豆替代玉米的好处还在于代价相对小，增加1吨大豆产量即可减少3吨玉米产量，仅减少的玉米一年收储补贴就超过了增加的大豆目标价格补贴，且实施一年后财政补贴就可大量减少；同时种植大豆产生的根瘤菌可增加耕地地力，而且还可恢复历史上玉米与大豆的正常倒茬和轮作，减少病虫害的发生和农药化肥使用，促进粮食生产持续发展。如采取这一方式则需提前公布信息，并告知企业和农户，提前安排好生产、拟定种植计划，以便下一年全面实施，大豆替代玉米种植有利于实现种地养地相结合。

二是探索研究建立合理轮作和休耕的补助政策，引导粮食生产实现从过度强调增产向更多重视提高产品品质转变，以优质优价促进农民增收。科学试验证明，正常情况下农作物连作会出现减产和病虫害发病率上升等情况，如大豆连作一般减产约30%，大豆菌核病、灰斑病发病率增加15%左右，并随着连作年限增长呈上升趋势；玉米连作后玉米白苗病、大斑病发病率约增加8%。解决这些问题又要通过大量施用化肥农药才能化解，则进一步对土壤和生态环境造成破坏。当前应抓住库存充足有利时机，大力实施"藏粮于地"的新型国家粮食安全战略，科学制定轮作和休耕补贴政策，以不影响农民收入为前提，根据政府财力和市场供求状况，重点在玉米生产非优势产区，以及地下水漏斗区、重金属污染区、生态严重退化等局部区域开展轮作和休耕试点，对参与轮作和休耕农民给予必要的资金补助。休耕、轮作不仅有利于恢复土壤地力和提高粮食潜在生产能力，也符合 WTO 规则绿箱政策。当前我国农民普遍面临增产不增收的尴尬境地，而另一方面出现大量居民从国外抢购"高价大米"现象，现行粮食市场供给呈现总量供过于求，但高品质产品供给却供给不足的特征。今后，我国粮价政策不仅要保证充足供给，还应满足人民群众对日益增长的高质量粮食产品需求，引导粮食生产实现从过度强调增产向更多重视提高产品品质转变，以优质优价赢得市场，促进农民增收入。

3. 逐步剥离临储政策保收入功能，政府在市场之外给予农民必要的补贴。临时收储制度设计之初的主要目的本是调节市场和稳定粮价，但现行政策除了承担这些任务外，还承担了价格支持和稳定农民收入的功能，并且后者不断强化逐渐代替了前者，演变成为临储的主要政策目标，已经偏离了政策设计的初衷，出现目标、功能错位，且从"临时"转变为"常态"，收储数量也从有限收购变为敞开式收购。目前大豆、棉花目标价格改革试点已全面启动，油菜籽临储收购主体也由中央划归地方。相比而言，玉米是重要的饲料、食品和化工原料，具有产业链长、需求弹性大等特点，且是我国所有粮食作物中产量最高，近年来增产数量最大的品种，价格调整涉及的利益广泛，玉米收储制度改革不应以牺牲农民利益为代价，要避免对粮食生产造成较大冲击。

一是弱化临储政策的保收入功能，改变价格只涨不跌的市场预期，使玉米价格逐步恢复至市场均衡水平。玉米临储政策实施八年以来，农民已经逐渐产生了对国家临时收储政策的路径依赖，粮食生产较少考虑市场需求，玉米市场"政策化"趋向凸显，且市场各方对政策的路径依赖越来越严重。为避免出现大的市场波动和玉米价格出现断崖式下跌或大幅减产，因此目前不宜立刻取消玉米临储收购，应留出 2-3 年的政策过渡期，减少农民增收对价格上涨的过度依赖。在综合考虑生产成本及与其他粮食品种间比价关系情况下，参考目标价格理念，测算玉米与水稻、小麦、大豆等作物种植成本，根据其他粮食品种市场价格与成本的比例，按同比例计算出玉米的理论市场价格，适当保留一定利润，政策调整初期挂牌收购价格的调减幅度不宜过大，通过价格信号逐步向农民传递临储政策调整信号，引导农民调整和优化种植结构。

二是玉米临储价格逐步回归市场过程中，为确保农民收入不出现大幅下降，应在市场之外给予农民必要的补贴。通过建立玉米生产者利益补偿机制，增加对农民的直接收入补贴，用于补偿临储制度改革对农民收益的影响，具体补贴操作办法可与农户实际种植面积或计税面积挂钩，不分种粮品种均可获得收入补贴，补贴额度则可按照"降补结合"原则，再结合调节种植结构的需要和国际粮食市场价格等因素综合确定，如 2016 年玉米临储价格下调至 0.9 元/斤，比 2015 年降低 0.1 元/斤，按照平均玉米亩产 2000 斤计算，为保障农民收益不下降，则需补贴 200 元/亩。如与 1 吨政策性玉米收购费、利息支出和保管费仅三项中央财政每年支出就高达 287 元相比仍然是划算的，还能够让玉米价格逐步回归市场。待大豆、棉花目标价格试点逐步成熟后，直至逐步取消玉米临时收储政策，实现价补分离和以市场机制为基础的供求基本平衡方式转变。

4. 降低政府收储和企业用粮成本，探索构建以加工企业为核心的收储模式。现行收储体制下临储玉米价格持续多年上涨，民营企业入市收购谨慎，国有收储企业成为市场收购主体，大部分粮源流向国储库，后通过国家粮食交易中心定期组织的政策性粮食拍卖顺价销售，"一进一出"过程中无疑增加了原粮在收购、仓储设施建设维修、管保、出库和保管等流通环节成本，再加上竞价交易、原料出库人工、运输和新陈品质差价等，市场流通成本则更高，这无疑增加了政府收储成本和企业用粮成本，这也导致了大量玉米深加工企业因原料成本过高经营陷入困境和出现普遍亏损。

一是建立以加工企业为核心的收储模式，避免政府对粮食流通的过度干预，降低企业用粮和政府收储成本。从国内外粮食流通模式比较中，我们不难发现美欧发达国家粮食流通具有市场程度高等特点，政府储备粮主要采取委托代储方式，较少直接参与粮食市场收储。目前，我国粮食流通仍主要由政府直接制定收购价格和参与市场收购。如果建立以加工企业为核心的流通和收储模式，则能够大幅减少粮食流通环节和成本，从生产到消费过程中新粮上市后粮源直接进入加工企业，再由加工企业加工转化后进入消费市场，则将大幅降低粮食在收购和储备环节成本，有利于提高加工企业市场竞争力和减少经营亏损，减低企业和国家财政成本，提高粮食流通整体效率（樊琦、祁华清，2015）。

二是将粮食收储和市场结合起来，储粮于企、储粮于民，推动收储主体多元化和社会化，提高市场流通效率。具体可按照只有政策性粮食，没有政策性企业方式，只要是符合条件的各类经营主体都能够参与政策性粮食的收储，可采取每年根据市场供求形势以及宏观调控需要签订委托收储责任书，支持有实力的种粮大户、农民合作社、龙头企业等多元市场主体参与政策性粮食收购。在保障粮食安全的大前提下，让民营企业激活粮食收储的市场活力。与此同时，实行粮食收储多元化必须明确界定政策性粮源的性质，确保政策性和经营性业务清晰分离，政策性粮源的粮权属于国家，具有一定的公益性质，参加收储计划的企业、合作社乃至种粮大户，无权擅自处理，在收储期间由政府提供财政补贴并统一服从国家市场宏观调控。这种方式也可有效减少政府对市场流通的直接干预，增强市场活力，并逐步恢复国内市场正常流通。

3.5　本章小结

自玉米临储制度实施以来，在保护种粮农民利益、促进粮食增产和维护国内市场稳定等方面发挥了重要作用，但目前政策运行正面临玉米库存销售不畅、陈化和政府财政风险加剧，政策失衡致使全行业发展陷入低迷，国内连续丰产却玉米及其替代品进口数量大增等严峻形势，究其原因就在于现行政策调控目标的多重性和功能存在严重错位，调整和完善玉米收储制度已逐渐成为了社会共识。随着政府首次下调玉米收储价格这也意味着政策调整已正式开启，本章主要在厘清政策背后逻辑与当前困局的基础上，深入分析了玉米收储价格调整的市场风险，并提出了下一步制度改革的思路和方向。

第四章　我国大豆目标价格制度试点的效果与实践经验

　　2008年下半年以来，在全球金融危机冲击下国际粮价呈现出明显异常波动，国际粮食市场价格出现大幅下跌，导致国外大量低价进口粮食进入我国市场，特别是对未纳入最低保护价制度的国产大豆冲击尤为明显。为防止谷贱伤农和保护农民利益，2008年国家随即出台了对大豆等重点粮食品种的临时收储政策，旨在通过政府收储来减少市场流通粮源，达到引导市场价格合理回升和增加农民利益的目的（程国强、朱满德，2013）。临储政策在有序提升国内粮价和保护农民利益同时，也造成了国内外粮价大幅倒挂（陈锡文，2015；樊琦、祁华清，2015），国内高库存下进口数量却大幅增长，政府宏观调控成本大幅增长，全行业上下游企业经营陷入普遍亏损（李经谋，2014；李国祥，2015），改革和完善我国粮食价格制度逐渐成为社会共识。为此，2014年国家决定全面取消对大豆的临时收储，这也标志着我国大豆价格市场化改革的正式开启，并随即在东北三省一区启动大豆目标价格制度改革试点。事实上，目标价格制度是20世纪60-70年代，欧美发达国家为解决农业价格支持政策造成的价格扭曲和日益沉重的财政负担所采取的一项价格补贴制度（程国强，2009），而该项制度也被认为能够较好实现粮食价格形成与政府补贴分离，更好发挥市场配置资源的决定性作用，成为了我国粮食价格制度改革的重要方向之一。目前随着政策试点的不断深入，并连续两年在试点地区启动实施，有必要对试点情况及政策效果进行考察，深入总结政策实践中存在的不足与政策风险，研究提出下一步改革和完善的具体办法。

4.1　大豆目标价格制度的实施方案与试点情况

所谓目标价格，即有关部门根据当年的物价水平、粮食生产利润、农民收入增长等因素，确定目标价格。收获后，如果市场价格高于目标价格，农民就按 照市场价格出售；当市场价格低于目标价格时，国家将目标价格市场价格与之间的差价，直接补贴给农民，农民生产的农产品则随行就市出售，不再由国家收购。

（一）为什么要开展目标价格改革试点

现行以最低收购价和临时收储为核心的托市收购政策实质上是一种"价补合一"的直接价格支持政策，这种政策能够有效实施的前提条件是国内市场价格低于国际市场价格。但近年来受到国际市场农产品价格大幅走低和国内粮食价格在托市政策的支撑下刚性上涨双重作用下，国内国际粮食价格出现大幅倒挂。由于上述前提条件发生的根本性变化，该政策运行面临新的严峻困难和挑战，导致进口激增，市场主体不愿入市收购，国家收储压力急剧增加，上下游价格关系扭曲，市场活力减弱，整个产业链发展面临停滞。目标价格制度与现行粮食价格政策相比其主要优点在于：

一是能够更好发挥市场在资源配置中的决定性作用，提高国内农产品的国际市场竞争力。由于补贴方式由"价补合一"变为"价补分离"，政府不再直接干预市场价格，企业按市场价格收购，能够实现对粮食价格形成机制与政府补贴脱钩的改革。

二是引导农民及时根据市场供求调整种植结构，增强农民经营管理风险意识，促进产业链的各个环节提高抗风险能力。粮食市场价格风险由政府独揽变利益相关方共同承担，目标价格只保证农民获得基本收益而不是全部收益，当市场价格下跌时，农民也要承担部分收益下降风险，真正发挥市场机制作用，引导农民合理调整种植结构，提高农业生产竞争力和抗风险能力。

三是有效减少粮食流通环节成本，提高财政补贴效率。中国粮食补贴资金大量消耗在了流通和储备环节（Moyer，2002），补贴政策带来的实惠多落入粮贩手中（徐雪高等，2013）。补贴方式由价格中的"暗补"变为直接支付的"明补"，目标价格制度采取差价补贴方式，直接对种粮农户进行

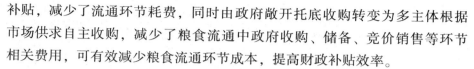

补贴，减少了流通环节耗费，同时由政府敞开托底收购转变为多主体根据市场供求自主收购，减少了粮食流通中政府收购、储备、竞价销售等环节相关费用，可有效减少粮食流通环节成本，提高财政补贴效率。

（二）大豆目标价格和市场价格的确定与采集方法

一是目标价格的制定方法。主要采取"生产成本+基本收益"的方法确定，政府采用这一方法的主要依据：在立足当前农业生产实际的基础上，较好地适应现阶段我国农业生产成本刚性上升的实际情况，统筹兼顾保护农民利益和更多发挥市场作用等因素确定的，保障农民种粮不亏本、有收益，防止生产大幅滑坡。试点阶段目标价格每年确定一次，以便根据试点情况变化及时调整。目标价格在作物播种前公布，以向农民和市场发出明确信号，引导农民合理种植，安排农业生产。试点地区同一品种目标价格水平都是一致的，东北三省和内蒙古实行统一的大豆目标价格，2014 年 5 月 17 日国家发展改革委、财政部、农业部联合发布 2014 年大豆目标价格为每吨 4800 元，2015年目标价格继续维持每吨 4800 元/吨的水平不变（见表1）。

二是市场价格的采集方法。与目标价格对应的大豆市场价格为采价期内全省（区）平均市场价格，具体采集方法及环节如下：

1. 采价环节。采集到厂（库）价格作为市场价格，即大豆采集粮食收储企业、大豆加工企业收购大豆的价格。之所以不采集地头价格作为市场价格，主要是由于农民在地头直接出售的农产品，水分、杂质含量差异较大，难以找到代表品，所采集的价格悬殊较大，难以保证价格数据的代表性和准确性。

2. 价格指标。大豆市场价格为试点地区各省（区）国标中等大豆到库（到厂）收购价格。

3. 采价期。采价期为农产品的集中上市期，大豆为当年 10 月至次年 3 月。根据历史经验，在实施临时收储前，采价期大豆的交售量分别达到全年交售量的 80% 左右，基本能够代表试点地区的实际出售价格。

4. 核定方法。市场价格由国家发展改革委会同农业部、粮食局、供销总社等部门共同监测，按省核定，一省一价，即市场价格按监测的全省（区）平均价格水平核定，不是指单个农户的实际出售价格。

（三）目标价格补贴的启动与发放步骤

2014-2015 年东北吉林、辽宁、黑龙江及内蒙古三省一区大豆市场价格均低于政府制定的 4800 元/吨的目标价格，连续两年启动了目标价格补贴。补贴对象是试点范围内大豆合法实际种植面积的实际种植者（包括农民、企事业单位等）。

一是采价期结束后，如果市场价格低于目标价格，中央财政按照目标价格与市场价格的差价和国家统计局统计的产量，核定对每个试点省（区市）的补贴总额，并将补贴额一次性拨付到试点地区。

二是试点省区根据实际情况制定具体补贴办法，负责将中央拨付的补贴资金及时、足额发放到种植者手中。试点省（区市）根据国家拨付补贴资金总额和统计部门统计的大豆合法实际种植面积，测算并确定每亩平均补贴额，补贴资金专户实行封闭管理。

与目标价格对应的市场价格是一个平均市场价格，农民领到的补贴也是按照目标价格与市场平均价格的差额计算的。如果农民卖出的价格高于市场平均价格，实际得到的收入就会高于平均水平。因此，农民需要尽可能提高农产品品质，并准确把握市场节奏，争取将在较高的价位出售产品。

补贴的发放方式：以黑龙江为例，根据全省大豆产量测算补贴资金总额，次年 4 月底前，中央财政将补贴总资金以专项转移支付方式拨付到省；次年 5 月 15 日前，省级财政根据各县大豆实际种植面积和每亩平均补贴标准，通过开设的补贴资金专户将补贴资金直接拨付给县（市、单位）；次年 5 月底前，由县（市、单位）根据实际种植面积和每亩平均补贴标准，通过粮食补贴'一折（卡）通'将补贴资金足额兑付给实际种植者。如下图 4-1。

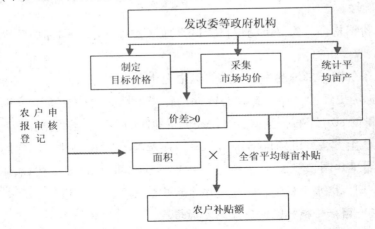

图 4-1　大豆目标价格补贴示意图

4.2 大豆目标价格试点后的市场反应与政策效果

由于2014-2015年度东北三省一区的吉林、辽宁、黑龙江、内蒙古等试点地区大豆市场平均价格均低于当年制定的目标价格水平，政府连续两年启动了对该地区大豆种植户的目标价格补贴。那么，目前目标价价格补贴试点是否达到了事先预想的减少对市场价格扭曲，降低财政成本，抵御进口冲击，促进种植结构优化等政策初衷，下面有必要对政策试点后的各方市场反应与政策效应进行评估与分析。

（一）国内大豆价格逐步回归市场调节但仍难以抵御国外进口冲击

在2008-2013年临储时期，由于国内大豆市场价格在政府托市政策作用下始终保持持续刚性上涨态势。而自2014年目标价格试点以来，由于失去了之前的政策性托市收购，国内大豆市场价格呈明显下降趋势。据中华粮网粮油批发市场价格采集系统及中储粮价格监测系统对安徽，河南，黑龙江，吉林，辽宁，内蒙古，山东等18个报价点监测统计数据显示，国内大豆三级市场平均价格已由2014年1月的4617.5元/吨下降至2016年1月的4002.8元/吨，累计降幅达13.3%。国内大豆市场价格的下跌也反应出了市场价格机制作用正在得到有效发挥，大豆市场价格逐步回归市场调节。

然而，国内大豆价格的下跌并没有抵挡住国外进口冲击，由于同期国际市场大豆市场价格跌幅明显超过了国内市场，且两者价差有扩大趋势，国内外价差的扩大也使得大豆进口继续保持了快速增长。据国家粮油信息中心对天津港、青岛港、连云港、南通港、上海港、黄埔港等6个大豆进口监测点，以及黑龙江佳木斯、黑龙江北安、黑龙江绥化、黑龙江齐齐哈尔、黑龙江哈尔滨、内蒙古扎兰屯、吉林长春等7个国产大豆监测点数据显示，截止2014年1月末监测点进口大豆平均交货价格为4170元/吨，与国产大豆市场平均价格相差仅为22元/吨；但截至2016年1月底进口大豆价格已下跌至2990元/吨，与国产油用大豆价差扩大至427元/吨，而与国产食用大豆价差更是高达819元/吨。在国内外市场价差扩大作用下，据国家海关总署统计数据显示2015年我国大豆进口达8174万吨，比2013年增加

1833.5万吨，大幅增长28.92%，约为国产大豆产量的6.7倍。事实表明，目前目标价格试点仍未能达到制度设计时预期"挡住进口"的政策初衷。

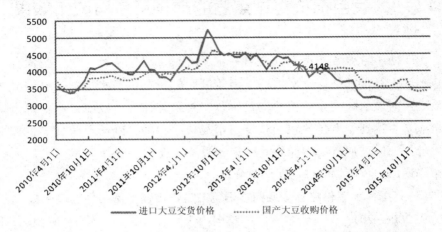

图4-2　2010年4月至2016年1月国际国内大豆价格走势

资料来源：国家粮油信息中心

（二）大豆种植收益下降对农民种植积极性产生明显负面影响

从农户种植收益变化情况看，2014年以来试点地区大豆种植收益率有明显下降趋势。据辽宁省本溪市物价局对该试点地区大豆种植户调查数据显示，2015年全市农户大豆种植净利润约为143.85元/亩，较去年同期减少20.22元/亩，降幅为12.32%。种植收益的下降对农民种植积极性产生了明显负面影响，试点地区大豆种植户及种植面积开始明显减少。据内蒙古统计局对试点地区大豆种植情况调查，2015年全区统计上报大豆种植户数为142711户，较2014年下降32.69%。其中，呼伦贝尔市大豆种植户数98454户，同比下降25.1%；兴安盟大豆种植户数为20956户，同比下降26.1%；通辽市大豆种植户数为2607户，同比下降45.4%；赤峰市大豆种植户数为20694户，同比下降56.3%。根据2015年该市试点地区共计33个旗市区、361个乡镇统计上报数据，2015年全市大豆播种面积为1134.19万亩，较2014年下降233.91万亩，降幅高达17.1%。

表 4-1　2015 年内蒙古大豆目标价格试点地区种植面积分户情况调查表

试点地区	2014 年核实上报户数	2015 年大豆种植户数		2014 年核实上报情况	2015 年大豆种植面积	
	户　数	户数	同比增速（%）	面积（万亩）	面积（万亩）	同比增速（%）
全区	212031	142711	-32.69	1368.10	1134.19	-17.10
呼伦贝尔	1252.02	1055.72	-15.68	1252.02	1055.72	-15.68
兴安盟	83.53	65.04	-22.14	83.53	65.04	-22.14
通辽	4.24	3.73	-11.99	4.24	3.73	-11.99
赤峰	28.31	9.70	-65.72	28.31	9.70	-65.72

资料来源：来源于 2015 年内蒙古统计局大豆试点地区调查数据

（三）大豆市场活跃度趋于下降且短期难以有效"激活市场"

在临储政策退出后，国内大豆市场也面临着更加严峻的国际市场竞争，由于国外进口转基因大豆价格普遍低于国产大豆价格，国内大豆加工企业通常习惯参照进口大豆到岸价格，入市比较谨慎，市场观望情绪浓厚，企业加工积极性不高，也使得政策性大豆库存消化进度较常年明显偏慢，目前国内大豆市场购销趋于清淡、市场活跃度明显降低。与此同时，又因 2014-2015 年度政府公布的 4800 元/吨的大豆目标价格又明显低于农民预期，豆农惜售心理较强，市场"有价无市"的特征比较明显。据 2016 年 3 月中华粮网对东北试点地区调查，目前东北产区大豆市场仍偏弱运行，其中黑龙江地区收购价格约为 3700 元/吨，销售进度较慢，东北产区余粮比例仍有 40% 左右，后期农户将会面临储存难与集中销售问题。

除此之外，造成当前国内大豆市场购销清淡的另一个重要原因是国产大豆压榨利润明显下滑，与进口大豆的压榨利润相差较大。据国家粮油信息中心数据显示，自 2014 年 7 月以来国产黑龙江大豆压榨利润大多数时间处于亏损状态，最大亏损额达 -550 元/吨，仅 2015 年 1 月至 4 月处于微利区间（见图 4-3），国产大豆压榨利润率处于行业近 16 年来的最低值，且呈明显下降趋势；而同期进口大豆压榨利润则大都处于盈亏平衡点之上，最高压榨利润能达约 400 元/吨，且压榨利润波动区间平稳。随着国内大豆压榨利润的降低，两者的利润差也在逐步扩大，也进一步加剧了国内大豆市场观望情绪。

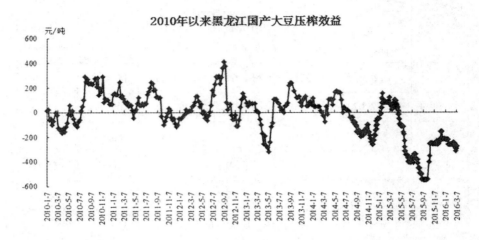

图 4-3 2010-2016 年 3 月黑龙江国产大豆压榨效益

资料来源：国家粮油信息中心

（四）大豆加工企业经营效益和行业景气度逐步回升

近年来，由于国家逐年提高国内大豆托市收购价格，也推高了大豆加工企业的用粮成本，产品利润空间明显压缩，加上受到下游产品市场需求放缓等因素影响，使得全行业企业经营陷入了普遍亏损。2014 年以来受益于国际国内大豆市场价格下跌，国内大豆油加工企业经营也逐步开始出现好转。根据对国内两家大型大豆加工企业经营数据分析，2015 年由于市场需求依然表现疲弱，企业油脂加工业务营业总收入虽有不同程度下降；但经营利润却出现了大幅回升。其中，中粮控股 2015 年大豆等油脂加工业务经营利润较上年同期大幅增长 1306%，亏损额已由 2014 年 15.19 亿港元大幅收窄至 1.08 亿港元；另一家大型企业东陵粮油 2015 年大豆等油脂加工业务也实现了扭亏为盈，油脂加工业务经营利润达 0.18 亿元，同比大增 990%。从目前行业发展形势看，虽然总体仍处于产能收缩期，但大型企业经营已开始出现明显改善，行业景气度正在逐步恢复。

表 4-2 2014-2015 年国内大豆油加工企业经营情况

	油脂加工业务营业收入		收入同比增长	油脂加工业务经营利润（亿元）		利润同比增长
	2014 年	2015 年		2014 年	2015 年	
中粮控股	537.3 亿港元	410.52 亿港元	-23.6%	-15.19 亿港元	-1.08 亿港元	1306%
东凌粮油	103.12 亿元	88.97 亿元	-13.72%	-1.8 亿元	0.18 亿元	990%

资料来源：经营数据为作者根据两家公司 2015 年年度业绩报告整理得出

（五）玉米种植比较效益更加明显加剧东北地区种植结构失衡

目前因东北地区玉米种植比较收益普遍高于大豆，为追求更高的经济效益，农户逐渐放弃了传统的粮豆轮作方式，大量转向玉米种植，已打破了原有的大豆与玉米及其他粮食作物轮作平衡。据国家统计局数据显示，仅在 2007-2014 年东北三省和内蒙古地区玉米播种面积就上升了 38.1%，产量增长 69.5%，分别比全国快 12.3% 和 27.9%；占全国玉米面积和总产的比重分别由 36.5%、36.5% 上升至 40.0%、43.7%，大幅挤压了大豆播种面积。在大豆临储收购退出后，东北地区大豆的主要竞争性作物玉米的种植比较效益变得更加明显，进一步加剧了该地区种植结构失衡。据中华粮网卫星遥感监测数据显示，仅在 2015 年东北 3 省玉米种植面积已超过 1.6 亿亩，为大豆的 3.6 倍，玉米产量达 7500 万吨，为大豆的 15 倍之多。其中，2015 年内蒙古大豆播种面积为 946 万亩，较上年减少约 94.88 万亩，减幅为 9.74%；大豆产量为 92.35 万吨，较上年减少约 11.14 万吨，降幅为 10.76%。2015 年黑龙江地区大豆播种面积为 3029.93 万亩，较上年减少 206.88 万亩，下降约 6.39%；大豆产量为 331.24 万吨，较上年减少约 17.17 万吨，减幅为 4.93%。在经济利益驱动下，玉米大量替代大豆种植的同时，往往忽视了大豆作物的固氮功能对土壤培肥和耕地保护的作用，传统豆粮轮作体系的破坏造成土壤有机质下降、病虫害上升等严重后果，对水土资源可持续利用造成严重负面影响；除此之外，单一的种植结构还进一步加剧玉米结构性供给过剩，增加了政府收储财政成本和库存压力，为此付出了巨大的经济和生态环境代价。

表 4-3 全国和东北三省一区大豆种植面积

单位：万亩

	全国	黑龙江	内蒙古	辽宁	吉林
2014 年	10284	3236.81	1040.88	159.6	320.4
2015 年	9150	3029.93	946	—	252
增长率	−11.03%	−6.39%	−9.74%	—	21.35%

资料来源：来源于国家粮油信息中心和三省一区统计资料

4.3 大豆目标价格制度试点实践中的不足与政策风险

从对试点前后市场反应及效果分析看，目前国内大豆市场价格已逐步回归市场供求调节，市场价格机制作用正得到有效发挥，加工企业经营效益和行业景气度逐步回升，试点工作取得了初步成效；但从短期来看价格政策的调整仍难以有效激发国内大豆市场活力和抵御进口冲击，大豆种植收益的下降对豆农积极性产生负面影响，种植结构的失衡也使得东北地区出现了国内玉米供给结构性过剩和优质大豆供给不足的尴尬局面，也为此付出了巨大的经济和生态环境代价。实践表明，当前大豆目标价格政策在实践过程中仍有进一步改革和完善空间。

（一）目标价格制度实践中仍面临财政和生产过剩风险

一是目前保护农民获得稳定收益的目标价格制定方法存在明显财政风险。根据国外农产品目标价格制度设计的政策初衷：仅是帮助农场主弥补因农产品价格下跌造成的部分市场损失，重点在保障生产成本，而不保证其获得稳定收益（秦中春，2015）。而按照目前试点方案中"生产成本+基本收益"的目标价格确定原则，将存在巨大财政风险。理由是：一方面，随着国内粮食生产成本上升，为弥补农民种粮成本政府目标价格也必定将不断提高，财政补贴规模也将相应增加；另一方面，在粮价回归市场调节后，国内粮价波动也将随之加大，受到国际市场粮价下跌因素影响，国内市场价格低于目标价格将可能成为"新常态"，国内市场价格的下跌也将使得两者的差价不断扩大，所需财政补贴资金也将越多。以大豆为例，目标价格试点及成功以后补贴所覆盖的已不仅仅是临储时期对部分产量的收购，而是东北三省一区全部的大豆产量或全国的大豆产量，如在此期间再出现市场价格大幅下跌，补贴规模和差价的同时扩大将使得财政风险倍增。在目前目标价格补贴规模未设定上限的情况下，如若推广至全国其他粮棉油糖等大宗农产品，政府难以承受如此巨大的财政风险。

二是目标价格制度仍面临粮食生产过剩风险。在农产品目标价格制度下，根据农场主利益最大化原则，通常为了获得更多政府补贴就会无休止地扩大种植面积和提高产量，因为产量越多、价格越低，获得的差额补贴也就越多（徐更生，2007）。以美国70-80年代目标价格制度实践为例，粮食"支持价格"通常会预先以高于市场价格水平确定，其中主要分为"目标价格"和"贷款率"，这极大激励了其国内农场主的种植积极性，导致了期间粮食产量的大量增加，市场价格大幅下跌，农场主则获得更多的差额补贴，然而却使得粮食生产陷入生产过度的恶性循环。由此可见，粮食目标价格政策一定程度上也可能助长了粮食过度生产和市场投机行为。

三是价格支持政策不能过多承担保收入的功能。农产品目标价格制度在国外成功实践的另一个重要原因就在于"价补分离"，即市场价格形成与政府补贴的分离，这就要求不能让价格支持政策过多承担保收入的功能，否则将会不可避免的干扰市场价格形成，对资源配置造成扭曲。一般情况下，农户主要根据收益最大化原则作出生产决策，其最优决策将是不断扩大价格支持水平较高的作物种植面积和产量，而减少种植收益率相对较低的其他作物的生产投入，其导致的结果将是粮食生产资源投入不断集中，粮食生产的供给结构失衡。目前，由于我国东北地区价格政策不同形成的作物种植收益率差异，而导致的种植结构失衡以及阶段性过剩和短缺现象共存的尴尬局面就是最好的例证。因此，需要避免价格支持过多承担保收入功能，增加农民收入还需要通过收入支持及其他措施完成。

表 4-4　大豆临时收储与目标价格补贴价格与规模

	2008	2009	2010	2011	2012	2013	2014	2015	2016
临储价格（元/吨）	3700	3740	3800	4000	4600	4600	—	—	—
目标价格（元/吨）	—	—	—	—	—	—	4800	4800	4800
补贴规模（万吨）	725	326	308	350	81	308	684	590	—
全国产量（万吨）	1554	1498	1508	1449	1301	1195	1220	1215	1100
占总产量比重（%）	46.65	21.76	20.42	24.15	6.23	25.77	56.07	48.56	

资料来源：临储或目标价格数据来自国家发改委网站，2008-2013 年临储收购规模数据来自国家粮油信息中心，2014-2015 年补贴规模数据为当年试点地区东北三省一区大豆总产量，2016 年全国大豆产量数据为国家粮油信息中心预测数据。

（二）宏观调控风险加大且单一目标价格制度难以应对极端"卖粮难"情形

一是目标价格制度下政府对市场的宏观调控难度和风险加大。在政策性托市收购时期，政府通过委托收购掌握大量粮源，能够通过宏观调控有效应对国际国内粮食市场波动。而一旦施行目标价格制度后，原来的收购方式也会发生改变，将由政府委托敞开收购变为各类市场主体根据市场情况自主参与收购，这也使得市场粮源更加分散；同时，托市政策取消后市场价格也将改变以往单边上涨的态势，价格将完全由市场供求调节，价格波动幅度也必然加大。显然，在失去掌握大量粮源和市场粮价波动扩大形势下，政府宏观调控的难度和风险将进一步增加。

二是单一目标价格制度难以有效应对极端"卖粮难"情形。由于托市收购制度具有"价格调控"和"托底收购"双重功能，在维护市场稳定和解决卖粮难方面发挥了重要作用；但在托市政策退出以后，之前对市场的托底收购功能将随之丧失，而单一目标价格制度通常又难以有效应对出市场极端"卖粮难"情况。在一般情形下，企业要参与粮食市场收储都需占用大量资金，且必须具备良好的仓储条件，除去收购费用外还要承担储存、保管及资金利息等费用，很显然小的企业很难具备这样的实力和条件；即使是大企业，从自身利益出发，当粮食丰收或市场粮源充足时期，大量入市收购明显不符合企业自身利益，其最优经营决策必然将是尽可能减少粮食收购和存储数量，减低储存、保管和资金利息支出，提高资金使用效率，这也有利于企业降低生产成本和防范市场价格波动风险。而这也恰恰就是造成目前国内大豆市场出现购销清淡，企业入市不积极，市场观望气氛浓厚，"有价无市" 等反常现象的重要原因之一。

（三）现行普惠制目标价格补贴方式的针对性和指向性不强

一是补贴方式缺乏针对性不利于引导优化种植结构。目前，大豆目标价格试点地区多采取的是根据农民种植面积和产量作为补贴发放的参考依据，只要是合法的种植户和种植面积均能获得政府补贴，政策实施缺乏具体的针对性和指向性。例如，由于东北地区大豆与玉米等粮食作物种植比较效益差异，农户大量放弃大豆种植而增加玉米及其他作物种植，使得传统的豆粮轮作体系遭到严重破坏，导致了东北地区农业生态环境的不断恶化，粮食生产中玉米结构性供给过剩问题更加严峻，政策实践结果也说明了现行普惠制的目标价格补贴方式难以有效引导种植结构调整。

二是普惠制补贴方式不利于农田生态环境保护。近年来，农民为追求更高的粮食产量和收益，在粮食生产过程中大量依靠农药、化肥的施用，使得农田水资源环境遭到严重破坏，粮食生产方式的不可持续性问题更加严峻，局部地区出现的土壤重金属污染事件也给我国粮食质量安全敲响了警钟。而根据国外目标价格制度实践经验，在农产品目标价格补贴计划中对农场主获得补贴的数量、品种、发放的条件等都有明确要求，并非在一旦出现市场价格低于目标价格水平时都能自动获得补贴，其中就明确约定了参与目标价格补贴计划的农场主必须要满足农田生态环境保护相关条款，只有达到了具体环保要求才能获得政府价格补贴，而并不是我国所采取的普惠制补贴方式。然而，目前在粮食目标价格补贴政策试点方案中却并未将农田生态环境保护纳入制度设计之中，对农户粮食生产方式和行为没作出任何要求，这显然不利于减少粮食生产过程中因不合理的生产方式对生态环境的负面影响，以及引导建立可持续发展的粮食生产和安全体系。

4.4 目标价格制度下一步的改革与突破的重点方向

基于以上对试点情况及国外实践经验分析，我们认为即使在粮食目标价格制度实践中也仍会面临财政和粮食生产过剩风险，市场宏观调控风险也将加大且单一目标价格制度难以应对极端"卖粮难"情形，且现行普惠制目标价格补贴方式的针对性和指向性不强。为此，我们提出了以下几点改革思路和突破方向。

（一）避免将价格支持演变为主要收入支持措施，在价格之外采取收入支持或其他市场化手段增加农民收入。

目前大豆目标价格试点实施方案中之所以采取成本+基本收益的方法确定目标价格水平，主要还是基于考虑保护种粮农民利益和避免对种粮积极性产生较大影响。然而，市场活动天然有风险，农民是市场经济主体，在通过市场获得收益的同时，必然也要承担市场波动风险（卢凌霄等，2015）。而目标价格试点所采取的是保证农民获得稳定收益的价格确定方法，一旦演变成为主要的收入支持措施其市场调节功能也会大幅减弱，不仅存在巨大财政风险，也会增强农民对政策的依赖性。粮食价格政策既要保证价格在合理水平波动，又要保护农民利益，因而单一制度设计是很难满足多目标的政策需求（涂圣伟等，2013）。因此，除去价格支持之外，保农民收入重点要依靠收入支持或其他市场化手段来完成。

一是目标价格确定方式应重点保生产成本而不是保获得稳定收益。根据试点方案目标价格水平计算的基本公式：目标价格水平＝生产成本+基本收益［保障系数（K）×净利润］。其中，保障系数（K）取值范围在0-1之间。从基本公式可以看出，目前目标价格政策调控实质上仍为多目标，既要保生产成本，也要保收益。据国外实践经验，目标价格补贴只是为了帮助农场主弥补部分市场价格损失，重点在保生产成本，而不是保证农场主获得稳定收益，一般目标价格确定水平也仅为其生产成本的80-85%左右。因此，为尽可能减少对市场价格形成干预，补贴试点重点也应该放在保生产成本上，而不是保证获得稳定收益，不能让其承担过多保收入功能。那么，目标价格补贴计算公式也应相应调整，在综合考虑粮食成本变化情况情况下，可以将计算公式调整为：目标价格水平＝生产成本×（1+ 近 3 年生产成本年均增长率）×成本保障系数（CK）。其中，成本保障系数（CK）取值范围介于 0-1 之间，CK 可参考国外目标价格保障系数设定为 0.8-0.85左右。调整之后的价格确定方式好处在于财政风险能够处于一个可控范围，不仅能够大幅降低价格波动对财政支出成本造成的不确定性风险，也有利于引导农民根据市场需求种植适销对路的粮食产品以获取最大的收益，还能够提高粮食产品国际竞争力和抵御进口冲击。实际上，粮食支持价格下调趋势在美国 2014 年农业法案中也有明确体现。根据美国密苏里大学食物与农业政策研究所测算，到 2018 年，最新补贴方式将有效降低美国农产品价格水平，极大地刺激出口，并使政府财政负担大大减轻（Keith H. Coble等，2014）。

二是在价格支持之外重点依靠收入支持和其他市场手段来增加农民收入。既然价格支持不能过多承担保收入功能，从保护农民利益角度就不能再将粮食增产和农民增收寄托于不断提高的粮食价格上。那么，保护农民利益需更多依靠收入支持和其他市场手段，国外在这一方面也提供了较好经验借鉴。如在制度设计方面，价格支持措施实质上并非只是一个孤立或单独实行的制度安排，其通常与收入支持政策结合在一起实施（许建光，1996）。可参考国外做法，建立生产者直接收入支付制度，并根据国家财政实力适时动态调整对农民收入支持水平，以稳定种粮农民收入，避免因价格下跌对农民收入和种粮积极性产生过度影响。此外，还应充分利用市场手段，发挥国产非转基因大豆食用安全性、蛋白含量高，营养价值丰富的独特优势，以大多消费者倾向于"非转基因"大豆消费作为市场突破口，通过细分市场方式剥离国产非转基因与进口转基因大豆市场，争取国内非转基因大豆独立的市场定价权与话语权，以此提高国内豆农种植收益率。

（二）增强目标价格补贴的针对性和指向性，制度设计应有利于种植结构调整和农田生态环境保护。

根据目前我国目标价格试点实施方案，补贴制度采取的是普惠制补贴方式，只要被认定为合法大豆种植面积就能够获得价格补贴，而对于粮食生产方式和农田生态环境保护等并未做出任何要求，这种制度设计很显然不利于促进我国种植结构调整和减缓农田生态资源环境恶化趋势。而据国外实践经验，而并非是无条件在出现市场下降到目标价格以下就自动获得补贴，只有符合条件的农业生产者和及时提出申请并严格遵守相关管理和规定的情况下才能获得补贴（秦中春，2015）。

一是将农田生态环境保护纳入目标价格补贴制度体系设计之中。据美国在目标价格制度实践中的经验，农场主自愿参与补贴计划并承担相应的义务，按照合约方式管理，尤其是对获得补贴应满足的环境保护条件作有明确具体规定。如农场主每年还需报告农场耕地面积的使用情况，所有耕地都要达到土地保护和湿地保护的要求后才能获得补贴，并非无条件自动获得补贴。目标价格制度也绝不仅仅只是简单地有政府先确定一个目标价格后按照差价给予补贴，而制度设计通常都具有很强的指向性，当前我国应尽快着手研究如何将环境保护纳入保补贴制度体系设计之中，具体也可采取计划申报和合同管理的方式，补贴直接与环境保护挂钩，提高补贴的针对性。

二是目标价格补贴制度设计应有利于引导优化种植结构调整。目前我国粮食市场产量高、进口量高、库存高的"三高"问题比较突出，局部性"卖粮难"时有发生，究其内在原因固然有多个方面，但其中最重要的原因之一就是种植结构的不合理所导致。例如，近年来出现在我国东北地区的玉米结构性生产过剩、库存大量积压；与此同时，国内大豆产量却逐年减少，供给严重不足，使得国外进口持续大幅增长，出现了国内粮食市场玉米结构性供给过剩与大豆供给短缺现象并存的尴尬局面。为推进粮食领域供给侧结构性改革，下一步重点是要调整和优化种植结构，2016年国家明确提出适当调减非优势产区玉米，扩大国内缺口较大的大豆种植规模，那么粮食目标价格补贴制度改革也应有利于引导农户进行合理的休耕轮作以及优化种植结构。

（三）完善托底收购制度和加强市场购销体系建设，避免粮食市场大幅波动和极端卖粮难情形。

从"政策市"过渡到"市场市"将会有一个艰难的过程，特别是政策调整之初，由于失去托市价格作为"支撑线"与"基准线"，粮食市场很容易出现新粮上市之初的"粮农惜售"与"企业慎收"、或集中上市时的价格"断崖式"下跌与"卖粮难"，进而导致粮价的剧烈波动（詹琳、蒋和平，2015）。目前我国粮食市场虽还未出现极端卖粮难情形，但市场"有价无市"的特征比较明显。为提前做好风险管理，迫切需要建立极端情况下的市场风险防范机制，确保任何情况下农民能够种粮卖得出。

一是剥离托市制度的"价格调控"功能的同时继续保留其"托底收购"功能。尽管托市收购政策存在诸多弊端，且严重干扰了市场正常流通，但其"托底收购"功能在保障农民"种粮卖得出"，避免粮食丰收农民卖粮难和保护农民利益等方面发挥了重要作用。事实上，托市收购制度承担了市场"价格调控"和"托底收购"的双重功能，在临储政策退出之后，之前的"托底收购"功能将也随之丧失。为避免出现极端卖粮难情形，可在剥离托市收购制度"价格调控"功能基础上，继续保留原有的"托底收购"功能，仅承担出现"卖粮难"时对市场的"托底收购"功能，使定价真正的向"最低"和"临时"回归（秦中春，2014），让政策回归到解决农民卖粮难得政策初衷。具体操作办法，可参考当年粮食市场价格、供求和购销指标来设定"托底收购"的触发条件，构建"粮食托底收购制度"，一旦达到触发托底收购条件，待粮食宏观调控部门评估后适时启动对市场的"托底收购"，避免出现农民卖粮难和粮食市场的大幅波动，确保任何情况下种粮能够卖得出和粮食市场稳定。

二是充分发挥粮食期货市场和"粮食银行"的市场纽带作用。目前国内大豆市场出现的观望情绪浓厚，交易陷入僵局现象，其中重要原因就是农民与企业利益诉求不同，农民希望大豆价格越高越好，企业希望价格越低越好，双方缺少能够让各自满意的购销体系和市场纽带。而在农产品期货市场发达的美国，农户与企业可通过期货市场实现有效对接，农民在粮食播种或收获前可在合适价位通过期货市场卖出保值，加工企业也可通过期货市场以合适价格提前采购原料以稳定粮源或锁定价格，期货市场使得农户与企业都能够有效规避价格波动和购销风险。实际上，除了期货市场外，目前广泛存在于我国农村地区的"粮食银行"也能较好实现农户与企业及市场对接，并受到农民的普遍欢迎。其主要运行模式为：农民在新粮收获后，存入合作社或企业经营的"粮食银行"，自主选择定期或活期存储并享有利息。粮食银行不仅有效解决了农民存粮难问题，而且农户可根据市场粮价变动规律选择最佳销售时机。同时，对合作社或企业而言"粮食银行"代民储粮的形式也为其获得了稳定粮源，缓解了收购环节所需的庞大资金压力，且合作社和企业销售渠道更广，既可以通过加工转化提高附加值，还可以开展大规模订单贸易，能够更好实现价值最大化。农户与企业、合作社之间通过"粮食银行"这个纽带可实现互助共生和互利共赢，而事实上"粮食银行"在一些地区已运营多年且不断完善，但目前我国"粮食银行"发展面临的最主要困境就在于配套监管制度发展严重滞后，下一步关键是要建立完善的市场监管制度，防范粮食银行经营风险，使其能够更好发挥市场纽带作用。

（四）不断充实粮食目标价格制度内涵，探索开展市场化程度更高的目标价格贷款与保险制度试点。

我国粮食目标价格制度仍处于初步探索阶段，目前开展的主要是差价补贴试点，实践经验还比较缺乏，制度体系还有待进一步健全和完善。事实上，农产品目标价格制度除了差价补贴之外，实施过程中还包括目标价格贷款和保险制度（秦中春，2015）。其中，目标价格补贴是以特定产区、特定品种、特定规模、诚信经营的农业生产者为对象，主要是实行农产品市场损失的直接补贴制度，政府设立农产品目标价格补贴合约，符合要求的生产者需申报并接受核查，当发生市场损失时由国家财政直接给予参加计划的农业生产者差价补贴。目标价格贷款是一种农业生产者直接向银行或金融机构申请并获得贷款资金，实行的是农产品抵押贷款制度，国家为抵押农产品生产销售价格提供担保，担保价格通常就是农产品目标价格，农产品上市后实际市场销售价格低于目标价格部分产生的市场损失，由国家财政按照实际差额损失直接补贴至参加制度的农业生产者和银行。目标价格保险是一种农业生产者缴费参加保险公司负责的市场价格保险制度，实行的是农产品市场价格保险制度，国家财政对农业生产者参加市场价格保险提供保费补贴（秦中春，2014）。三项制度既可单独采用，也可结合采用、功能互为补充，共同构成了一道保障农民利益的安全网。

一是探索开展粮食目标价格贷款制度试点。在粮食播种和收获季节，我国中小农户普遍存在资金周转难等问题，有部分农户或因缺少足额生产资金难以及时安排生产，或在收获以后因资金压力需要急切卖出粮食，对稳定粮食生产和促进农民增收产生不利影响。然而，国外农产品目标价格贷款制度则能够为农场主提供足额短期资金需求，使得农场主能够及时安排农业生产，有效避免了农场主因资金短缺集中出售造成对粮价较大冲击。如美国目标价格贷款制度主要采取的是"无追索权贷款和营销援助贷款"等形式，其运行模式为：首先政府确定农产品"贷款率"，然后依据该贷款率，农场主将农产品抵押给农产品信贷公司（Commodity Credit Cooperation，CCC）并获得短期贷款。待农产品收获后，农场主可根据市场价格形势选择放弃抵押品或其他还贷方式（Raymond E. Owens，1987）。事实上，也只有参与该计划并自愿接受土地休耕和农产品供给管理条款的农场主才能获得目标价格贷款（Harwood D. Schaffer、Douglas B. Hunt、and Daryll E. Ray，2007）。因而不难看出，国外目标价格差价补贴和贷款制度都具有较强的政策指向性。为提高政策实施的针对性和有效性，可在借鉴国内外实践经验基础上，探索开展我国粮食目标价格贷款制度试点，不仅能够有效避免农民因资金短缺使得新粮集中上市对市场造成过度冲击，还能够有效引导农户开展合理休耕轮作和供给管理。

二是探索开展粮食目标价格保险制度试点。与现行我国试点的目标价格补贴制度相比，目标价格保险制度保障更加全面，更有利于调动农户种植积极性，是一种市场化程度更高的市场调控手段，也是发达国家普遍采用的农业保障方式。据美国农业部（USDA）统计数据显示，2014年美国有超过88%的农业耕地参与了农业保险计划，参与计划农业保险合同总数超过221.22万份，是目前美国最主要的农业支持方式（Rain and Hail Insurance Society，2015）。目前农产品价格保险在我国各地已正在开展试点，如上海、山东的蔬菜价格指数保险制度等，政策的推出也受到农户普遍欢迎，为开展粮食目标价格保险试点积累了宝贵经验。由于大豆、玉米已退出临储收购，下一步可重点选择大豆、玉米两类市场化程度较高的粮食作物作为试点。具体操作思路为：由国家在粮食播种前公布大豆、玉米目标价格（可参照生产成本+基本收益的方式确定，基本收益根据每年粮食供需情况适度调整），农户则按照粮食平均单产和目标价格估算种粮收益，并向保险公司投保，农户自身承担一部分保费，国家给予农民一定比例的保费补贴。粮食收获以后，农民按照市场价格随行就市销售。待销售季节结束以后，如若试点地区农民亩均卖粮收益低于播种前投保的目标收入，则由保险公司赔付差额部分；若卖粮收入超过投保收入，则保险公司不用赔付（程国强，2016）。力争通过2-3年时间使试点地区粮食作物保险管理水平逐步与国际市场接轨，初步形成可在全国推广的保险模式，并能够适应我国粮食作物向国际市场全面开放的需要，为未来参与国际竞争创造有利条件。

4.5 本章小结

自 2014 年目标价格补贴试点以来，目前我国大豆市场价格已逐步回归市场供求调节，市场价格机制作用正得到有效发挥，加工企业经营效益和行业景气度明显回升，试点工作取得了初步成效；但从短期来看，价格政策调整仍难以有效激发国内大豆市场活力和抵御进口冲击，大豆种植收益下降对农户种植积极性产生了负面影响，进一步加剧了种植结构失衡，出现了粮食供给结构性过剩和短缺共存的尴尬局面，也为此付出了巨大的经济和生态环境代价。事实证明，当前大豆目标价格政策实施方案在实践过程中仍有进一步改革和完善空间。尽管本章在基于对当前东北地区大豆目标价格试点情况及国外经验分析基础上，针对政策实践中存在的不足和政策风险，提出了下一步深化我国粮食目标价格制度改革的几点思路和方向。但显然还远远不够，如文中提到的探索将农田生态环境保护纳入目标价格补贴制度体系设计之中，构建极端卖粮难情形下的粮食托底收购制度，开展粮食目标价格贷款和保险制度试点等措施及建议，都还需要进一步细化实施方案并得到实践的进一步检验和完善。总之，在我国粮食价格制度市场化改革的进程中可能还将遇到一些新情况、新问题，还需要不断在制度上和方法上不断突破和创新。

第五章　国外粮食价格支持政策
的经验借鉴与政策启示

目前世界上对于农产品实行定价干预的国家已经越来越少，随着我国市场经济体制的进一步完善，目前绝大多数农产品的价格形成也已逐渐遵循市场机制，政府主要对六个重点农产品实行了价格干预，即小麦、大米、玉米、大豆、棉花和食糖，价格干预方式主要包括最低收购价、临时收储和目标价格补贴制度等。根据对不同国家粮食价格支持政策目标的对比分析，我们不难发现，发达国家由于拥有先进的科学技术和雄厚的财政实力，其粮食生产普遍处于一种供大于求的状态，所以他们的粮食市场调控政策的主要目标是怎样利用价格支持调整粮食生产，提高粮食产品国际竞争力，刺激对外出口，控制国际国内两个市场，扩大消费，以缓和国内的粮食过剩；与此同时，又通过采取多种途径增加农场主的收入。如美国、欧盟等，尤其以美国最具代表性。而东亚的日本、韩国因受其国内自然资源条件约束，且人口相对较多，不太可能出现粮食过剩的危机，因而这一类国家的政策目标主要是怎样通过价格支持以保证粮食产量的稳定和增加农民收入。由此可见，不同国家因国内粮食生产自然资源条件、人口和政府宏观调控目标都存在明显差异，因而所采取的粮食价格支持方式也存在明显差异。

5.1　美国粮食价格支持政策的经验借鉴与政策启示

美国一直是全球最重要的粮食生产和贸易大国，目前每年粮食产量约3.6亿吨居于世界前列，其中有1/3出口至全球市场，玉米和大豆出口量雄踞世界第一，其产品在国际市场长期保持着强有力的竞争力。其中，最重要的原因之一就是其国内建立一套完整的粮食价格制度框架体系，并始终能够根据市场形势发展适时作出调整和完善，在近八十多年的政策探索过程中积累了丰富的实践经验。美国虽然在粮食生产方式、农业人口、自然资源等方面与我国存在较大差异，但价格政策在保障农民利益、维护市场稳定、调节供求平衡等方面的市场调控任务是基本相同的。当前，我国现行的以最低收购价和临时收储政策为核心的粮价制度正遭受越来越严峻的挑战，粮食价格制度改革已是势在必行，而此时面临的有些现实困境又正与美国政策实践历史上所遭遇过的难题有诸多相似之处。它山之石，可以攻玉。因此，本小节主要将通过研究不同时期美国粮价制度调整的现实背景及路径，深入分析各阶段政策转型后的实际效果，并深刻总结其政策演变规律和实践经验，希望能够为完善我国现行粮食价格制度提供一些经验借鉴和政策参考。

5.1.1 美国粮食价格支持政策的转型背景与路径

（1）1933-1985 年：市场自由调节转向政府价格干预

尽管美国一直奉行政府不干预经济事务的"放任自流"的经济政策，然而 1930 年的一场资本主义最为严重的经济危机迎来了美国粮食市场政策的重要转折点，1933 年政府出台第一部《农业调整法案》，其中最重要的内容就是对农产品实施价格支持政策，首次开启了对粮食市场干预的先河，企图通过价格支持来稳定农场主收入，挽救其破产厄运（郑林庄，1981）。首次建立了"无追索权贷款"制度，其政策设计初衷主要是为了通过价格支持让农民购买力恢复至 1909-1914 年经济繁荣时期水平（USDA，1984），同时也为农场主提供了短期资金需求，避免因资金短缺集中出售造成对粮价较大冲击。该制度运行过程为：首先政府确定不同农产品的"贷款率"（Loan Rates）（贷款率根据农产品与非农产品比价关系确定，又称"平价制"），然后依据该贷款率，农场主将农产品抵押给农产品信贷公司（Commodity Credit Cooperation，CCC）获得短期贷款。待农产品收获后，农场主可根据市场价格形势自主选择还贷方式，如该销售年度 5 个月内市场价格高于贷款率加利息成本时，则可择机出售粮食后以现金方式归还贷款；如市场价格一直低于贷款率加利息成本时，则可选择放弃抵押给 CCC 的商品，该公司无权要求农场主退还贷款，**抵押农产品也就形成了政府储备**。

70 年代之后，由于全球性粮食减产致使国际粮价全线飙升，高昂的粮食价格极大地损害消费者利益，为控制粮价过快上涨。1973 年政府出台了《农业和消费者保护法》旨在保障农场主基本收益的同时防范粮价过快上涨而损害消费者，新法案提出建立"目标价格差额补贴（Target price deficiency payments，TPDPs）"制度，采用根据生产成本和适当的利润确定"目标价格"。当市场价格高于目标价格时，农场主可自行择机出售并获得销售收益；当市场价格低于目标价格时，政府对参与该计划，并满足一定前提条件的生产者给予差额补贴，类似于一种最低保护价制度。直到 1977 年，国际粮食市场再次出现供过于求的局面，美国又重新启动了 1933–1972 年的"无追索权贷款"制度，同时继续保留目标价格差额补贴政策继续执行。"无追索权贷款"和"目标价格差额补贴"制度的运行过程见图 5-1。

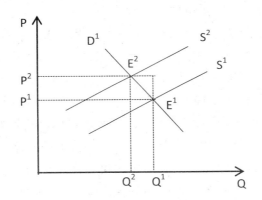

图 5-1　1933-1985 年美国主要粮食价格调控方式

资料来源：作者根据美国农业法案资料整理得出

（2）1986-1995 年：支持价格演变为贷款差价补贴制度

80 年代后期，由于粮食生产连续增产且价格持续保持较低水平，农场主大量放弃赎回抵押品，导致美国政府粮食库存激增，财政负担大幅上升。在此情形之下，1985 年《农业安全法案》开始采用"营销援助贷款（Marketing Assistance Loan，MAL）和贷款差价补贴（Loan Deficiency Payment，LDP）"代替此前的"无追索权贷款"制度。新政策与后者的最大区别在于，即使出现某粮食品种市场价格低于政府所制定的"贷款率"时，参与贷款项目的农场主也不必将其抵押给政府,而是继续在市场上出售,市场出售价格低于"贷款率"的差额部分,政府给予贷款差价补贴,新的政策推出的最初目的主要是为了解决政府被动收购大量粮食,粮食库存激增和财政负担加重等问题。因此,贷款差价补贴与此前的目标价格差额补贴两项制度共同构成了这一个时期的主要价格支持方式。

(3)1996-2001 年:减少价格支持并向收入补贴方式转变

90 年代中期,世界粮食价格持续走高,美国粮食产品国际竞争力得到明显增强,同期与 GATT 的谈判也取得积极进展。为逐步过渡至完全的市场经济,1996 年颁布了《联邦农业促进与改革法案》决定逐步减少政府价格干预,开始采用与价格脱钩的"生产性灵活合约"Produce Flexible Contracts,PFC)的直接收入支付制度代替此前的目标价格差价补贴制度,新方法补贴额度计算公式为:某粮食作物合同耕地面积的 85%×正常产量×支付率,其中"支付率"为单位粮食作物的补贴率,主要根据不同年份联邦政府每年预算用于收入支持的金额及在所有农产品间分配比例决定。新法案继续保留了"营销援助贷款",与政府签订生产灵活性合同的生产者均有资格获得贷款。但贷款率确定采取了新的计算方法,主要根据过去 5 年某粮食作物平均市场价格的一定比例确定,一般为 85%-90% 之间。

然而,新法案刚实施不久后,1998 年亚洲金融危机爆发,世界粮食市场价格连续大跌,完全改变了此前对未来价格上涨的普遍预期。为减少农场主损失,政府随即临时出台了"市场损失援助"计划,主要用于补贴因价格下跌导致的农场主收入下降的部分,具体补贴方式与直接支付制度相同,两者捆绑在一起发放,补贴额度每年约 50 亿美元左右。而此时,这种附加补贴实质上可以看作是一种直接的收入补贴。

表 5-1　1996-2002 年政府每年预算的收入支持总额度

单位:亿美元

	1996 年	1997 年	1998 年	1999 年	2000 年	2001 年	2002 年
收入支持总金额	56	54	58	56	51	41	40

注:资料来源于美国农业部(USDA)。

（4）2002-2014 年：加大价格支持并重启新的目标价格补贴制度

进入 21 世纪，在美元贬值，国际粮食市场竞争不断加剧，联邦政府预算出现盈余等多重因素作用下，2002 年出台的《农场安全与农业投资法》计划全面加大对农产品价格支持力度，提升产品国际竞争力（陈锡文、程国强，2003）。采取措施主要包括：一是普遍提高平均贷款率；二是 10 年内对农业补贴增加至 1900 亿美元；三是建立新的"反周期支付"（Counter-Cyclical Payments，CCPs）和"平均作物收入选择方案"（Average Crop Revenue Election Program，ACRE）。而 CCPs 主要是由 1998-2001 年实行的"市场损失援助"政策演化而来，是一种新的目标价格制度，起初这项补贴制度是与价格脱钩补贴，新法案中将这项补贴纳入到具有长期效力的农业法中，并将补贴与当年价格挂钩。

CCPs 采用了新的计算方法和运行机制，反周期支付额为某农作物的"目标价格"减去"有效价格"的差额。其中"有效价格"等于直接支付率加上下面两种价格之中较高者：①由美国农业部确定的当年生产者接受的全国平均市场价格，②农作物的全国贷款率。全国贷款率是支持价格，类似于我国的最低收购价和临时收储价格。具体运行机制为：当价格低于政府制定的目标价格时，政府给予农场主反周期补贴；反之，价格高于"目标价格"，则不启动反周期补贴。由于补贴与市场价格挂钩，因此具有较强的贸易扭曲性，属于 WTO 的"黄箱"措施，新农业法案也逆转了多年来美国一直推行的农产品贸易自由化方向，重新退回到了贸易保护主义的道路。

表 5-2　2004-2007 年美国粮食作物反周期支付制度数据

	直接支付率（DP）	目标价格（CCP）	有效价格（ETP）	贷款率
小麦（蒲式耳）	0.52	3.92	3.40	2.75
玉米（蒲式耳）	0.28	2.63	2.35	1.95
大麦（蒲式耳）	0.24	2.24	1.99	1.85
大米（英担）	2.35	10.50	8.15	6.50
大豆（蒲式耳）	0.44	5.80	5.36	5.00
油料（磅）	0.01	0.10	0.09	0.09

注：资料来源于美国农业部（USDA）。

（5）2014 年-至今：目标价格补贴制度向价格保险制度转型

近些年来，随着美国农业补贴领域支出大幅增长，与其他国家的贸易摩擦日益加剧，财政赤字不断创出历史新高，政府多次面临停摆危机，仅 2012 年前 11 个月财政赤字就高达 1.16 万亿美元。为摆脱沉重的债务负担、减少贸易摩擦和更好适应 WTO 规则，2014 年《联邦农业改革和风险管理法案》取消了反周期支付（CCPs）、直接支付（DP）和平均作物收入选择（ACRE）等措施，仅保留了"营销援助贷款"，新设立了价格损失保障（Price Loss Coverage，简称 PLC）和农业风险保障（Agriculture Risk Coverage，ARC）制度（Ralph M.Chite，2014）。当市场价格低于"参考价格"时，则启动 PLC 措施，价格损失保障补贴计算方法是：补贴=（参考价格-年度全国平均市场价格）×补贴单产×85%×基础面积，参考价格与年度全国平均市场价格之间的差额为价格损失保障补贴的补贴率，补贴的单产可以参考现有反周期支付政策的单产，或按照 2008 年到 2012 年作物收益的 90%作为标准。基础面积则可以使用以往在农场服务局（FSA）登记的面积，也可以进行一次性调整，调整的标准是每种作物 2009-2012 年度的种植面积平均值。

生产者可在 PLC 和 ARC 项目二者之间做出选择，一旦确定该农作物补贴将会在农业法案生效期内（2014-2018 年）保持不变。可以看出，价格损失保障项目与反周期支付类似，主要仍是补偿农场主因农产品价格下跌造成的损失，实际上是反周期支付的一种新形式，两种措施互为补充。新法案标志着美国农业政策支持向农场主根据自身需求和风险承受能力购买不同农业保险的时代转变，更加突出保险在促进粮食生产和防范风险中的作用，逐步放弃政府对市场的直接干预，调控手段趋于市场化（彭超，2014）。

5.1.2 美国粮食价格支持政策转型的效果与实践经验分析

从美国整个政策演变过程看，价格制度作为粮食市场宏观调控的重要手段，一直是美国农业政策体系改革的核心内容之一，经历长达八十多年的政策调整和转型，其已形成了一套健全的价格制度框架。这些政策的有效实施在不同历史时期解决美国国内粮食供求平衡，减少政府财政赤字，去农产品库存化，保障农场主利益，维护市场价格稳定和提升产品国际竞争力等方面都发挥了一定积极作用。

1. 无追索权贷款和目标价格差额补贴的实施效果与实践经验

从历年政策执行的情况看，无追索权贷款制度在促进粮食增长和增加农场主收入方面都发挥了明显作用（见图5-2）。据 USDA 统计数据显示，1985 年美国农场平均纯收入已从 1960 年的 2675 美元大幅增加至 10022 美元，累计增长约 3.75 倍；在 1960-1962 年间政府价格补贴占农村纯收入总额约为 9.3%，但是到了 1986-1988 年这一比例已上升至 37.6%，特别是在 1983 年美国国内遭遇特大干旱期间，农产品大幅度减产，政府仅对农场的补贴高达 93 亿美元，相当于农场纯收入的 166%。

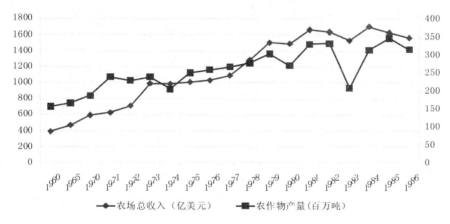

图 5-2　1960-1986 年美国农场收入和农作物产量增长情况

资料来源：美国农业部（USDA）

与此同时，随着无追索权贷款政策深入实施和政府价格支持计划的扩大，美国政府补贴资金投入也出现了快速增加。据 USDA 数据显示，截止 1970 年年底美国农产品信贷公司（CCC）包括粮食在内全部农产品库存金额为 15.49 亿美元，未偿还贷款总额为 29.73 亿美元，政府"无追索权贷款"支付的总金额约 45 亿美元。80 年代以后，粮食市场价格持续下跌，大量农场主放弃赎回抵押品，无追索权贷款制度的实施直接导致政府委托运营的农产品信贷公司（CCC）粮食等农产品库存数量大量增加，财政负担不断加重。据 USDA 数据显示，截止 1981 年农产品信贷公司（CCC）包括粮食在内的所有农产品库存折合金额和未偿还贷款金额分别增加至 37.79 亿美元和 78.07 亿美元，贷款总额达到了 115.86 亿美元；而仅一年后就增加至 55.07 亿美元、167.89 亿美元和 222.96 亿美元；1983 年年底更是超过了 105.97 亿美元、128.98 亿美元和 233.98 亿美元。

2. 营销援助贷款和贷款差价补贴的实施效果与实践经验

从图 3 中不难看出，随着 1985 年营销援助贷款（MAL）和贷款差价补贴（LDP）新政策的推出以后，极大地减少了政府谷物的收购量和库存数量。根据美国农业部统计数据显示，仅第二年美国政府通过农产品信贷公司（CCC）的谷物抵押和库存数量就出现了显著减少，谷物抵押数量和库存数量分别由 1987 年的 4693 万吨和 6802 万吨大幅下降至 1988 年的 2402 万吨和 2950 万吨，截止 1996 年年底农产品信贷公司（CCC）的农产品抵押的数量已下降为 0，其持有的谷物数量也减少至 398 万吨（见图 5-3）。

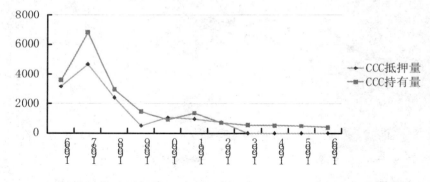

图 5-3　1986-1996 年农产品信贷公司（CCC）
谷物抵押和期末库存量　单位万吨
资料来源：美国农业部（USDA）

新政策实施的初期（1985-1995 年），政府财政补贴也出现了显著下降，截止 1995 年末政府贷款差额补贴已减少为 0，但在 1997 年以后补贴额度则出现了快速增长，2000 年补贴额度超过 60 亿美元。出现这一反常现象的根本原因在于，"营销贷款差额补贴率"通常预先以高于市场价格水平确定，这一定程度上极大激励了农户种粮积极性，导致粮食供给大量增加，市场价格下跌，农场主则能够获得更多的差额补贴收益，进而导致粮食生产走入生产过度的恶性循环。政策一定程度上也助长了粮食过度生产和市场投机行为。农场主根据利益最大化原则，为了获得更多政府补贴就会无休止地扩大种植面积和提高产量，因为产量越多、价格越低，获得的营销贷款差额补贴也就越多。此外，农场主还可以利用"销售战略"操控国内粮食市场价格，以获取更高收益，如利用一些突发事件（如冰雹）停止出口，达到短期内增加国内市场供给、降低市场价格目的（徐更生，2007）；在得到政府贷款补贴后，则通过大量出口，减少国内供给，提高国内市场价格，又以高于贷款率的市场价格出售粮食。由此可见，目标价格制度在实施过程中也暴露了一些不足之处。

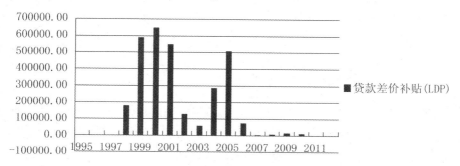

图 5-4　1995-2012 年贷款差额补贴（LDP）金额变动情况　单位：百万美元
资料来源：美国农业部（USDA）

3. 反周期支付的实施效果与实践经验

自 2002 年新政策启动以来，反周期支付（CCPs）金额主要与市场价格波动具有高度相关性，在政策实施的初期由于粮食市场价格走低补贴金额出现了较快速增长，2005 年补贴额达到 40.74 亿美元的峰值。而在 2010 年以后由于国际市场农产品价格大幅上涨，明显高于政府指定的目标价格，反周期支付此后较少再启动。但不难看出，在该政策实施的 2002-2007 年间美国农场主总收入、谷物总产量及出口均出现了明显增长，基本实现了制度出台之初的主要目标。据 USDA 统计数据显示，2007 年农场主总收入增加至了 3396 亿美元，谷物总产量达到了 4.72 亿吨，较五年前分别增长了 45.88%、60.58% 和 45.01%，一举扭转了 2002 年之前农场主收入和农产品生产下滑趋势，2007 年谷物出口总量达到了 1.06 亿吨，稳居世界第一。从近十年来反周期支付

（CCPs）制度实际运行情况看，贷款率总是远远低于市场价格，目标价格则总是高于市场价格，市场价格的形成较少受到政府直接干预，比较有利于发挥了市场机制配置资源的作用。

表5-3　2001-2007年美国反周期支付与农场主收入、谷物产量与出口数据

	2001	2002	2003	2004	2005	2006	2007
反周期支付（亿美元）	0	2.03	23.01	11.22	40.74	40.46	11.30
农场总主收入（亿美元）	2519	2328	2600	2949	2985	2902	3396
谷物产量（百万吨）	321.4	294.0	345.3	385.6	363.2	416.3	472.1
谷物出口（百万吨）	83.5	73.1	89.5	83.0	92.2	87.3	106.0

注：数据源于美国农业部统计报告。

　　然而，在实际操作中反周期支付（CCPs）制度设计同样也有不足之处。如反周期支付计划中具体支付水平通常只与市场价格相关，而较少考虑农产品产量变化对农场主收入变化的影响。而在一般市场机制下如果农产品产量下降势必将导致市场价格上升，由此反周期支付金额也会相应会减少，一旦超过目标价格政策将不会启动。该制度在设计之初的主要目的是为了减少农场主遭受市场价格损失，而并未考虑单产水平变化情况，这也使得反周期支付常常出现"得不偿失"的情况。在有些作物种植地区，由于出现极端恶劣气候等自然原因导致农产品单产下降、产量减少，价格上涨超过销售贷款差额补贴率时就使得目标价格与有效价格之差缩小，从而使生产者不能从反周期支付中得到应有的补偿，相反却比平时得到更少的补贴，从而使得农场主受到很大的收入损失；此时反周期支付却不能根据这一市场变化而作出调整，仍然按照既定的方式给予补贴。为了弥补这一制度缺陷，2002年新农业法案中首次引入基于收入保障目的的直接支付制度作为其政策补充，当某农产品每单位实际收益低于全国目标收益时，直接支付制度将被触发，能够有效预防农场主应对年景不好，产量减少，但价格在目标价格以上，获得的补贴收益减少的情况，有效弥补了其不足。另外，为进一步增加农场主自主风险选择权利，《2008年农业法案》又增添了一项新的补贴政策，即平均作物收入选择方案（ACRE），农场主可以在CCPs和

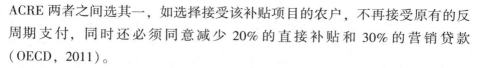

ACRE 两者之间选其一，如选择接受该补贴项目的农户，不再接受原有的反周期支付，同时还必须同意减少 20% 的直接补贴和 30% 的营销贷款（OECD，2011）。

4. 价格损失保障的实施效果与实践经验

自 2014 年价格损失保障（PLC）制度首次推出，新政策实施的时间还比较短，对其实际效果及可能产生的影响目前只能通过逻辑推理和相关模型预测得出。据美国密苏里大学食物与农业政策研究模型预测，新制度实施以后农场主获得的支付补贴、商品项目补贴和其他补贴三项均会出现下降，2015-2023 年的平均补贴收入将分别较 2008-2012 年平均水平的 95 亿美元、60 亿美元、35 亿美元下降至 75 亿美元、51 亿美元、24 亿美元，分别减少 21.05%、15.00%、31.43%；但来自作物保险的净赔付将大幅增加，净增加约 26 亿美元，增幅达 46.43%。这一减一增总体而言，对农场净收入影响比较有限；同时新制度也为农民提供了更多的市场风险管理策略，从而农民能够接受略低的市场价格，并预计主要农作物价格将会降低，其中玉米和小麦市场价格平均降幅在 20% 左右，大豆市场价格平均降幅在 15% 左右；由此将大幅提升美国粮食产品的国际市场竞争力，明显减轻政府财政负担，预计 2014-2018 年五年间，支出规模将削减 53.10 亿美元；2014-2023 年十年间，支出规模将削减 165.04 亿美元。

表 5-4　预计 2014 年农业法案实施后美国财政收支变化

单位：亿美元

	预算授权变化	预计支出变化	预计收入变化	净影响
2014	32.43	21.24	0.05	21.19
2015	−31.28	−36.97	0.09	−37.06
2016	−18.09	−16.59	0.12	−16.71
2017	−10.49	−10.05	0.12	−10.17
2018	−11.63	−10.72	0.13	−10.85
2019	−19.96	−19.25	0.13	−19.38
2020	−21.99	−21.87	0.08	−21.95

	预算授权变化	预计支出变化	预计收入变化	净影响
2014	32.43	21.24	0.05	21.19
2021	−21.68	−22.38	0.08	−22.46
2022	−23.62	−23.99	0.12	−24.11
2023	−24.03	−24.46	0.12	−24.58
2014−2018	−39.06	−53.1	0.51	−53.61
2014−2023	−150.34	−165.04	1.04	−166.08

注：资料来源于美国国会预算办公室。

5.1.3 美国粮食价格支持政策改革实践对完善我国粮价制度的政策启示

从美国粮价制度实践和转型经验看，新的政策推出始终是在解决所面临各类现实问题中产生，政策实际运行大都取得了明显效果，基本能够达到制度设计之初的主要目标，在不同时期都发挥了积极作用；尽管政策在实践中也不同程度存在一些不足之处，但对于当前完善我国粮食价格制度仍具有重要的政策启示。特别是在当前去库存化任务重，财政负担加重，产品竞争力下降等严峻形势下，全面和客观分析美国粮价制度实践经验对于我国推进价格制度改革就具有重要意义。

（1）粮价支持政策依据形势变化适时调整，且始终是基础性手段

事实上，美国国会每 5 年左右颁布的《农业法案》实质上就构成了粮食价格制度演变的历史，由于每一部法案都制定了对农业支持详尽而具体措施和量化规定，从而使农民能够依据农业法规定估算出自己所得的补贴，不仅使得政府有法可依，也有效避免了政策执行过程的随意性，提高了政策支持的绩效。尽管历经近 80 多年对农业政策的调整和完善，不难看出价格支持政策始终是美国粮食市场调控的重要基础性措施，这一政策构成了农业政策的重要核心内容。无论是最初的无追索权贷款、目标价格差额补

贴，还是后来的营销援助贷款和贷款差价补贴，以及反周期支付和价格损失保障等，其都是通过价格补贴或价格支持弥补农场主因价格波动造成的损失，避免粮食生产出现大的波动。

美国实践经验表明，价格支持政策通常具有效果直接，操作简单，政策运行初期政府财政支出小、见效快等特点，对于财政补贴能力不强、保障粮食安全压力大的国家是一项首选措施（程国强，2011），但在政策运行中后期通常政府财政负担不断加重。要充分认识到我国依然是发展中的农业大国，农业人口众多，粮食生产方式落后，财政用于农业发展领域的投入比较有限，同时保障13亿中国人的吃饭问题的任务又十分艰巨，价格支持方式作为投入相对较少，见效明显，对提高粮食有效供给和增加农民收入作用明显，符合当前我国经济发展阶段，国家财政补贴能力有限，保障粮食有效供给的任务重的基本国情，是一项必须要继续坚持的重要措施。

自新中国成立以来，我国也陆续颁布实施了一系列对粮食领域的支持政策，有效保护了农民利益和调动了农民种粮积极性。但政策多以政府文件形式发布，不仅缺乏系统性和连续性，而且一些政策的形成过程缺少必要的透明度，从而增加了政策执行的难度和随意性。今后可参考和借鉴国外做法，每4~5年左右采取立法形式重新制定农业政策，并对现行农业政策进行综合的审视、完善和修订，这样能够更好地依据市场形势变化制定更加符合实际的农业政策，避免现行政策执行中各种负面效应和风险的不断积累，而如今我国粮食市场出现的高库存化，财政负担加重，价格扭曲等风险的不断加剧实质上也部分反映了我国粮食领域政策完善和调整的滞后性缺陷。

（2）农产品目标价格制度也会面临生产过剩和财政负担加重难题

农产品目标价格制度是20世纪70年代美国政府为了减少对粮食市场的直接干预，化解粮食高库存和减轻日益沉重的财政负担，实现市场价格形成与政府补贴脱钩，在充分发挥市场机制作用基础上，对农业实施的一项重要的价格支持政策。其中农产品目标价格制度中最重要和最具影响的两个项目为目标价格差额补贴（TPDPs）和反周期支付（CCPs），前者实施期限超过20余年，后者也达到了12年之久。农产品目标价格制度补贴虽然是与价格相挂钩，通常所制定的目标价格大多略高于贷款率与直接支付之和，但远低于市场价格，因而较少启动，因此对市场价格形成基本不构成影响，这样既能有效稳定农民收入，又对市场机制扭曲较小，所以也一直成为美国所采取的主要农业支持方式之一。

根据农产品目标价格制度的实践效果，该政策在有效保障美国农场主收益的同时，由于农场主通常为获得更多的政府补贴，又进一步刺激了其扩大粮食生产规模，加剧了粮食生产过剩，在产量增加和市场价格下跌的双重作用下使得政府财政负担不断加重。2014年中央一号文件也明确提出我国要逐步建立农产品目标价格制度，并在棉花、大豆两个品种已开展了试点。因此，在实施农产品目标价格制度时还应充分考虑其可能引发的负面效应，理由是，在粮食作物实施目标价格制度后，从趋势上看国内市场价格将逐步与国际接轨，粮价下行将成为必然趋势；如若目标价格保持不变，必将使得补贴差价扩大，由于农产品目标价格补贴的是所有产量或播种面积，且补贴范围及数量也将较目前所实行的托市收购制度要多得多，在棉花和大豆等播种面积集中、产量有限的农产品试行所需要承受的财政风险比较有限，但如若扩大至主粮领域其政策风险将骤然加剧，如以2015年三大主粮稻谷、小麦、玉米总产量约5.67亿吨，平均每吨补贴200-400元计算，则所需财政资金将高达1134亿-2268亿元，国家财政负担可能不降反增。

农产品目标价格制度实践的关键点就在于：其只是帮助农场主弥补部分市场损失，重点是保障其生产成本，而不保证其获得稳定的收益。所以，在农产品目标价格水平的制定过程中通常仅为生产成本的85%左右，这有这样才能达到尽可能减少对市场价格形成的干预。此外，目标价格制度实践的另一个关键点在于实现"价补分离"，即补贴收入与价格形成相分离。同样，在我国农产品目标价格制度试点中也应该把目标重点放在保农户生产成本上，而不是保其获得稳定收益，不能让目标价格制度过多承担保收入的功能。如若演变为主要的收入支持政策将不可避免会对价格形成造成严重干扰和扭曲资源配置，农户作为一个理性的经济人，其行为必然根据追求个人效用和收益最大化原则作出生产决策，在过高的价格支持作用下其个人最优决策将是扩大纳入目标价格保护制度粮食品种的种植面积和提高生产产量，而减少其他非保障品种的生产投入，其后果将是不仅不能够缓解目前我国粮食生产结构性过剩，反而会进一步加剧，最终重新陷入生产过剩和财政负担加重局面。因此，为了能更好地发挥市场配置资源的决

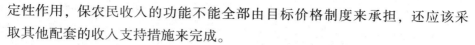

定性作用，保农民收入的功能不能全部由目标价格制度来承担，还应该采取其他配套的收入支持措施来完成。

（3）制度设计更加倾向农民自主选择价格和收入风险管理工具

从市场调控的制度设计看，美国粮价支持制度是在解决粮食市场问题的过程中主要针对价格波动风险的一种补贴制度，其制度的内容设计实质上也并非只是一个孤立或单独实行的制度安排（秦中春，2015）。从保护农场主利益看，由于价格支持制度大多只对市场价格波动造成的部分损失进行弥补，而未考虑产量波动对农场主收入的影响。一般情况下，增加农民收入的主要途径有两条：一是提高农产品产量；二是提高农产品价格。但在总需求不变的情况下二者之间却是相互矛盾的，一方面提高价格必然会刺激增加生产，然而产量增加必然会导致价格下跌，随着农民收入减少，出现"增产不增收"。因此，美国政府一直将价格支持与收入支持政策结合实施（许建光，1996）。

从农场利益保障方式制度设计看，发展趋势为逐渐朝农场主能够更加自主选择价格和收入保障项目的方向转变。农场主可根据自身的实际需要来选择其中一项价格和收入保障方案，真正实现农业生产经营风险的自我管理，如2008年农业法案设计构建的平均作物收入选择计划（ACRE）和反周期支付（CCPs）的价格和收入保障项目组合，以及2014年农业法案设计构建的价格损失保障（PLC）和农业风险保障（ARC）项目组合，农场主均可二者选其一作为自己的经营风险管理工具。政策制度设计不仅使得政策支持方式的更加市场化，同时也让农场主的生产经营决策和风险管理行为也更加自主化。

目前，我国现行粮食价格制度"政策化"倾向明显，政府不仅主导市场价格形成和种粮农民市场，还严重干预了市场的正常流通，如托市收购价格只涨不跌，种粮农民较少更具自身需要来考虑风险管理和做出种植决策，政府直接干预粮食收购、储存、竞拍等各个流通环节等，使得市场价格机制无法正常有效发挥。因此，未来我国在粮食支持制度设计过程中不仅应该考虑提供政策工具，而更应该培养农民更具自身需要和市场形势变化做出适合自己的种植决策和风险管理方案，提高种粮农民适应市场机制和风险管理能力，为未来培养更多懂经营、会管理的新型农民和农业经营者奠定基础。

（4）粮食价格补贴政策及其实施过程中对农田生态保护也有明确要求

美国早期由于对自然资源的过度开发，对农业生态环境造成了巨大破坏，1934 年全国性的干旱和 1935 年"尘暴"，也使得人们更加关注土壤和生态环境破坏所带来的灾难性后果，并采取相应措施予以保护。其中，包括农业政策的制定也开始更多考虑环境保护问题，如政府农产品信贷公司（CCC）对价格补贴发放的条件就做出了具体规定，农场主自愿参与并承担一定的义务，按照合约方式管理，并非无条件自动获得补贴，只有符合要求的农业生产者在及时提出申请并严格遵守相关管理规定时才能获得政府补贴。如申请目标价格补贴的农民必须参加政府的减耕计划，现行规定是参加减耕计划的农民必须有 7.5% 的耕地退出生产，另有 15% 的耕地实行自由种植，不享受补贴，也就是说，参加计划的农民有 77.5% 的耕地可以享受政府补贴（张晓玲、吴可立）；再如参与反周期支付计划的农场必须满足的环境保护前提条件为：即每年报告农场耕地面积的使用情况，所有耕地都要达到土地保护和湿地保护的要求，基本农田必须用于农业及相关生产活动，保护基本农田免受水土流失的侵蚀，主要包括种植符合地方农村服务办公室所要求的充足的植被并且要控制和清除杂草等。

此外，美国还通过加大资金投入和整合环境保护制度等多种方式，进一步加大了环境的投入保护力度。如 2002 年农业法案规定，在 2002-2007 年间将用于农业综合开发的补贴比 1995 年农业法案规定的补贴增加近 190 亿美元；用于资源环境保护计划的补贴到 2007 年要达到 171 亿美元。新法案在保留原有生态保护项目同时，还另新建两个环保项目，即农业土地权属保护计划（ACEP）和区域合作保护计划（RCPP）。前者是政府以购买土地使用权的方式来保护耕地、草地和湿地资源；后者则为鼓励一定区域内的政府、印第安部落及专业合作社等组织，与农户一起改善土质、水质和野生动物栖息地。2002 年农业法案通过创建一个全面的和强制性的环境监管系统，能够有效减少对环境的负面效应，使其农业生产达到可持续发展的水平（Jesse Ratcliffe，2003）。

长期以来，我国粮食价格制度一直强调保障粮食供给和增加产量，对粮食生产和供给发挥了积极作用，然而也导致了农业生态环境的严重失衡。美国一直十分重视农业生态环境保护，在农业生态环境保护的支持政策、立法、财税、技术模式等方面积累了大量经验。如"土壤保护工程""土壤银行""耕地调整计划""农村清洁水计划"等土壤、水资源保护政策。可探索建立与粮食生产环境、节能减排，粮食生产资料安全使用管理、耕地质量保障、污染责任追究等方面挂钩的粮食价格支持和补贴方式，促进粮食生产可持续发展。与环保和食品安全相结合，应效仿美国契约社会，将农业补贴与农村环保及农产品安全相结合。农户有享受农业补贴的权益，亦有遵守相关农业标准规定的义务，促使生态社会合谐发展；政府应以"保供应、促增收"为中心，以直接补助为主体，加快构建现代高效农业补贴政策的框架体系。

5.2 欧盟国家粮食价格支持政策的经验借鉴与政策启示

自 1962 年欧盟正式建立共同农业政策（Common Agricultural Policy，以下简称 CAP）至今，欧盟的粮食政策目标和措施都发生了很大变化。欧盟的粮食政策主要围绕着生产、稳定、收入和环境四个目标在不断变革，虽然其在总体框架和基本原理上没有大的变化，但具体的粮食政策措施却发生了一系列重要变化。总体的趋向是政策价格支持水平不断降低，逐步趋于加强直接补贴。

5.2.1 欧盟共同农业政策的演变与实践

（1）粮食短缺时期的共同农业政策（CAP）

1962 年 1 月 14 日，在各成员国农产品供给不足的情况下，欧共体六国通过了"建立农产品统一市场折中协议"，这是欧共体最早的共同农业政策，主要目标是通过技术进步和提高农业生产率，保障农产品供给，增加农民收入，稳定农产品市场。欧共体共同农业政策主要采取了两方面的措施：一是实施统一的价格支持政策和财政预算。各成员国按一定比例缴纳费用，建立欧洲农业指导和保证基金，用于价格支持和对农业补贴。二是通过实行差价关税和出口补贴政策，保护欧共体内部市场，提高欧共体粮食及农业的国际竞争力，形成了以干预价格、目标价格和门槛价格为基础的政策体系（尹洪博，2009）。

欧盟共同农业政策主要措施包括：①干预价格。干预价格是指农民出售粮食等农产品时的最低限价，也是欧盟内部市场价格波动的下限，其实质是一种支持价格或保护价格，确保农民收入。②直接补贴农民。即，对粮食生产者主要实行作物面积补贴和休耕面积补贴。作物面积补贴与基础面积和单产水平挂钩，休耕面积补贴是为了在过剩时期保护耕地和保持粮食综合生产能力。③环保补贴。出现粮食过剩后，采取补贴政策鼓励农民进行粗放式经营，自愿在粮食生产中减少化肥等化学药剂施用量而遭受损失的农民将给予补贴。

（2）粮食过剩时期的共同农业政策（CAP）

20世纪80年代，欧共体的粮食等农产品过剩使得政府财政补贴支出大量增加，从1982到1988年，欧共体每年的农业补贴支出从124亿欧元增加到252亿欧元。迫于财政压力，欧盟于1992年出台了新的共同农业政策，1999年3月，在1992年的政策基础上，通过了"2000年议程"共同农业政策再改革方案，进一步完善了新时期的共同农业政策。新政策的总体思路是降低价格支持水平，限制粮食产量，为保证农民收入不因改革而降低，对农民实行直接收入补贴。确保粮食安全的主要措施有降低支持价格水平、实行直接收入补贴、环保补贴及其它补贴等。

2003年6月决定，2005年开始以"单一农场补贴"取代原与单产挂钩的补贴方式，直接补贴政策由"蓝箱"转向"绿箱"。欧盟共同农业政策改革新方案的措施包括：①降低农产品支持价格。继续降低特定农产品支持价格，但对糖、奶制品和牛肉的支持价格仍远高于世界水平。②设立单一农场补贴。各成员国必须在2005-2007年间用单一农场补贴替代直接补贴，补贴总额不得超过欧盟统一规定限制。③制定环境保护计划。农民享受单一农场补贴不受生产要求限制，但必须将土地保持在"良好的农业状况"，遵守食品安全和动物健康与福利标准。④增加农村发展计划资金。明确要求各成员国必须降低大型农场补贴，将绝大多数节省下来的资金转入农村发展资金。⑤固定补贴率，确定不突破欧盟预算限制的财政纪律。⑥明确了新成员国补贴办法，达成地中海作物协议。

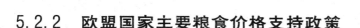

5.2.2 欧盟国家主要粮食价格支持政策

(1) 欧盟粮食价格支持措施

干预价格实质是一种支持价格或保护价格，它是指农民出售粮食等农产品时的最低限价，也是政府所允许的欧共体内部市场价格波动的下限。其政策规定，粮食的干预价格按照欧共体内部最大的粮食主产区—法国奥尔姆地区的粮食生产成本确定。但在实践中，它是欧共体各成员国参考以往市场价格水平争论而形成的一个妥协价格。当粮食市场价格低于干预价格时，农民可以在市场上出售粮食，然后从欧共体设在各成员国的农产品干预中心获得市场价格与干预价格之间的差额补贴，另外农民也可以将粮食直接按干预价格卖给农产品干预中心。通过这种支持价格政策，确保了在粮食市场价格下跌时农民能够得到一个最低价格，保证了农民收入，提高了农民的种粮积极性。

目标价格与干预价格相反，它是一个最高限价，即政府所允许的欧共体内部粮食市场价格波动的上限。如果市场价格超过目标价格，政府就要通过动用储备等措施平抑价格。目标价格是针对欧共体内部粮食最紧缺地区的市场设定的，在具体计算上，目标价格等于干预价格加上从法国奥尔姆地区到欧共体内部粮食最紧缺地区的运输费用和适当的营销利润。

(2) 最低进口价格保护政策

门槛价格是欧共体以外的农产品进入欧共体市场的最低进口价格，它是由目标价格减去进口港的卸装费、从进口港到欧共体内部粮食最紧缺地区的运输费、适当的营销利润而确定的。如果进口粮食的价格低于门槛价格，就对进口粮食按进口价格与门槛价格之间的差额征收关税，这保证了进口的粮食不会以低于门槛价格的价格进入欧共体内部市场，从而使欧共体内部的粮食生产免受国外低价农产品的冲击。

(3) 粮食储存"月加价"补贴政策

欧盟对储备粮管理方面的主要政策是"月加价"政策，即对农民或粮食企业储藏粮食的仓储费用补贴。法国每吨粮食每增加储存期一个月另加价6法郎，付给售粮者。西班牙每月为0.93欧元/吨。其政策的目的在于，通过对种粮的农户和私商储存按月加价，鼓励其在合理期间内自储粮食，

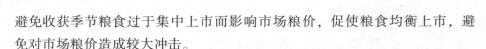

避免收获季节粮食过于集中上市而影响市场粮价，促使粮食均衡上市，避免对市场粮价造成较大冲击。

5.2.3 丹麦和瑞典粮食价格政策的经验与启示

（1）丹麦和瑞典粮食市场基本情况

丹麦、瑞典都是发达的西方工业国家，人均国民生产总值居世界前列，同时两国的农业也相当发达，是整个经济发展的重要组成部分。丹麦国土面积虽小，但农业历史悠久，生产集约化和机械化水平高。现有耕地面积2.31万平方公里（约合0.35亿亩），占国土总面积的62%，人均耕地6.35亩，农牧业从业人员9.7万，占就业总人数的3.6%。主要农作物为谷物，以小麦、大麦和燕麦为主，谷物播种面积约占耕地面积的60%。农业生产的组织形式主要是家庭农场，20世纪70年代以来，家庭农场经历了一个数量锐减但规模扩大的过程，丹麦的家庭农场总数由14万个减少到目前的5.76万个，每个农场平均有土地43公顷，其中规模在100公顷以上的大农场占总量的50%。

与丹麦相比，瑞典的国土面积虽然较大，但耕地面积相对较少，只有2.64万平方公里（约合0.4亿亩），仅占国土总面积的6%，人均耕地4.26亩，农业从业人员17.8万人，占就业总人数的3%。主要谷物作物为大麦、小麦和燕麦，谷物播种面积约占耕地面积的45%。与丹麦类似，瑞典的农业生产也以家庭农场为主，生产结构也发生了明显变化，表现为农业人口逐渐减少而农场规模不断扩大。目前瑞典有家庭农场11万个，其中三分之一的农场耕地在20公顷以上，近几年来随着农业机械化程度的不断提高，农民在粮食、畜牧、食品加工等不同领域兼业经营的情况越来越普遍，大约70%的农民经营的是混合农业。

由于丹麦、瑞典两国人均耕地较多，气候条件较好，农业科技发达，因此粮食生产水平总体较高，人均粮食占有量较多，产量平衡有余。特别是丹麦，人均粮食占有水平居世界前列。近两年丹麦的谷物产量约为1000万吨，其中小麦600万吨、大麦300万吨、燕麦和黑麦等100万吨左右，全国总人口550万，人均粮食占有量达1.8吨以上。从消费来看，丹麦的农产品产量是消费量的3倍，有2/3的农产品是要出口的。直接用于口粮消费的粮食数量 80 万吨左右，用于畜牧养殖业的饲料消费和工业消费量达 820 万吨左右，谷物的直接出口量 100 万吨左右。2008 年，丹麦农产品（主要是肉类和奶制品，包括谷物等）的出口总额达 646 亿丹麦克朗，大部分出口到欧盟国家，出口到中国的约占 7%。

瑞典常年粮食产量在 500 万吨左右，其中小麦 210 万吨、大麦 200 万吨、燕麦 80 万吨、黑麦 10 万吨左右，人均粮食占有量 550 公斤左右。从消费来看，直接用于口粮消费的数量为 100 万吨左右，用于畜牧养殖业的饲料消费量在 280 万吨左右，工业用粮消费量 20 万吨左右，谷物的直接出口量 100 万吨左右。其中小麦大部分出口到欧盟内国家，燕麦主要出口到北美地区作饲料。此外，瑞典每年进口小麦 10 万吨左右，主要是用于配麦。据瑞典农业事务管理局介绍，2010 年本国粮食产量会有所下降，主要原因是近几年粮价不好，种油菜籽的多了。另外，今年的雪比较大，收获季节又遇阴雨天气，对粮食生产也有一定影响。

（2）丹麦和瑞典粮食市场调控主要措施

丹麦在 1973 年加入当时的欧洲经济共同体，瑞典于 1995 年加入欧盟。建立欧盟的初衷是建立共同市场，实现贸易自由。但由于农业的特殊性，各国政府都采取了不同的支持政策和措施对农业生产和农民进行保护，这是欧盟共同农业政策得以形成的重要基础。作为欧盟成员国，丹麦和瑞典两国执行欧盟的共同农业政策（CAP）。欧盟共同农业政策的目标是：提高农业生产力，确保农民享有平等的生活标准，稳定市场并向消费者提供质量安全和价格合理的食品。为了实现以上目标，欧盟共同农业政策最重要的内容有三项：一是对生产者进行直接补贴。这也是共同农业政策的基础性条款，2003 年以前直接补贴与农产品产量挂钩，产量越高补贴越多；2003 年以后改为按照耕地面积进行补贴，而不管种植的是什么农作物。二是实行粮食干预性收购。干预收购的品种为小麦、大麦、燕麦、玉米、高粱等，当粮食价格低于欧盟确定的干预价格时，由各成员国对符合质量标准的粮食按照干预价格进行收购。目前欧盟干预性收购的总量大体为 600 万吨，其中瑞典为 15 万吨，这部分粮食要出卖时需向欧盟提出申请。三是实施强制休耕制度。各农场按照耕地 10% 的比例进行休耕，以恢复地力。休耕土地同样可以按休耕面积得到欧盟的补贴。

据介绍，瑞典农业事务管理局作为专门负责粮食和食品政策的机构，其重要任务之一就是代表本国政府参加欧盟共同农业政策的协调，因此经常派有关官员到欧盟总部参加各种会议和讨论。丹麦农业与食品理事会在布鲁塞尔也有专门的派出机构，负责参与协调欧盟共同农业政策问题。目前由于欧盟内部对共同农业政策也存在一些抱怨，现在正开始研究新的农业政策可能会在未来几年推出。总的看，欧盟共同农业政策改革的方向是：去掉一些已经没有用的政策，并对一些政策加以改进。比如，现行的粮食出口退税政策、燃料乙醇补贴政策等，从 2006 年以后就没有使用过，应当予以取消。另外，近几年干预性收购数量也越来越少，预计以后可能会取消干预性收购政策。而对于农业直接补贴这样的政策，则是需要加以改进。未来直接补贴的趋势是，不再单纯依据 10 年前的土地面积进行补贴，而是要侧重考虑农业生态环境保持得如何等因素。这位官员认为，欧盟内部对共同农业政策改革的趋势看法比较一致，但对如何实施意见还很不统一，因此新的农业政策什么时候能够出台尚无法给出一个明确的时间表。

政府和企业严格执行粮食收购质量标准，对提高粮食品质具有积极的引导作用。丹麦和瑞典农户生产规模都比较大，农民一般把生产的粮食卖给合作社或欧盟的干预性收购机构，并接受有关粮食质量检验。此外，欧盟制定的农产品卫生安全标准，各成员国都必须强制执行。欧盟干预性粮食收购标准规定了粮食收购的最低质量要求和增扣价原则，对低于最低质量要求的粮食不得实行干预性收购，并由供货方承担包括检验费在内的一切退货费用。质量指标中的水分、容重和蛋白质三项指标为增扣价指标，由于欧盟干预价收购标准门槛比较高，还要自行承担退货费用等风险，因此多数农民对目前的干预价收购兴趣不大，但以上质量标准对企业收购粮食具有很大的引导作用。

合作社在收购粮食时，一般对粮食的质量具有一定的选择性。在丹麦，粮食收获时各个农业合作社要派人到各地进行抽样检验，收获后再派人到农场的仓库进行抽样检验，根据检验结果与农场主谈交易价格，谈妥后由农场主直接把粮食送到指定的粮食或加工厂。在瑞典，每年粮食收获后，一些大型农业合作社要统一进行质量调查，根据调查结果制定当年的粮食收购质量标准的增扣价原则。以小麦为例，一般会划分为制粉小麦、饲料小麦、其他工业用小麦等。制粉小麦的质量标准中设定了基本要求和最低要求，高于基本要求的可以按规定进行增价，在基本和最低要求之间的要进行减价，低于最低要求的则作为饲料收购，霉变粒超过规定标准的不收购。粮食质量标准的严格执行，增加了生产者和经营者的质量意识，对粮食品质的提高具有一定的促进作用。

（3）丹麦和瑞典粮食市场调控主要经验启示

丹麦、瑞典两国同属于发达国家，农业已实现现代化，农业和粮食生产效率高，虽不属于粮食生产大国，但人均粮食占有量高，产需总量平衡有余并可出口，还为畜牧养殖业发展提供了充足的饲养原料。农业在国民经济中所占比重低，但政府注重对农业生产和粮食的保护，引导和鼓励农民合作组织的发展，重视粮食质量安全体系的建设，保障了粮食生产的稳定发展。我国是一个经济快速增长的发展中大国，农业在国民经济中仍占有重要的基础地位，随着人口增加和生活水平的提高，人多地少的矛盾会更加突出，粮食供需呈长期偏紧趋势，粮食宏观调控的难度增大，保障国家粮食安全的任务繁重。虽然我国与丹麦、瑞典的国情、粮情不同，但两国在粮食生产和流通管理等方面的一些做法，对我国仍有一定的启示和借鉴作用。

一是加大对粮食生产的扶持力度，完善直补、奖励等政策措施。丹麦、瑞典执行欧盟的共同农业政策，对农民实行以耕地面积为基础的农业补贴，这是在欧盟内部粮食供大于需的形势下对农业的保护政策，目的是保护农民利益，保护农业和粮食生产能力。近年来，我国也实行了对种粮食农民直接补贴等政策，对保护农民利益发挥了积极作用。但从各地实施情况看，绝大多数是按照耕地计税面积进行补贴，并未与粮食生产直接挂钩，实际上成了一种普惠制，对粮食生产的激励和保护作用逐步削弱。我国人多地少、粮食供需长期矛盾的现实，需要进一步强化相关政策激励措施，调动农民的种粮积极性，增加粮食有效供给，实现保障国内粮食基本自给的目标。为此，应进一步加大粮食生产扶持力度，完善相关保护、激励措施，增强政策实施的针对性和有效性。首先，继续完善对种粮农民的直接补贴政策。对现行的粮食直补、农资综合补贴、良种补贴、农机具购置补贴等多种补贴方式进行整合，提高补贴水平，完善补贴办法，逐步将直接补贴与粮食产量和商品量挂钩，真正起到促进粮食生产稳定发展的作用。第二，改进对产粮大县的奖励政策。可将现行按粮食播种面积和产量给予奖励的办法，改为按照粮食的实际商品量和调出量来进行补贴，防止有的产粮大县虚报产量，多得补贴。第三，对短缺的粮食品种予以重点扶持。比如，对于以后可能长期偏紧的粳稻等品种，要在生产能力建设、种植补贴和奖励等方面加大力度，引导农民优化种植结构，扩大短缺粮食品种的生产，促进粮食供需品种结构的平衡。

二是完善粮食购销政策和运行机制，增强宏观调控的针对性和灵活性。欧盟对粮食实行干预价格政策，主要是保证种粮农民的基本收益，而农民的收入保障则还有农业补贴和其他配套保护措施。2004年我国粮食购销市场全面放开后，对稻谷、小麦这两个重点口粮品种实行了最低收购价政策，并逐年提高保护价水平，对保护和调动农民的种粮积极性发挥了重要作用。但从目前粮食供求和市场形势来看，有关政策也需要适时加以调整和完善。第一，完善最低收购价政策。关键是合理确定最低收购价水平，考虑到最低收购价政策主要是保障种粮农民的基本收益，是保护农民利益的一条底线，在粮食供大于求价格下跌过多时才会启动，因此制定最低收购价格时应主要考虑粮食生产成本和农民收益以及种粮农民与其他农业生产者的收益比等因素，不应紧随市场粮价的上涨而同步上调，真正发挥其"托底"的作用，也有利于引导市场预期。第二，完善临时收储政策。对未纳入最低收购价范围的粮食品种，在价格下跌时可以实行临时收储，发挥托市稳价作用，保护种粮农民利益。对实行最低收购价政策的粮食品种，在市场价格高于最低收购价水平不能启动预案时，为掌握必要的调控资源，也可以采取临时收储的办法收购一部分粮食，但要把握好操作时机并合理确定收购价格水平，避免操作不当而加剧市场紧张形势。要发挥大型骨干企业的积极作用，委托其参与临时收储，并支持其建立商业性储备，服从和服务于国家宏观调控。第三，完善政策性粮食的销售机制。要按照政府调控和市场机制有机结合的原则，改进政策性粮食销售操作办法，发挥好政府和企业两个积极性，切实维护粮食市场稳定。一般情况下，政策性粮食购销只要起到调节供求、稳定市场的作用就可以了，不能把保证市场供应放在主要依靠政策性粮食购销上来，而应当引导和鼓励各类粮食市场主体开展购销活动，充分发挥市场机制作用，保障市场供应。政策性粮食购销要把握好时机、力度和节奏，增强市场调控的针对性和灵活性，真正起到"四两拨千斤"的调控效果。

5.2.4　意大利和德国粮食价格政策的经验与启示

（1）意大利和德国粮食市场基本情况

意大利位于欧洲南部，面积 30.1 万平方公里，人口 5788.82 万（2003 年底），全境 4/5 为山丘地带，大部分地区属亚热带地中海气候。意大利主要的农产品有小麦、玉米、大米、水果和蔬菜，是一个典型的地中海农产品生产国，一方面出口柑桔、柠檬等酸果类以及葡萄、橄榄和蔬菜，另一方面需进口部分粮食、肉类、奶类等农产品。

德国位于欧洲中部，面积 35.7 万平方公里，人口 8211 万，北低南高。西北部海洋性气候明显，东南部逐渐过渡为大陆性气候。通过实施《农业法》和《土地整治法》，促进土地自由买卖和出租，实施土地出售出租奖励政策等，德国零星小块土地逐渐连片成方，农场规模不断扩大，农业劳动生产率大大提高，小麦单产大约 7.5 吨/公顷，粮食单产越居欧盟第五位，总产量越居欧盟第二位，粮食生产自给自余，是世界上仅次于美国、法国、和荷兰的第四大农产品出口国。

近年来，欧盟粮食价格大幅下滑，粮食生产面临很大压力。2009 年，欧盟 27 国粮食总产量达到 29400 万吨，超出平均年限水平，属于全面丰收而且质量非常好。欧盟五个主要粮食生产国，法国、德国、波兰、英国和西班牙粮食产量占欧盟 27 国粮食产量的 60%。德国作为主要粮食生产国，2009 年粮食产量为 4940 万吨，其中作为食用的小麦 2520 万吨、黑麦 430 万吨、大麦 1230 万吨，较正常年份略有上升，作为饲料的玉米 430 万吨、燕麦 80 万吨，较正常年份略有下降。

据德国农业部官员介绍，充足的粮食供应量，对粮食价格构成很大压力。各种粮食的价格从 2008 年初开始大幅下降，大麦甚至低于干预价（101.3 欧元/吨）水平，食品和饲料用量明显延迟，形成买方市场格局，市场还在等待更低的价格。小麦将是未来的引导性粮食，其他粮食的市场价格将向小麦价格看齐。2008 年，欧盟小麦价格为 280 欧元/吨，目前仅为 120 欧元/吨。该官员认为按照目前的价格，农民生产小麦基本没有利润。按照全成本估算，小麦的保本价格应当在每吨 160 欧元，目前的价格农民只能简单维持，甚至亏损，没有能力投资更新设备，长期下去，粮食生产能

力将下降。但据了解，德国没有关于粮食生产成本的正式统计数据。

（2）意大利和德国粮食市场调控主要措施

欧盟农业政策近年来正在发生较大变化。在农业补贴方面，以前是按产量补，产的多补得多，农民不需要关注市场。从 2003 年开始，欧盟出台了 12 项法律，农业补贴改为按耕地面积补达到，每公顷 350 欧元（德国标准，欧盟各国有一定的差异），种不种、种什么政府不干预，但对保持耕地良好状态、不允许种树等有一系列要求。农民需要关注市场，自己决定种什么或者选择休耕。

在市场干预方面，欧盟主要有三大工具，即干预收购、出口补贴和进口关税。干预收购是最主要的粮食安全保障体系。过去，干预收购品种包括小麦、大麦和玉米，不分粮食品种，干预收购价格一律按 101.3 欧元/吨，而且不设收购限量。2008 年，欧盟进行农业共同政策复查，然后进入了调整阶段。欧盟农业部 2008 年 11 月决定，从 2009 年 7 月 1 日起，每年要确定干预收购数量。2009 年度，欧盟 27 国干预收购只保留小麦一个品种，设定最高收购量为 1200 万吨，其中小麦仅为 30 万吨，其余主要的是大麦。2010/2011 年度，欧盟 27 国干预收购只保留小麦一个品种，设定最高收购量为 300 万吨；大麦和玉米干预收购量为"0"，退出干预收购。由于大麦退出干预收购，导致欧盟 2010/2011 年度大麦种植面积大幅下降。据了解，欧盟干预价格 101.3 欧元/吨，是欧盟各国协商妥协的一个结果，实际上低于粮食生产成本和市场价格水平。为了更好的储存和好销售，干预收购对粮食质量仍然有比较高的标准要求，鼓励生产好粮。究其原因，还是要限制干预收购数量，提高市场化水平。干预价格是否调整，欧盟将在 2013 年重新协商。在出口补贴方面，欧盟从 2006 年开始，对粮食出口不予补贴，靠出口减轻市场压力受到限制，几年来已经没有出口。取消补贴主要受到 WTO 的压力。但是否长期取消，要看美国、加拿大、乌克兰等国是否取消。欧盟粮食的传统出口国家，小麦是非洲，大麦是沙特等国家。

在进口关税上面，欧盟采取"灵活"的关税政策，随粮食市场价格和供求关系而变化。小麦、大麦和玉米的关税为 0-16 欧元/吨，2007 年粮食收获减少，2008 年关税定为"0"，黑麦 38.81 欧元/吨，高粱 19.26 欧元/吨，燕麦固定税率 89 欧元/吨。近期设定的关税较高，主要是为了抵御俄罗斯、乌克兰等国的粮食进口。未来的进出口关税将取决于 WTO 会谈结果。

（3）意大利和德国粮食市场调控主要经验启示

必须长期坚持粮食基本自给的方针，加大工业反哺农业力度，促进粮食生产。立足国内解决粮食供给是我国的基本方针。欧盟国家粮食价格起伏不定，现阶段小麦价格不到 2008 年高峰时刻的一半。与欧盟相比，我国小麦价格一直保持基本稳定和稳步上升，目前几乎比欧盟高出一倍。我国是粮食生产和消费大国，庞大的消费需求决定了立足国内保障粮食基本自给对于维护社会经济基本稳定发展具有极其重要的作用。保障粮食供给的关键是发展粮食生产。近年来，我国实行了一系列惠农政策，取得了显著成效。从各项惠农政策看，实行最低收购价政策，维持较高粮食价格水平对于促进粮食生产和增加农民收入具有最为显著的作用，最受农民的欢迎，应当长期坚持和不断完善。但是受国际市场粮价等各方面因素的制约，尽管现阶段农民种粮收益仍然偏低，进一步大幅度提高粮食收购价格的空间比较有限，应当借鉴国外经验充分利用各种调控手段和途径，一是健全农业补贴制度，提高种粮直补标准，有针对性的支持和鼓励粮食生产；二是完善粮食最低收购价制度，拉开品种和品质的差价，鼓励种好粮，售好粮；三是构建市场调控和公益性服务相结合的粮食生产、收储服务体系，在帮助农民增加收益的同时，确保各级政府掌握必要粮源；四是继续加强粮食进口调控管理，充分利用关税手段保护农民利益。

5.2.5　波兰和罗马尼亚粮食价格政策的经验与启示

（1）波兰和罗马尼亚粮食市场基本情况

波兰、罗马尼亚地处东欧，自然条件优越，土地肥沃，气候条件适宜，是重要的粮食生产国和出口国。耕地所占国土面积比重较高，适宜粮食耕作，一直是世界上重要的粮食生产国。主要粮食品种为小麦、大麦和玉米。由于上世纪八十年代末发生的政治动荡，以及后来实行的经济与政治制度转型，很大程度上影响了粮食生产的发展。近十年来，粮食生产恢复较快，以达到巨变以前的粮食生产水平。波兰历史上一直对欧洲其他国家出口粮食。波兰国土面积 31.27 万平方公里，人口 3810 万人，在欧盟 27 个成员国中列第七位，但农业人口居于首位，约占全国总人口的五分之二。可耕地面积 1400 万公顷。近三年来粮食取得丰收，2009 年粮食产量预计达到 2970

万吨。波兰主要粮食品种有小麦、黑麦、燕麦和玉米。其中黑麦生产占据重要地位，居欧洲第2位。罗马尼亚的粮食生产基本能保证供给，并略有结余。罗马尼亚国土面积23.84万平方公里，人口2140万。可耕地940万公顷，粮食种植面积510万公顷，其中小麦种植面积210万公顷，玉米200万公顷。罗马尼亚气候适宜，四季分明，境内河网密布，较少使用化肥和农药，具备发展传统和生态农业的优越条件，是欧洲最具有潜力发展绿色环保农业的国家之一。受中国和朝鲜的影响，罗马尼亚20世纪70年代开始种植水稻，80年代末水稻种植面积达到20万公顷。1990年以后，由于种种原因水稻生产逐步萎缩，目前种植面积不足1.5万公顷。由于现在大米市场需求较旺，欧盟市场大米价格较高，水稻每吨达到300至340欧元，不少适应种植水稻的地区开始逐步恢复种植。

波兰、罗马尼亚粮食生产的集约化程度不高，单产较低，年度之间粮食产量波动较大。波兰、罗马尼亚普遍存在着化肥、农药与机械耕作投入不足，人工灌溉面积比较低，农业机械老化、甚至燃料供应不足，粮食单产水平比较低。据了解，波兰、罗马尼亚谷物平均单产每公顷3至4吨，只相当于西欧发达国家的一半，大大低于欧盟的平均水平。也有一部分条件好的农场单产水平较高。我们参观的罗马尼亚在多瑙河下游平原上的一个大农场（AGROFAMGRUP），土地肥沃，经营有方，小麦的每公顷达到6至7吨。但从另一方面看，由于波兰、罗马尼亚拥有良好的农业资源条件，通过改进栽培技术，改进品种，增加投入，粮食生产拥有很大的潜力。由于波兰、罗马尼亚农业生产集约化程度较低，粮食产量受气候影响较大，在粮食生产面积保持基本稳定的条件下，年度之间的粮食产量波动较大。如波兰2007年粮食产量比上年增加了两成以上；罗马尼亚2007年粮食产量比上年几乎减产一半，2008年又增长了1.5倍。

波兰和罗马尼亚的粮食经营规模比较小，农场之间极不平衡。20世纪90年代以来，波兰、罗马尼亚相继实行土地私有化，由于土地基本上是按照人人均等的原则卖给个人的，所以私有化后造成土地极度分散。为了克服小规模经营的弊端，提高粮食与农业生产的效率，两个国家又采取了许多措施鼓励土地集中，扩大经营规模。波兰和罗马尼亚私有化启动早，进展快，更加彻底。波兰农场平均规模只有4公顷，各地规模大小不一，大的农场多数集中在北部地区，由于规模效益，经营有一定的利润；南部、东部小农场比较多，经营状况不理想。罗马尼亚农场规模与波兰相差无几，大多数在 10 公顷以下，平均规模只有 3.4 公顷，但也有少量上千公顷甚至上万公顷的大农场。波兰、罗马尼亚加入欧盟后采取了欧盟的粮食政策，逐渐加大了对粮食产业的支持力度，波兰、罗马尼亚分别与 2004 年和 2007 年加入欧盟。并逐步向欧盟政策过度。实行最低收购价格政策，并对粮食生产者直接补贴。加入欧盟初期，对粮食生产的直接补贴低于欧盟平均水平，但每年有所提高。

（2）波兰和罗马尼亚粮食市场调控主要措施

波兰总体上执行欧盟的粮食政策，但有关的补贴标准低于早期加入欧盟的成员国，到 2013 年能够达到欧盟的平均补贴标准。波兰加入欧盟前，主要的支持政策就是实行粮食最低收购价格政策，由农业市场局具体执行，按照政府确定的价格去收购粮食，政府给予相应的补贴，在收购季节过后，便将这些收购的粮食销售出去。农业市场局是同粮食政策制定与执行密切相关的重要机构，局长由农业部提名，由总理任命。每年农业市场局收购约 300 万至 400 万吨的粮食，占商品量的一半以上。加入欧盟之后，农业市场局的职能也发生了相应的变化，现在主要作为欧盟农业预算的一个执行机构，并按照欧盟法规执行欧盟的共同农业政策。

关于粮食干预价格政策，波兰执行欧盟的统一最低收购价，即不分品种都是每吨 101.31 欧元。政府实行委托收购，支付一定的费用补贴。从 2010 年开始实行招标收购。由于存在一定季节差价，粮食销售一般都有一定的利润。向欧盟农业委员会申请后就可以销售，执行时间是当年 12 月 1 日至次年的 4 月底。一至两周报价一次，并销售给出价高的厂商，但销售价格不能高于干预价格的高限。如果粮食充裕，可以卖给第三国。欧盟内部粮食贸易已取消关税。征收关税主要指卖给欧盟之外第三国的关税。粮食出口到第三国，欧盟给予一定的补贴。出口也实行招标的办法。欧盟关税门槛的作用是有效的，避免了粮食进出口对欧盟市场的冲击。

波兰粮食供应一直比较充裕，收购量较大，一度出现政府储备粮食过多情况。由于国内粮食市场价格高于国际市场价格，粮食出口受到制约。之后政府采取措施降低收购价格，同时给予直接补贴，以避免粮食生产者收入下降。政府补贴是按面积计算的，根据历史数据，按平均产量预算补贴额。所以那些单高产的粮食生产者对此有些意见。

波兰农场的收入包括两部分即销售收入和来自政府的补贴。补贴额约占销售收入的 30% 左右。全国农产的平均利润率 5%–7%，高的则达 15%。但大小农场的经营状况完全不同，大农场有较多的利润，部分小农场则处于亏损状态。大农场的商品率比较高一般能达到 90% 至 95%，小农场则不到 30%。

波兰的土地和粮食流通设施已经基本上私有化，但还保留少量的国有土地和国有企业。其中农业市场局股份有限公司就是国有独资的一个大型国有粮食企业，该企业于 1992 年成立，初期主要履行政府职能、进行国内粮食收购，在业务上接受农业市场局指导。2004 年波兰加入欧盟之后，公司的职能有所转变，主要变为执行农业政策，从事粮食等农产品经营，该公司拥有仓储能力 65 万吨，目前政策性经营部分占公司经营量的比重 30%–50%，自主市场经营部分占一半以上。

罗马尼亚同波兰一样执行与欧盟基本相同的粮食政策，与加入欧盟前相比，罗马尼亚对粮食生产的力度明显增加。1989 年之后，罗马尼亚政治经济发生了巨大变化，土地和粮食流通设施都已经私有化，粮食市场是开放的，经营也是放开的。目前欧盟对罗马尼亚的农业预算资金为 80 亿欧元。每年由罗马尼亚根据欧盟确定的框架，制定相应的计划，并提出具体项目，经境内的专门机构审核后报欧盟审批。据介绍，以前罗马尼亚农业预算占全国 GDP 的 1.35%，今年略有增加，达到 1.37%，基本上能够满足需要。

另外，罗马尼亚还在贷款、投资和柴油补贴等方面对粮食生产者给予一定的支持，对于促进罗马尼亚粮食生产发挥了明显作用。一是对农场贷款实行特别优惠的利率。罗马尼亚对农场的贷款利率只有 5% 左右，大大低于普通商业贷款利率 15% 左右的水平，这对于促进粮食生产和粮食流通领域的融资产生了显著的推动作用。二是对农业与粮食生产投资给予补贴，对农业和粮食的投资项目，完成之后能够得到政府超过 30% 的补贴，这样的支持力度也是很大的。三是对农用柴油给予补贴，每升补贴 1 列伊（约合 2.34 人民币），但每公顷补贴总额不超过 39 列伊。

（3）**波兰和罗马尼亚粮食市场调控主要经验**

一是保持粮食政策的稳定性与连续性，不断完善有关政策措施，并逐步加大对粮食产业的支持力度。现在我国粮食的政策支持体系基本形成，近年来实行免除农业税，最低收购价格政策、各种直接补贴等惠农政策，取得了显著效果，有力地促进了粮食连年丰收，农民收入稳步增加。总体上，今后粮食价格政策上，既要考虑促进农民增收，也要兼顾市场的接受能力，在考虑成本的基础上，综合各方面的因素，逐步提高粮食最低收购价格。在粮食市场调控方面，进一步改善调控方式，增加政策调控透明度，给市场更加明确的信号，合理引导市场价格的变动。

二是进一步加强金融对现代粮食流通产业的支持，使政策支持与市场机制更加有效地结合起来。近十年来，粮食流通与粮食加工产业发展迅速，各级政府特别是中央政府对粮食流通设施进行了大规模的投资，形成了上千亿斤的仓容，粮食流通设施得到极大改善。在金融方面，专门设立了中国农业发展银行，重点对粮棉收购等进行金融支持，近年来农发行又对粮食龙头企业进行支持。但总的来看，当前政策、投资支持与金融支持很不平衡，一条腿长，一条腿短，金融对粮食产业的支持力度明显不足，政策性银行的功能发挥明显不足。今后要在继续坚持政策性银行在资金方面支持的同时，通过财政贴息在利率上给予更加优惠的政策，充分发挥金融杠杆的作用。由于粮食流通设施的投资收益不高，成本回收期长，应在贷款方面给予比较优惠的利率，这样在今后的粮食产业发展过程中，能够更好地利用市场的原则，充分发挥市场主体的投资积极性。

5.2.6 西班牙和希腊及土耳其粮食价格政策的经验与启示

(1) 西班牙和希腊粮食市场基本情况

西班牙、土耳其、希腊粮食生产的主要品种是小麦、玉米和大麦。由于气候、地理和品种的原因，三国的小麦质量好，生产的面包、面条等小麦制品深受消费者喜爱。西班牙、希腊、土耳其还是橄榄油的主产国，除了本国消费外，每年还出口大量的橄榄油。西班牙是欧洲重要的粮食生产国。谷物产量约占欧盟的十分之一，占世界谷物产量的1%。西班牙可耕地1340万公顷，约一半耕地种植粮食。近几年，谷物种植面积保持在600万公顷左右，谷物产量约2000万吨。西班牙大部分地区没有灌溉，具备灌溉条件的只有140万公顷。有灌溉条件的的农田和没有灌溉条件的粮食产量差距很大。有灌溉条件的小麦产量每公顷约3000万公顷，非灌溉地区的小麦产量只有 2000 公顷左右。西班牙还生产一定数量的稻谷，播种面积约有 20 万公顷，产量约 80 万吨。2008 年西班牙大旱，预计粮食产量会受到较大影响。

希腊粮食产量不足需求。希腊可耕地有 270 万公顷，谷物种植面积 110 万公顷，谷物产量 450 至 500 万吨，其中小麦 200 万吨，玉米 250 万吨。希腊水浇地比重相对大一些，约占三分之一以上。近几年，希腊粮食产量下降较多，相应的粮食进口随之增加。据介绍，希腊去年进口了软麦 100 万吨，进口硬麦 30 多万吨。

土耳其粮食自给有余，是世界上比较重要的粮食生产国。土耳其位于欧洲东南部，相对于西班牙、希腊来说，是国土与人口大国。国土面积达 78 万平方公里，是希腊的 6 倍；人口 7200 万，比西班牙还多约 3000 万。可耕地中一半用来种植粮食。与西班牙和希腊不同的是，土耳其还保留少量的国有农场，但国有土地仅占千分之五。主要生产的粮食品种为小麦、大麦和玉米。谷物产量约 3200 万吨，其中小麦约 1700 万吨，大麦约 700 万吨，玉米约 400 万吨。土耳其出口小麦和玉米，进口大豆和大米。

西班牙、希腊、土耳其都是橄榄油的主产国。由于相似的气候环境和地理条件，这三个国家都生产大量的橄榄油，是世界上橄榄油主要出口国。西班牙年产橄榄油约 110 万吨、希腊生产约 40 万吨、土耳其约 15 万吨。西班牙橄榄油出口量最大，每年出口量约有 50 到 60 万吨。橄榄油味道好，是食用油中的佳品。随着我国居民生活水平的提高，一些城镇居民开始食用橄榄油。直接或间接地从这三个国家进口橄榄油，仅 2008 年 1-4 月就进口了 2872 吨，并且有继续增加的趋势。

这次粮价上涨对西班牙、希腊、土耳其影响不大。全球粮食涨价风潮同样波及到西班牙、希腊、土耳其。西班牙大米产区的稻谷收购价从每公斤 0.2 欧元上涨到 0.37 欧元，希腊、土耳其的大米价格也翻了一倍以上。土耳其安卡拉大米市场价每公顷 2-4.6 新里拉，折合人民币每公斤 10 元至 35 元；超市销售的 5 公斤装大米价格 14.9 新里拉，折合人民币每公斤约 19 元。

西班牙、希腊、土耳其的小麦价格也出现大幅度上涨。多年来小麦价格保持在每吨 120 欧元至 150 欧元。自去年以来，粮食价格暴涨，硬麦价格从每吨 150 欧元上升到 500 欧元，近期有所回落，降至 400 欧元左右。

尽管粮价上涨较多，西班牙、希腊、土耳其的消费者比较平静地接受了涨价事实。主要原因是这些国家的居民收入水平比较高。三个国家中收入最低的土耳其，其人均国民收入亦达到9000美元。由于基尼系数低，粮食涨价影响不大，政府辅之以对贫困居民的救济标准的提高，所以社会上对粮食涨价反应不大。

（2）西班牙和希腊粮食市场调控主要措施

西班牙和希腊是欧盟成员国，执行的是欧盟粮食政策。近年来欧盟对粮食的支持水平总体上变化不大，但支持力度仍然很大。2000年欧盟对粮食政策做了较大的调整，不再根据产量进行补贴。2003年，欧盟开始实行新的补贴政策，根据2000年至2002年期间的种植面积作为基数，按每公顷额定的补贴数量进行补贴。以后种不种粮食都按此给予补贴。该项政策从2004年开始，执行到2013年。其他农产品也按照这一思路进行补贴。西班牙2004年针对油料作物做了调整，2007年推出了葡萄酒的补贴方案，2008年对水果和蔬菜进行调整。由于农场常常是既有种植业，又有养殖业，或是同时种植多种作物，具体操作时将各种经营项目按相应的比例计算出总的补贴金额，到时一并将补贴拨付给农场。实行这一政策后，原来实行的价格干预政策随之取消。粮食生产者将粮食卖给合作社、粮商或加工厂，价格随行就市，政府不再干预。据介绍，西班牙每公顷稻谷补贴1100欧元。

土耳其的粮食支持政策。近二十年来，土耳其一直在推进粮食市场化改革，从价格支持政策逐步转为更直接的补贴方式。尽管土耳其对农业和粮食的支持水平低于欧盟，但相对于其本身的经济条件来说，支持力度还是比较大的，并高于美国、加拿大的支持水平。土耳其农业和粮食政策总体设计上向欧盟不断靠拢。2006年土耳其通过了《新农业法》，政府据此制定了2006-2010年五年农业政策纲要，以使土耳其的各项政策逐步与欧盟保持一致，并强调要提高生产效率和保障食物供应。土耳其对粮食生产者支持和对进出口的产品采取一定的干预措施是土耳其两个最重要的政策措施。近年来，直接的支持政策逐步代替了价格支持政策和农资补贴政策。如同欧盟的补贴政策一样，土耳其已经开始采取直接的收入支持政策，不分种植品种，面向所有在政府登记的农民，给予每单位面积相同数量的补贴。这种补贴办法，在粮食生产已经达到预期目标的情况下，对农民收入增加的支持更直接、更有力。

土耳其还有其他几项支持粮食生产者政策措施：（1）成本补贴，主要是根据成本和国内外市场价格决定补贴数量，主要用于橄榄油、油籽等，2005年有的谷物也得到了此类补贴；（2）税收优惠，大多数农业和粮食生产者免除收入所得税；（3）粮食作物保险补助，鼓励生产者参加保险，政府给予一定的补贴；（4）政府直接投资于基础设施建设，特别是对于水利工程。政府在农业和粮食基础设施建设中发挥了主要作用，主要投资来自于政府。（5）农业和粮食环境保护，政府很重视保护水和土壤不受污染，重视保护湿地，对生产者提供信息和咨询，防止土地沙化和养分流失。

（3）西班牙土耳其和希腊粮食市场调控主要经验启示

一是高度重视市场粮价波动对本国经济与社会产生的影响。从西班牙、希腊、土耳其三国的情况来看，尽管粮价半年之内上涨了一倍以上，政府并未采取有力的措施干预粮食价格，居民反应并不强烈。但在一些发展中国家，却引发了群众强烈的不满情绪，有的国家甚至发生游行和骚乱。主要原因在于西班牙等国的国民收入水平比较高，社会保障体系比较完善。发展中国家的情况则完全不同，国民收入水平较低，粮食消费占生活消费支出的比重较大，粮食价格的波动对居民生活影响较为明显。对于我国来说，由于城乡居民收入总体水平还不高，特别是低收入群体比重大，贫困人口还比较多，农户经营规模小，对粮食价格波动的承受能力极其脆弱，适度调控粮价，仰制粮价过度波动特别重要。因此保持粮食市场价格的基本稳定是宏观调控的首要目标和重要任务。对于这次粮价上涨，党中央、国务院高度重视，有关部门紧密合作，适时对粮价进行宏观调控，成功地避免了国际粮价的冲击。今后仍然要继续做好粮食市场调控工作，保持粮价的基本稳定，保障居民生活水平、促进经济健康发展、保持社会基本稳定。

二是健全粮食调控体系，稳固粮食调控基础。做好粮食调控工作，必须建立一定的物质基础和高效的调控机制。经过多年来的努力，我国基本建成了中央和地方比较健全的粮食储备体系，市场调控也积累了不少经验。但还存在一定的问题，主要是储备粮的品种结构和地区布局还需进一步改善，地方储备还需要增强，调控机制需要进一步完善。今后要进一步完善粮食市场调控体系，做到数量充足，结构合理，布局得当，上下互动，高效有力。数量充足，即储备粮的数量保持一定规模，既不因储备过多造成不必要的财政支出，又不因遇有重大情况出现粮源不足；结构合理，储备粮的品种结构合理，玉米、小麦、稻谷的比例合理，原粮与成品粮的比率合理。实践证明，保存一定数量的成品粮在应急情况下非常必要。布局得当，即地区之间的储备粮布局合理，在布局时要统筹考虑产区与销区的关系、沿海与内地关系、南方与北方的关系、城市与农村的关系、交通便利与否等诸多因素。上下互动，就是在遇到市场波动与灾情时，中央与地方联动，上下协调，充分发挥上下两方面的作用，以达到有效调控市场的目的。高效有力，就是市场调控要科学调控。

5.3 东亚日韩粮食价格政策的经验借鉴与政策启示

5.3.1 韩国粮食市场情况与价格政策措施

（1）韩国粮食市场基本情况

①韩国的粮食供给结构。1970 年至 2010 年的 40 年间，韩国总耕地面积由 270 万公顷减少到 100 万公顷，其中水稻由 120 万公顷减少为 90 万公顷，但例如麦类、豆类等耕地面积出现大幅度缩减。从产量来看，除了大米由于单产量提高而总产量增加外，其他例如麦类、豆类等总产量均由于种植面积减少而出现大幅度下降。据韩国农林水产食品部介绍，1976 年韩国大米产量达到 521 万吨，首次实现了完全自给，此后随着稻谷生产的发展，大米供需进入平衡有余阶段。为防止履行 WTO 承诺进口大米对国内市场的冲击，韩国曾于 1995 年和 2004 年两次分别推迟 10 年实施大米进口关税化，同时也承诺逐年增加大米进口量，但进口大米基本上都用作工业原料，不投入市场流通，尽量减轻对国内市场的影响。2007 年度到 2010/2011 年度，韩国大米产量从 440 万吨预计增加到 470 万吨左右，年均增长 2.3%。

表 5-5 韩国主要粮食种植面积和产量的变化

千公顷，千吨

年份	合计		大米		麦类		豆类		薯类	
	面积	产量	面积	产量	面积	产量	面积	产量	面积	产量
1970	2699	6937	1203	3939	833	1820	358	271	180	783
1980	1982	5324	1233	3550	360	906	244	266	92	431
1990	1669	6635	1244	5606	160	417	188	271	40	208
2000	1318	5911	1072	5291	68	163	107	134	46	248
2005	1234	5520	980	4768	61	200	118	199	50	266
2010	1083	4796	892	4295	39	81	83	119	44	216

数据来源：韩国农林水产食品部，粮政统计，2011

②韩国粮食消费结构。2007 年度到 2010/2011 年度，韩国大米消费量从 467 万吨增加到 480 万吨左右，年均增长 0.93%。由于产量增长幅度大于消费增长幅度，大米期末库存从 69 万吨增加到 169 万吨，增长 143.9%（见表 5-6）。

在粮食供给发生变化的同时，1970 年至 2010 年 40 年间韩国的粮食需求结构同样发生了根本性的变化，大米的需求量明显下降，而面粉类和大豆类等的需求量则出现明显的增加。其中韩国人均消费大米的量由 1970 年的 136 公斤/年下降到 2010 年的 73 公斤/年，小麦需求则由 26 公斤增至 31 公斤。大豆的人均需求量由 5 公斤/年增至 9 公斤/年。发生以上变化的主要原因是韩国人饮食结构中对于肉类的需求量增加，导致韩国畜牧业的快速发展，继而导致了对于大豆、玉米等饲料的需求明显增加。

表5-6 韩国人均年粮食消费量

单位：公斤

年份	合计	大米	麦类	豆类	薯类
1970	219.4	136.4	63.4	5.3	10.2
1980	195.2	132.4	43.3	8	6.3
1990	167	119.6	31.4	8.3	3.3
2000	153.3	93.6	37.5	8.5	4.3
2005	135.5	80.7	32.9	9	4.2
2010	125.8	72.8	32.3	8.5	3.5

③韩国粮食自给率及进口依存度。尽管韩国大米可以保证自给自足，但按照联合国粮农组织所提出的各国应保证粮食年消费量的18%至19%为年末库存的建议，韩国主要粮食的库存率普遍低于粮农组织建议水平。韩国总体粮食自给率一直在低位徘徊，更是从1990年的43.2%下降到了2011年的22.6%，创历史最低，而大米的自给率则从接近100%降到了83%。目前除了大米能够基本自给自足以外，其他粮食的自给率都很低，例如2011年大麦的自给率为26.6%，大豆为8.7%。小麦和玉米的自给率均不足0.8%。韩国已经成为世界第五大谷物进口国。韩国的粮食进口主要集中在美国、澳大利亚、乌克兰、中国和巴西五个国家，其中小麦进口集中在美国和澳大利亚，大豆进口集中在美国、巴西、中国。

表5-7 韩国2007-2010年大米生产量、消费量和进出口量

年份	2007年	2008年	2009年	2010年
收获面积（万公顷）	95.0	93.6	92.4	90.0
单产（吨/公顷）	6.28	6.99	7.19	7.07
稻谷产量（万吨）	596.2	654.5	664.3	636.5
大米产量（万吨）	440.8	484.3	491.6	471.0
进口量（万吨）	25.4	25.0	30.0	33.0
出口量（万吨）	0.0	0.3	0.4	0.5
消费量（万吨）	467.0	478.8	475.0	480.0
期末库存（万吨）	69.4	99.6	145.8	169.3

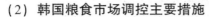

(2) 韩国粮食市场调控主要措施

①韩国粮食市场进出口管理政策。乌拉圭回合农业协议达成以后，韩国粮食进口制度由全面管制转变为除大米之外全部实行关税化。WTO 农业协议接受韩国的要求，允许韩国推迟 10 年实行大米关税化，但同时规定该十年间韩国的大米最低进口量需要逐年递增。具体是：1995 年大米的进口数量为基期（1988 年至 1990 年间的平均值）韩国大米消费量的 1%，之后逐年增加。韩国于 2004 年再次提出推迟 10 年实行大米关税化，并承诺 2005—2014 年韩国每年多进口大米 2.03 万吨。

大米之外的粮食品类实行关税化，原则上是全面开放进口经营权，但实际上对主要粮食产品，韩国仍然实行了严格的配额制度，对进口经营主体和进口数量实行管制。韩国政府采取的措施是对配额以内的产品征收低关税，超过配额的产品征收高关税，通过配额管理来实现韩国宏观调控粮食进口的重要手段。

表 5-8 2012 年韩国主要粮食产品 WTO 规制下的运营方式

配额分配方式	管辖产品	进口管理授权机关	具体实施细节
指定机关运营	大米	农林水产食品部	只允许指定机构进口销售
进口许可证拍卖			参加由许可证拍卖管理机关支持的拍卖会并中标后方能进口
根据实际需求发放	玉米	农水产品流通公社、农协中央会等	按照实际需求发放配额，具体操作上，可以分为资格审查和申请顺序型
混合方式	大麦	农林水产食品部	国营贸易方式为主，但一部分根据实际需求发放

韩国目前已经签署了 10 个 FTA，其中 8 个已经生效，涉及粮食最多的主要是韩美 FTA。在 FTA 中均规定大米为例外处理，其他比较重要的粮食产品的开放模式也作出了规定，玉米的关税分 7 年取消，期间提供零关税配额，大麦、麦芽和啤酒麦关税分 15 年取消，大豆和马铃薯分为食用和加工

用，分别采取不同的开放形式。

②韩国的**粮食管理法律监管政策**。韩国是高度重视粮食立法的国家，先后颁布实施了《粮食管理法》及《粮食管理实施法令》《粮食管理法施行规则》，《农产品检查法》及《农产品检查法施行令》，《粮食证券法》及《粮食证券法施行令》《粮食证券法施行细则》，《米糠榨油奖励法》及《米糠榨油奖励法施行细则》，还有《粮食管理基金法》《储备粮食管理规则》《关于农户贷粮专用法律》等，并根据情况变化和需要多次修改法律以及相应的施行令和施行规则，不断健全和完善粮食管理法律体系，实现政府有效管理粮食，顺利调节粮食供求，维护适当价格，确保国民粮食和国民经济稳定做贡献的目的。

严格监管与灵活授权的制度。韩国《粮食管理法》规范的范围包括大米、麦类以及总统令规定的谷物、薯类和以此为原料的粉碎物、粉末、淀粉及其他粮食等。《粮食管理法》严格规范了正常情况下政府管理粮食的供求计划制定，购买及价格，交换、出借和销售，进口粮食的管理、利润的征收和大米进口的许可，粮食经营者的申报和加工业的登记，以及各项资金、补助和监督、违法处罚等制度。

同时，《粮食管理法》还灵活地规定在特殊情况下（即"在认为有必要时"）政府及其粮食行政管理部门的特殊措施。比如，为了调节粮价，促进粮食顺畅流通，农林水产食品部对销售的粮食，可以采用公开招标的方式，并可以限制该粮食的销售地区、销售对象、销售数量和谷物的混合、包装及销售、加工方法，还可以限定企业买入价与销售价之间的最高差额，并制定销售粮食的价格，对此而产生的亏损在预算中予以填补；再比如，当供求关系发生重大变化或粮价剧烈波动可能引起粮食状况恶化及其他经济混乱时，经国务会议审议并取得总统同意，农林水产食品部可以向粮食生产者、所有者、经营者、加工者制定出售对象、数量、方法、价格，命令他们出售各自保存的粮食；又比如，为保障粮食加工品质，防止损耗和节约粮食，经与主管部门协商，农林水产食品部可以对粮食加工者制定期限和地区，按照总统令命令其改善加工设施、限制加工方法及加工产品规格、禁止流通中再精致、限制包装规格、材料及方法等。

③韩国的大米加工、储备制度和粮食补贴政策。一是大米加工。在韩国，农民生产的稻谷，85%由合作社与农民签订合同进行收购，15%由农民

自行销售。稻谷的收购价格由农民、政府、合作社的代表共同组成的粮食流通委员会协商决定。大米加工厂从农协或农户采购稻谷进行加工，据对韩国金浦大米加工厂调查，其就属于新金浦农业协同组合，该协同组合共有 8389 名成员，该加工厂是韩国最早的大米加工基地，2006 年被评为韩国优秀大米加工基地，连续 5 年受到农林水产食品部的表彰。目前，韩国共有类似的大米加工厂 262 家，但数量过多，加工能力超过了实际需要。从调整加工能力，有利于创出品牌，提高质量和增加农民收入考虑，政府正在采取措施减少加工厂的数量，计划减少到 200 家，而且能在全国均衡发展，保证大米年产量在 6000 吨的地区都可以设立加工厂。对兼并重组的加工厂，政府给与一定的资金补偿。二是大米储备制度。韩国高度重视大米储备，目前储备数量为 70 万吨（稻谷 100 万吨）。储备大米的采购由政府管理部门负责，每年采购量为 30 万吨，先购买，再视情况销售。购买的数量、价格、时间、等级均由政府确定。购买有两种方式：一是从农民手中直接采购加工、烘干过（水分 15% 以下）的大米；二是加工厂从农户购买未烘干的稻谷进行烘干、加工，政府再从加工厂采购入库储存。政府储存大米的销售主要是应对自然灾害或突发事件的需要，以及无偿援助，比如同意向东盟提供 15 万吨大米作为应对紧急情况的需要等。三是粮食补贴政策。韩国政府对农民实行补贴，提高农户收入，补贴对象为 1998-2000 年被认定为农业用地，并在其上种植粮食的生产者。补贴由固定和变动两部分构成，其中固定补贴为每年每公顷 70 万韩元（折合人民币 260 元/亩左右），为鼓励调整种植结构，减少大米过剩，不论在农业用地上种植何种作物或是闲置农地，都能得到补贴；变动补贴为目标价格与市场价格差额的 85%，目标价格为每 80 公斤 170083 韩元（折合人民币 6 元/斤左右），市场价格由统计部门按照每年 10 月至来年 1 月的 4 个月中，每月 5 日、15 日、25 日的平均市场价测算并提供。据介绍，2009 年韩国每公顷农用地的综合补贴达到 133 万韩元（折合人民币 510 元/亩左右）。

④韩国粮食市场价格支持政策。政府大量收购作物（特别是稻米和大麦）以支持谷物价格。政府每年购买约 25% 的稻米和 75% 的大麦。1990-1997 年，稻米收购量约为总量的 26%。自此以后韩国根据在世贸组织协定下的承诺，收购量下降为 17%。农民出售谷物给政府时，把稻米和大麦运到属于国家农业合作社联合会（NACF）的本地合作社。农民于是得到按政

府设定的补贴价格支付的谷物付款，付款高于生产费用和销售给消费者的价格。由农业部谷物管理基金提供经费，政府收购的谷物储藏在 NACF 的仓库中直至需用时。谷物被送到注册的私人加工厂，加工好的大米通过 NACF 的上市中心被送到 NACF 的谷物销售点和指定的零售点，销售给城市的消费者。这一程序连同供应局为进口稻米征税支持了稻米和大麦进入私人渠道的销售价格。其他谷物也可得到支持，但由农业价格稳定基金提供费用。

农民个人或通过其所在地的合作社作为中介可以把大部分稻米出售到私人上市渠道。在总的稻米产量中，30%在农场消费，约 25%出售给政府，其余的进入到私人销售渠道。通过合作社销售时，农民把谷物发送到他所在地的初级合作社，合作社将谷物转送到国家农业合作社联合会（NACF）的一个销售中心，销售中心把谷物发送到 NACF 的零售食品库房，再由其直接出售给消费者。各个合作社也可以在任一地点把谷物出售给合法的批发商或私人零售商，但是谷物一旦进入私人销售渠道就不能再回到合作社渠道。全部农产品的 20%由合作社上市销售给消费者，30%由合法的批发市场销售给零售商，50%由"传统的"但非核准的准批发商市场处理。

5.3.2　日本粮食市场情况与价格政策措施

（1）日本粮食市场基本情况

日本、韩国都是以大米为主食的国家，曾经都是产不足需，但是通过一系列的努力，促进了稻谷生产的发展，实现了大米自给有余，保障了国家粮食安全。据日本农林水产省综合食料局介绍，日本从 1966 年开始才实现大米的产消基本平衡并略有结余，1967 年和 1968 年连续两年大米产量达到历史最高水平 1445 万吨，此后产量呈下降趋势（见附件一），2007 年度至 2009 年度，大米产量分别为 793 万吨、803 万吨和 771 万吨，预计 2010 年度产量 785 万吨，但由于人均消费量从 1962 年的历史最高水平 118.3 公斤下降到目前的 59 公斤左右（见附件二），加上 1995 年以来履行 WTO 承诺每年需进口大米 77 万吨，因此每年的大米供需仍是平衡有余，近几年来大米期末库存有所上升，2007 年度至 2010 年度，日本大米期末库存从 255.6 万吨预计增加到 295.1 万吨（见表 5-9）。

表 5-9　2007-2010 年日本大米生产量、消费量和进出口量

年份	2007 年	2008 年	2009 年	2010 年
收获面积（万公顷）	167.3	162.7	162.4	162.0
单产（吨/公顷）	6.51	6.78	6.52	6.66
稻谷产量（万吨）	1089.3	1102.9	1059.2	1078.3
大米产量（万吨）	793.0	802.9	771.1	785.0
进口量（万吨）	59.7	65.6	70.0	70.0
出口量（万吨）	20.0	20.0	20.0	20.0
消费量（万吨）	817.7	832.6	820.0	812.5
期末库存（万吨）	255.6	271.5	272.6	295.1

（2）日本粮食市场调控主要措施

①大米储备制度。目前日本政府大米储备规模为 100 万吨，但实际储备数量在年度间有所不同。为了保证大米品质，从 1966 年开始，就采用低温方式进行保管。我们在千叶仓库株式会社看到，该企业共有 13 栋仓库，其中 12 栋为低温仓库，1 栋为常温仓库，受农林水产省的委托保管政府储备大米 6100 吨，低温仓库的温度为 13℃，湿度为 60%。

政府储备大米主要来自国内生产和进口。一是来自进口的成品米，按照加入 WTO 的承诺，日本每年要进口 77 万吨大米；二是来自国内生产的糙米，即采用招标方式从本国农民购买，对于生产规模较大的农户，一般由自己加工后卖给农协，对于生产规模较小的农户，一般是联合加工后卖给农协，政府公开招标从农协采购加工的糙米。政府采购大米的价格，在 2008 年前由农林水产省决定；之后，采取公开招标的方式决定。

日本政府储备大米的保管制度近几年来变化较大，2008 年前，储备大米由政府仓库和社会企业仓库共同保管，政府拥有 10 个仓库，储存 15 万吨大米；其余储备大米，则采取招标的方式委托具备资质的社会企业仓库储存保管。2008 年之后，政府不再拥有储米仓库，而是全部采取租赁制，农林水产省在全国设立 200 多个网点、派出 700 多人进行监管。金融危机之

后，从节省政府管理成本考虑，从 2010 年 10 月份开始，农林水产省委托招标的方式有所改变，即是由过去对大米储备的保管、运输、加工、品质检验分环节招标，改为只招标委托 1 家具备上述各环节综合农历的企业，设立的监管网店和人员分别减少到 7 个和 100 人。大米储备的保管费用由农林水产省下拨给储存企业，目前保管 1 吨大米的费用为每年 1 万日元（折合人民币每年 0.4 元/斤左右，按目前汇率，下同）。

②大米补贴制度。2008 年，日本全国农作物耕种面积约 270 万公顷，这些面积全部可以用作大米生产，其中种植用于口粮的大米为 165 万公顷，占全部耕种面积的 60%；种植其他作物 105 万公顷，占 40%。在用于种植口粮的大米种植面积中，实际需要面积只为 159.6 万公顷，过剩种植 5.4 万公顷。由于大米供过于求，最近几年来农户大米销售价格低于生产成本（见附件三），为保护农民利益，政府对大米生产农户实行补贴。补贴由固定补贴和变动补贴两部分构成，其中固定补贴为每 1000 平方米 1.5 万日元（折合人民币 808 元/亩左右）；变动补贴为过去 3 年平均销售价格与当年销售价格的差额。

为推动农作物种植结构调整，防止大米生产过剩，达成政府控制大米生产量的目标，日本对水田改种其他农作物也给予补贴。具体标准是：麦类、大豆、饲料作物每公顷 3.5 万日元（折合人民币 188 元/亩），其中麦类 4 万日元（折合人民币 215 元/亩）、大豆 2.7 万日元（折合人民币 145 元/亩）；米粉、饲料、生物燃料、WCS 用米每公顷 8 万日元（折合人民币 430 元/亩）；荞麦、油菜籽、加工用米每公顷 2 万日元（折合人民币 108 元/亩）。

③日本粮食法律监管政策。日本对粮食立法高度重视，1942 年就出台了《粮食管理法》，对大米实行严格管理，要求农民生产的大米必须全部卖给政府，大米批发、零售和经营必须经政府认证资格，大米价格由政府决定。1967 年、1968 年连续两年大米增收较多、出现严重过剩之后，为减轻政府负担，日本曾多次修改法律规定，放松大米管理。1969 年开始实行自主流通米制度，对农民生产的大米，政府只收购一部分，其余部分允许在市场上自由流通；1981 年开始实施大米生产调整计划，限制大米产量；1990 年开始创立自主流通大米价格形成中心，自主流通大米通过招投标方式形成价格。从 1995 年开始，日本迫于 WTO 放开大米市场的压力，承诺每

年进口 77 万吨大米，同时颁布实施《稳定主要品种粮食供需和价格的法律》（简称"新粮食法"），主要对大米和小麦进行管理。对大米的管理，主要是减少政府购买大米数量，增加自主流通米数量，允许农民自主销售大米；设立大米政府储备制度，调控国内市场。之后，又对"新粮食法"进行了多次修改和完善，其中最大的一次法律修改为 2009 年，规定农民生产的大米全部自主经营，政府购买的主要是用于储备的大米，并对农民给与直接补贴，防止米价下跌对农民造成损失。大米经营业者应遵守的法规，日本大米经营买卖自由，但为了稳定大米的供需、价格，保障供应和市场秩序，对大米经营实行严格管理。一是对口粮大米以外的大米经营有严格限制，要求在储存、保管和包装上与口粮大米有明显区别；二是对大米经营者实行准确报告和现场检查，如果拒绝提供报告和现场检查，由过去的处以 30 万日元以下罚款，提高到处以 6 个月以下拘役或 50 万日元以下罚款（2009 年 5 月 4 日起实施）；三是强化处罚措施，要求从事口粮以外用途大米（原料加工、饲料等）的经营者，不得在该用途以外使用和销售，如不听从农林水产大臣劝告并改正的，处以 1 年以上拘役或 100 万日元以下罚款（2010 年 4 月 1 日起实施）。

5.3.3　日韩粮食市场调控主要经验与启示

一是要加快推进我国粮食立法和粮食法律法规体系建设。在市场经济条件下，需要通过法律来规范粮食政策和管理制度。目前，我国的第一部《粮食法》正在研究起草，从借鉴日本、韩国做法来看，首先在立法中要将确保国家粮食数量安全、质量安全和产业安全的重要制度和政策措施通过法律规定下来，既要考虑法律的原则性，又要兼顾可操作性，要确保法律能够行之有效，避免职责不清或是落实不到位；第二，《粮食法》既要规范在正常情况下政府和粮食生产者、经营者、消费者的行为，同时要给在特殊情况下政府采取必要的特殊措施留下灵活操作的空间，重点是要考虑在供过于求、市场价格下跌较多，或是供不应求、市场价格上涨较多时，为了稳定市场价格和保护农民利益或是保障市场供应，粮食主管部门可以通过授权采取有效的干预措施等；第三，借鉴韩国采取颁布实施法、法的实施令、法的施行规则的方式，通过制定我国的《粮食法》，以及配套的粮食行政法规、政府规章和规范性文件等不同层级的法律法规，尽快完善配套的粮食管理法律法规体系；第四，在粮食立法中要强化对粮食流通秩序的监管制度和监管措施，维护正常的市场秩序，强化对粮食生产、收购、储存、运输、加工、批发、零售、进出口和消费过程中的质量卫生监管制度和措施，切实维护消费者生命和健康安全。

二是加强对重点粮食品种的政策支持力度。日本、韩国都是耕地资源缺乏的国家，人均耕地面积不足世界的1/10。两国为提高国内粮食尤其是大米的自给率，通过采取价格支持、政府补贴和关税政策等措施，有力地调动了农民种植稻谷的积极性。尽管两国在粮食总量上产不足需，有较大的缺口，但大米都实现了国内自给。同时，随着近年来人均大米消费量下降，大米供给略有节余。由于两国主要口粮品种实现了基本自给，有效保障了国内市场粮价的基本稳定。我国也是一个人口多、耕地和淡水资源紧缺的国家，近年来采取了一系列强农惠农政策，调动了农民种粮积极性，粮食在连续十二年丰收的基础上，2016年又获得好收成，稻谷产量也逐年增加。但由于城乡居民消费结构的变化，品种之间供需矛盾相对突出，尤其是粳米供应偏紧面对粮食市场稳定产生较大影响。因此，要在保障国内粮食总量供需基本平衡基础上，进一步加大对稻谷等重点粮食品种的扶持力度，促进国内粮食自给。要继续完善对农民直接补贴制度，让种粮农民切实得到实惠，对农民种植重点扶持的稻谷等粮食品种，在现有直补水平基础上，实现浮动补贴政策，适当提高补贴标准；运用价格机制促进农民对稻谷等重点粮食品种的种植，适当提高稻谷最低收购价水平，引导品种之间拉开价格差距，增加有效供给；进一步完善大米边贸政策，将大米边贸纳入正常进出口机制，调剂国内余缺。

5.4 墨西哥粮食价格支持政策的经验借鉴与政策启示

5.4.1 墨西哥粮食市场基本情况

墨西哥是一个人口1.07亿、面积197.26万平方公里、水资源765.08

亿立方米的高原和山地国家。全国耕地面积 2970 万公顷，其中粮食耕地面积约 1300 万公顷。北部地区地势平坦，土地肥沃，是主要的商品粮基地和出口农产品的生产基地。中部地区是平坦的高原、沙漠与坡度较大的山谷地带，是主要的传统粮食生产的地区。农村农业用水占可用水资源的 77%，约 80%生产者农业耕地不足 5 公顷。主要农作物是玉米、小麦、高粱、大豆、甜菜、咖啡、棉花、水果、蔬菜。2000-2005 年，农业及其附加值产品收入年均古 GDP 的 5.4‰ 近年来，墨西哥政府采取措施，食物生产发展较快。2000 年至 2006 年期间，包括粮食在内的食物生产年均增长 2.4%，略高于同期经济增长率 2.3%，是同期人口指数（1.2%）的两倍粮食生产率得到提高，1994 年至 2007 年，玉米、高粱、小麦和干豆单产年均提高分别为 2.8%、2.0%、1.1%、0.2%，稻谷单产年均减少 0.1%。2007 年，玉米每公顷平均生产 3.19 吨，高粱单产为 3.82 吨/公顷，小麦单产为 4.97 吨/公顷，干豆单产为 0.67 吨/公顷，稻谷单产为 4.18 吨/公顷。

墨西哥 1989 年改革特别是实行北美自由贸易协议以来，谷物和油籽贸易逐步实行自由化，粮食生产不能满足消费需求，由原来的食品出口国变为食物的净进口国，每年平均进口谷物和油籽 40 亿美元。目前，玉米生产能够满足国内需求的 78%，其中口粮白玉米能够自给自足，工业用和饲料用黄玉米则需要进口。干豆生产几乎满足国内需求，年均进口 6%用于调剂品种和质量。稻谷生产满足国内需求的 30%，由 1989 年改革开放前的每生产 10 吨出口 4 吨到 2006 年每消费 10 吨需进口 7 吨。小麦生产满足国内需求的 50%。据估计，2007 年玉米、菜豆、小麦和稻谷市场供求情况如表 5-10 所示：

表 5-10　2007 年墨西哥主要粮食生产、消费和进出口情况

单位：万吨

	粮食生产	粮食消费	粮食进口	粮食出口
稻谷	35.8	83.3	56.3	
小麦	351.3	596.1	306.9	56.9
玉米	2339.4	2696.4	799.2	25.6
菜豆	106.3	103.2	9	1.8

5.4.2 墨西哥粮食市场价格支持政策措施

①农业发展目标。2008 年 1 月 1 日起，按照北美自由贸易协定，墨西哥粮食和奶粉将实行全面贸易自由化，玉米、豆类、奶粉取消进口配额和配额内外关税。为减少对美国、加拿大粮食的依存度，提高本国粮食安全保障能力，2007 年墨西哥政府及其农业部先后颁布《国家发展规划 2007-2012》、《农业和渔业发展规划 2007-2012》和《2008 年农业部操作规则》，明确五个目标：（1）提高农村和海岸地区居民生活水平，（2）从本国领土和海域提供质量、安全和可获取的食物供应国内市场，（3）通过在全球市场中增加份额、改进生物能源生产和附加值的加工，提高生产者收入；（4）通过保护水资源、土壤、生物多样性，恢复恶化的生态环境系统；（5）通过与农村社会参与者协商、签订协议以及改进农村法治环境，推动农村地区和谐发展。主要指标如表 2 所示。

表 5-11 2006-2012 年墨西哥农业发展主要指标

	2006 年	2008 年	2012 年
农村收入（比索）	41324	43853	48405
粮食（百万吨）	167	177	185
出口增长（粮食出口/农业 GDP）	20.3%	21.3%	22.3%
保护受侵蚀耕地表层（百万公顷）	48	48	53

为实现上述战略目标，农业部采取措施，确立了 8 个项目：（1）生产性活动购置项目；（2）对农户的直接支持项目；（3）引导和发展农村环境的财政项目；（4）用于主要生产的自然资源可持续利用项目；（5）调整农业结构问题补偿项目；（6）支持项目；（7）气候突发性项目；（8）促进农村发展支持参与行动者项目。

②粮食直接补贴政策。为了鼓励社会部门和私有部门参与竞争，提高农村家庭生活水平，促进市场体系的现代化，墨西哥政府 1994 年 7 月 25 日颁布了《对农户实施直接补贴》的法令。该法令的主要内容是：（1）直接补贴目的是支持农村生产者发展农作物生产，解决 220 多万自给自足、不出售农作物的农户拿不到补贴的不平等待遇问题，促进农村资源可持续发展；（2）直接补贴是对农户进行直接补助。确定法定的耕地面积的依据是参照

1993 年 8 月之前的 3 年秋冬、春夏农业周期内种植符合规定的农作物的法定耕地。列入补贴的农作物包括玉米、豆类、小麦、稻谷、高粱、大豆、棉花、大麦和红花。（3）享受直接补贴的农户应当是具有法定耕地的自然人或者法人，履行法定义务，包括按农业部要求填报资料、种植合约的农作物，减少土壤侵蚀和水资源污染。（4）直接补贴根据补贴标准、批准的播种面积进行计算。直接补贴的操作、管理与控制办法由农业部部长确定。（5）直接补贴期限为 15 年；每年联邦政府关于直接补贴预算由议会批准。根据墨西哥《国家发展规划 2007-2012》规定，粮食补贴政策已经延续到 2012 年。

从墨西哥政府直接补贴实践看，直接补贴没有影响生产者的决策，生产者可以自由选择种植的品种和生产的方式，而且受到低收入农民青睐。主要表现有以下几方面：一是补贴范围广。每年补贴户数平均接近 300 万生产者。每年直接补贴的面积平均为 1400 万公顷，这些耕地的 95%用于种植玉米、菜豆、高粱和小麦。二是补贴数量不与生产量或者商品量挂钩。每户直接补贴是按照每户法定耕地面积的多少来计算的，不与农户农作物生产量挂钩，也不与农户出售的商品量挂钩。2005/2006 年，享受直接补贴的生产者有 265 万，其中 78%的生产者耕地少于 5 公顷，22%的生产者耕地为 5 公顷以上。三是补贴标准体现生产周期的特点。1994 年秋季/冬季直接补贴为 1416 比索/公顷，春季/夏季为 1502 比索/公顷。直接补贴标准每年以平均 5%减少。2006 春季/夏季生产期，玉米、高粱、小麦、稻米和干豆的直接补贴是每公顷 963 比索（约 86.52 美元/公顷），对生产面积 1 公顷到 5 公顷之间的农民，直接补贴 1160 比索/公顷（约 104.22 美元/公顷）；秋季/冬季直接补贴为 963 比索/公顷。四是低收入生产者受益较大。享受这项补贴的绝大多数是低收入者，这些低收入者生产的粮食一半以上甚至全部用于自己家庭消费。1994-1997 年，政府给"埃吉多"（ejido）组织的每户农民直接补贴年均价值为 2517 比索（317 美元），约占他们家庭收入的 40%。五是直接补贴项目支出相对稳定。2002 年以来到 2008 年，直接补贴项目支付以单一支付投资。直接补贴项目支出近年来很少变化，2005 年约为 140 亿比索，占墨西哥农业部支出项目总和的三分之一。2008 年直接补贴预算约 130 亿比索。

③粮食价格支持政策。墨西哥农业生产具有耕地高度分散、南北地区

差异较大的特点。在推进农业自由贸易过程中，政府积极调整农业生产结构，加快提高农产品竞争力。农业部根据《国家发展规划2007-2012》制定了《农业和渔业发展规划2007-2012》，分析了农业生产结构现状，确定了促进农业生产结构调整的政策，并在《2008年农业部操作规则》中对衔接粮食产销的支持政策作了明确规定。主要是：

一是谷物和油籽最小目标收入支持政策。谷物和油籽最小目标收入是当谷物和油籽生产出现过剩、市场销售出现问题时给予生产者的补贴。这种补贴标准是农业部部长确定的市场价格。市场价格是根据农作物的产量和市场行情来确定。确定时主要考虑收获季节的买者招标市场价格，农业协议和合约销售的协定价格，国际市场现行价格，以及州、地区支付的价格。对于秋季/冬季生产周期，确定市场价格的时间是5月至7月期间；春季/夏季生产周期，确定市场价格的时间是11月至12月。每个生产周期内，确定市场价格的时间可以依据气候条件、市场行情延长2个月。

这种附加支持是生产符合条件的农作物每吨收入和评估的市场销售量来计算的。主要内容包括：（1）农业部长根据每公顷评估的最大产量和最大产品支持额度确定可以支持的产品；（2）这种支持与生产者出售商品量挂钩；（3）不管生产者生产符合规定的产品销售价格多少，每吨支持额度对所有生产者是一样的；（4）生产者支持上限不超过相当于100公顷灌溉地获得补贴的量；（5）不适用于满足自己生存需要的生产，不适用于同一块土地进行第二次生产并销售的产品，不适用于实验田、机构、院校、政府所属土地的种植；（6）对生产者支持耕地限度、地区之间生产差别、品种差异、农作物产量上限等具体规则，由农业部部长确定；（7）为加强生产者与政府间合作，享受支持的生产者应当保持自然资源和良好的生产实践，按要求向农业部报送信息。

最小目标收入支持为符合条件的生产者提供了一个广泛的产品范围，根据他们的生产条件和市场行情选择种植适宜的农作物。2007年的可供选择种植的产品、每吨最小目标收入仍继续生效，如表5-12所示。2008-2013年农业生产周期的可供选择种植的产品、每吨最小目标收入，每财政年度给予足够的预算，而且在每年第一季度的制定官方刊物公布。

表 5-12　墨西哥最小目标收入 2007 年可选择的产品和收入目标

可选择产品	收入目标（比索/每吨）	可选择的产品	收入目标（比索/每吨）
玉米	1650	棉花	67.75/每磅
小麦	1800	稻谷	2100
高粱	1270	大豆	3000
红花	3300	黑小麦	3000
油菜	3500	小麦饲料	1525

　　二是对谷物和油籽市场有序的支持政策。为了培育发展谷物和油籽市场，促进过剩农作物的处置，选择市场营销的时间和要求的地点，促进生产者与买者之间合约履约，以及有利于市场有序化发展，对谷物和油籽市场发展给予支持。主要包括：（1）对获取谷物饲料的支持。这种支持根据农民出售给畜牧生产者的谷物数量，牧业加工业用于食物生产，或者补偿订单合约情况确定。畜牧生产者按照国家价格购买谷物饲料。获得谷物饲料支持等于畜牧生产地区的消费谷物国家价格与国际谷物港口或边境到岸价的差额。国家价格是根据国际港口价或者边境价，消费地域的供应情况，以及同进口产品竞争等因素来确定。谷物饲料包括玉米、高粱、小麦、黑小麦、大麦和燕麦。（2）谷物和油籽储存的支持。对市场过剩季节性的谷物和油籽，如菜豆、小麦、玉米和高粱进行储存，对仓库成本、为调节地区产品供求进行的储备管理给予补贴。（3）谷物和油籽出口支持。主要是解决谷物和油籽季节性过度生产，或者销往国外遇到的问题，提高本国产品价格国际竞争力。出口支持等于港口/边境离岸价格；港口/边境离岸价格基准价的差额。（4）谷物和油菜籽的运输支持。生产者在播种前与买者签订的合约，包括价格、数量、质量、时间和交货地点、付款方式，合约到农业部备案。合约支持由两类，一是对谷物和油菜合约补充支持，以锁定生产者最低目标收入为底线，当平价汇率变动而达不到预期收入目标时，给生产者的补贴。补贴额等于最低目标收入与谷物和油菜合约价格的差额。合约价格等于接近交货月份的经纪人价格加上消费地区标准基价减去最大区域基价，基价由农业部确定和公布。另一类是对谷物和油菜合约的补偿

支持，以调整基价逆向变化为目标，当确定的基价低于收获价格时，给生产者补偿；但确定的基价高于收获价格时，给买者补偿。补偿额为标准消费地区基价与实际消费地区基价的差额。标准基价是在签订农业协议的时候，由农业部确定和公布；实际基价是农业部根据收获季节的前 15 天的产品预期价格与汇率确定的。

三是套期保值农作物价格支持政策。对合适的农作物，通过出售期权、认购期权的交易，进行套期保值。这些农作物包括玉米、小麦、稻谷、高粱、大豆、红花、棉花、肉和农业部部长指定的其他农作物。套期保值运行细则由农业部部长确定。

从墨西哥粮食产销衔接支持政策来看，主要有以下特点：一是调节谷物和油籽生产过剩，保护粮食生产者的基本收入不减少，二是促进产区的粮食向销区流动，保护销区消费者利益。三是提高本国粮食国际竞争力，保护本国粮食产业可持续发展。2008 年，墨西哥政府安排农业结构调整的资金 117.63 亿比索，其中用于收入支持和市场营销的资金为 84.47 亿比索，这部分资金主要是用来调节谷物和油籽产销衔接的。

5.4.3　墨西哥粮食价格支持政策的经验与政策启示

一是必须牢固树立长期立足国内粮食基本自给的方针，确保国家粮食安全。墨西哥十分关注国际粮食形势，担心可能出现严重的粮食危机，针对不少国家采取限制粮食出口的政策，结合本国实际采取促进粮食生产的行动，提高本国粮食保障能力。墨西哥政府食物安全率由 2006 年的 94%到 2012 年的 96%，其中墨西哥主食玉米自给率基本上保持 100%；墨西哥政府粮食安全政策的调整与行动说明，解决本国的粮食问题必须依靠自己，依赖国际市场将会面临经济、政治和社会稳定的风险。对于拥有 13 亿人口的我国来讲，虽然粮食生产连续丰收，总产量达到 10030 亿斤，粮食库存充粮食供应是有保证的，但是受耕地减少、淡水资源短缺以及气候变化等因素的，保持中国粮食供需长期基本平衡的任务十分艰巨，粮食安全的警钟要始终长要按照党的十八大确立的"确保国家粮食安全"方略，坚持中央确定的基本立足国内保障粮食供给的指导方针，尽快对保障国家粮食安全进行战略规划。

二是建立健全保护农民种粮积极性的长效机制，促进粮食生产可持续发展。墨西哥粮食生产比较效益低．远不及美国、加拿大粮食竞争力，农民种粮积极性不高，粮食生产者的数量由 1991 年的 410 万降到 2001 年的 310 万，减少了 100 万，2000 年至 2005 年粮食播种面积减少了 85.2 万公顷。为稳定农民种粮、增加种粮农民入，墨西哥政府对本国农民生产的粮食给予直接补贴，解决了过去粮食自给自足的 200 多万户农民享受不到补贴的问题，同时对农民出售的粮食还进行补贴，玉米生产由 1993 年的 1810 万吨到 2006 年的 2190 万吨。墨西哥的措施和效果表明，调动好、保护好农民种粮积极性是稳定粮食播种面积、保障粮食基本供给的重要前提。近年来，中国采取的粮食直接补贴、粮食最低收购价等支农惠农政策，保护了种粮农民的利益，调动了农民种粮积极性，为粮食生产发挥了重要作用。但是这些政策还没有解决粮食生产面临劳动力不足、粮食稳产后劲不足问题，因此，要建立健全引导和鼓励农民种植粮食的长效机制，既要继续完善粮食直补，粮食最低收购价政策，又要实施稳定粮食生产队伍政策，特别是青年农民从事种粮给予扶持和补贴，加快培育懂生产、会经营、善管理的新型种粮农民，同时要加大信息服务广度和深度，引导农民合理进行粮食价格预期，促进粮食生产、流通、消费良性发展。

三是切实增强调控市场能力，确保粮食市场供应和价格基本稳定。玉米饼是墨西哥人喜欢吃的主食，低收入的墨西哥人每天吃 10 个左右。2007年伊始，墨西哥玉米饼的价格大幅上涨 42%-67%，引发百姓上街游行，农民组织请求停止农业贸易自由化，同年 12 月社会团体、协会、个体联合向北美自由贸易协议国家、主管部门、议会呼吁，支持重建墨西哥农业、食物安全和农村发展。玉米饼价格暴涨并不是国产玉米短缺，2006 年玉米产量 2190 万吨，还进口 730 万吨黄玉米、25.4 万吨白玉米，一个重要原因是玉米供应下降，玉米库存猛增，玉米生产所需乙醇燃料价格上涨，导致玉米价格快速上涨。嘉吉（Cargill）、Maseca、Minsa 和 Arancia 等跨国企业在2005－2006 秋冬生产期的收获季节 4 月以每吨 1450 比索收购玉米，2006 春夏生产期的收获季节 9 月每吨 1760 比索买进玉米，当年 12 月底以每吨 3000－5000 比索出售玉米。仅在锡那罗亚（Sinaloa）收购并存储 60 万吨。玉米饼危机的另一个原因是玉米饼被几家大公司垄断，传统玉米饼占玉米饼市场的 51%，由 3000 左右家小作坊生产，这些小作坊很多都是嘉吉的顾客；

夹肉玉米饼占玉米饼市场的49%，由墨西哥Maseca、Minsa、Agroinsa、Harimasa四家公司垄断生产。玉米价格大幅上涨，带动肉、牛奶、鸡蛋、鸡肉等食品价格也相继上涨。玉米饼危机警示，粮食贸易自由化和市场化，谁掌握了粮源谁就掌握了控制粮食市场的主动权，就会直接影响粮食生产者、消费者的切实利益，最终影响社会稳定。中国粮食市场全面放开以来，一直注重掌握和控制必要的粮源，有效地削弱了国际粮价上涨对国内粮价涨幅的影响，有效地应对雨雪冰冻灾害、地震灾害地区的粮食供应。但也不容否认，国际粮食市场的波动一定程度上影响中国粮食供给与价格，保持国内粮食市场和价格基本稳定的难度将会加大。因此，要继续增强国家调控粮食市场的能力，建立健全粮食储备体系。

四是加大扶持粮食供应链，促进粮食产销衔接。墨西哥采取与粮食商品量挂钩补贴、支持粮食订单交易、调入销区粮食的运输补贴和储存补贴、出口补贴等措施，调整和优化粮食生产布局，形成粮食商品粮基地和粮食自给生产区的格局。2001年至2006年，10种主要农作物播种面积年均1.8%（120万公顷）减少，但除红花和芝麻外的所有大宗农作物产量年均增加0.6%。商品粮有序地向粮食销区流动。这些做法值得我们借鉴。随着中国粮食生产布局的调整和优化，粮食生产向主产区、核心区集中，商品粮跨省跨区流通量越来越大，解决销区粮食供应显得更加重要。因此，要继续按照政府推动、部门协调、市场调节、企业运作的原则采取农业补贴与粮食订单挂钩，扶持企业从产区往销区调入粮食，有关部门给予运输计划优先安排、减免相关费用，建立有利于产销区协助发展的支持体系，逐步建立产销区之间的利益协调机制，促进粮食区域平衡。

五是国有粮食企业要加快经营机制转换，在粮食流通中发挥主渠道作用。墨西哥农产品市场化改革前，国家食物公司（CONASUPO）直接参与玉米、高粱、小麦、稻谷、大豆等主要粮食品种的收购、储存、加工和销售，向低收入消费者提供基本食物，管理出售给农村和城市贫困群体基本食物的零售店，直接进口管理贸易，在墨西哥农业政策执行、促进生产、满足消费、增加农村收入等方面发挥了重要作用。按照墨西哥加入世界贸易组织的承诺，政府对该公司进行改革，到1999年该公司解体，公司的具有政府行政管理职能交给农业部，公司的其他资产私有化。解体这家公司的原因除了政治背景外，就是公司给国家带来财政负担较重，农民直接受益较少。CONASUPO 的解体警示，国有企业要处理好服务政府宏观调控与发挥市场机制的关系，在适应市场化改革过程中，通过机制改革赢得生存、发展。中国粮食市场化的改革过程中，国有粮食企业实行政企分开，转换企业经营机制，加大企业扭亏增盈力度，在粮食收购、粮食储备、粮食应急等方面发挥了主渠道作用。与跨国粮食企业相比这些国有粮食企业竞争优势不强，在规模、资本、经营管理、信息资源等方面差距较大，因此，国有粮食企业要加快适应市场化的改革，转换经营机制，以资本为纽带，整合资金、技术、人才等要素，形成一批起点高、效益好、有带动力和竞争力的骨干粮食企业，在粮食收购、存储、加工、销售等方面发挥主渠道作用。

5.5　本章小结

尽管由于各国国情不同，粮食政策的目标也不相同，但价格支持政策作为粮食市场宏观调控的最重要手段之一，不难看出其也一直是历次国外农业政策体系改革的核心内容，国外在多年的政策改革和转型过程中已逐步建成了一套成熟的制度框架，在政策实践中积累了丰富成果和实践经验。本章主要针对美国、欧盟、日韩、墨西哥等国粮食市场基本情况及主要粮食价格和市场调控政策措施进行了深入分析，并系统总结了各国政策实践中的经验和政策启示，研究发现粮食价格支持政策始终是国外粮食市场调控的基础性手段，这一政策构成了国外农业政策的重要核心内容。

国外发达国家粮食政策已较为成熟并通过实践的检验，且政策手段有内在相通性，由此可以获得一些启示。一是价格支持政策通常具有效果直接，操作简单，政策运行初期政府财政支出小、见效快等特点，对于财政补贴能力不强、保障粮食安全压力大的国家是一项首选措施，但在政策运行中后期通常政府财政负担不断加重；二是即使是实施农产品目标价格制度仍会面临粮食生产过剩和财政负担加重难题，制度设计更加倾向农场自主选择价格和收入风险管理工具，价格补贴政策实施过程中对农田生态保护也有明确要求；三是从国外农场利益保障方式制度设计看，发展趋势为逐渐朝农场主能够更加自主选择价格和收入保障项目的方向转变；四是从借鉴日本、韩国做法来看，首先在立法中要将确保国家粮食数量安全、质量安全和产业安全的重要制度和政策措施通过法律规定下来，既要考虑法律的原则性，又要兼顾可操作性，要确保法律能够行之有效，避免职责不清或是落实不到位等政策启示，这些也为继续完善我国粮食价格制度提供了有益经验和思路，但这还远远不够。如本章中所提到的，在国外农产品目标价格制度在我国的具体实践中怎样避免再次导致粮食结构性过剩及财政负担加重，减少对价格形成的干预和避免价格制度演变为主要的收入支持政策，价格支持又怎样与耕地和生态环境保护相结合等；这些问题都需要进一步开展深入研究提出具体的可操作办法。

第六章　完善我国粮食价格支持政策的措施与对策建议

　　事实上，从我国现行粮价调控方式机制设计上看，主要是基于国内低于国际粮价背景下制定的，当国内粮价低于进口配额或配额外完税价格，则粮食进口对国内的市场冲击有限；如粮食市场价格扭曲，市场政策化趋势增强，国内粮价突破"天花板"后，关税、配额保护将失去作用，粮食进口大量增长必会对国内粮食宏观调控造成严重冲击，粮食增产过度依赖农药、化肥超量施用，粮食生产可持续发展面临严峻形势，现行粮食价格政策正面临诸多问题和挑战。目前政策制定的前提条件已经发生根本性逆转，如不及时进行调整和转型，可能背离粮食流通体制市场化改革的初衷。而粮食价格的调整直接涉及数亿农户利益和种粮积极性，事关国家粮食安全和经济稳定发展。因此，必须要加强顶层设计、统筹谋划，在确保不出现大的市场波动前提下稳步推进。以下是在总结国内外调控经验基础上，提出的粮价政策改革和转型一些思路和看法。

6.1　新形势下我国粮食价格支持政策调整的方向

（一）推动以价格支持为主逐步向"价补分离"补贴方式转型

　　价格支持措施通常被认为扭曲市场、效率低下，弱化竞争力、造成资源和效率损失，且受到 WTO 国际规则所约束等问题，受到广泛批评。事实上，国外对于完善农产品价格和市场调控方式的研究和探索也一直没有停止，价格支持政策具有指向明确、操作简单、作用直接等优点，始终是各国补贴政策的基础性措施。以美国为例，从 20 世纪 30 年代美国政府最初成立农产品信贷公司（The Commodity Credit Corporation，CCC），其间主要历经了从消减价格干预向增加生产干预措施的转变（Bruce. L. Gardner，1987），从以价格和市场干预为主向增加直接支付比例的转变（Mustafa Acar，2003），到2014年取消直接支付建立以价格损失保障（Price Loss Coverage，简称PLC）和农业风险保障（Agriculture Risk Coverage，简称ARC）为主要内容的农业价格和收入保险制度。

从国际经验看，价格支持仍然是目前美国农业支持政策重要组成部分，2014年新建立的农业保险制度主要是保障农民收入不因市场价格和自然风险而出现大幅波动，农业保险计划看似与农民收入挂钩，实际上是一种更加隐蔽的粮食生产的价格支持政策，其市场化程度更高。随着我国"四化"进程的加快推进，国家财政实力不断增强，但我国有近9亿农民，巨额的补贴资金需求将难以承受，目前还不具备大规模补贴农业的能力，可按照一定比例和水平适度推进价格支持向市场化程度更高的"差价补贴"和直接补贴方式过渡和转型。而"差价补贴"既有价格支持特征，也有直接补贴性质（秦富、2012；张晓山、2013；程国强、2014；丁声俊、2014；杜鹰、2014），有利于推进现行粮价政策实现"价补分离"，减少市场扭曲，是发达国家有价格支持向直接补贴转型过程中普遍采用的过渡性措施。

尽管国外差价补贴已很成熟和施行多年，但由于国情和我国各地区资源禀赋差异较大，显然不能完全照搬国外做法，必须要根据中国的实际情况，进行与国情和发展阶段相适应的政策探索。价格政策调整和改革涉及种粮农民等多方利益，敏感度高，差价补贴政策程序操作复杂，政策实施也需要有一个接受的过程，且近期必然会对粮食生产，部分农民利益等造成影响，也对粮食收储、宏观调控等也提出了更高要求，要密切跟踪政策试点成效，弄清政策改革试点的利弊和风险，采取先试点、后推行，循序渐进，审慎推进。现阶段首先做好大豆、棉花等非主粮品种的差价补贴试点和完善目标价格保险、目标价格贷款等相关配套政策措施，待条件成熟后逐步替代现行最低收购价和临时收储措施。

（二）推进由国有储备粮收储企业向加工企业为核心的流通模式转变

从国内外粮食流通模式比较中，我们不难发现美欧发达国家粮食流通具有市场程度高等特点，政府储备粮主要采取委托代储方式，较少直接参与粮食市场收储；粮食从生产到消费整个过程中，私营粮食加工企业的粮食占全国粮食收购量的 60% 以上，多种流通主体参与竞争，促进了粮食市场运行的高效率。④目前，我国粮食流通仍主要由政府直接制定收购价格和参与市场收购，政府储备粮企业（中国储备粮管理总公司及委托代储企业或地方国有储备粮企业）直接从种粮农户手中收购新粮，新粮进入国库后，再经过粮食交易中心进行集中公开竞价交易，待成交后再由储备库转运至加工企业，国有储备粮企业成为了市场调控和流通核心。

从粮食产后流通整个过程看，以国有储备粮企业为核心的粮食收储和流通模式无疑增加了粮食流通环节和粮食流通成本。例如，在国有粮食收储企业收储过程中会产生大量的粮食收购（出入库、交易）、保管、贷款利息等费用，如无法实现储备粮顺价销售，储备粮企业还将要蒙受巨大的经营性亏损，既增加了政府财政风险和负担，也推高了用粮企业粮源采购和生产成本，也是也导致国内出现原粮与成品粮倒挂，"麦强粉弱"、"稻强米弱"等反常现象的原因之一。但是，以粮食加工企业为核心的流通和收储模式，能够大幅减少粮食流通环节和流通成本，粮食从生产到消费过程中新粮上市后粮源直接进入加工企业，再由加工企业加工转化后进入消费市场，则将大幅降低粮食在收购和储备环节成本（见图 6-1）。因此，推进我国粮食流通向加工企业为核心的收储模式转变，可以有效减少粮食流通环节，减低企业和国家财政成本，提高粮食流通整体效率。

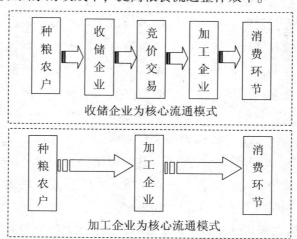

图 6-1 收储企业和加工企业为核心的流通模式比较

（三）推动由从注重增产向价格调控与环境保护挂钩方向转变

为解决 13 亿人口吃饭问题和满足人民群众日益增长的食物需求，我国粮食价格政策一直强调粮食生产和数量供给，导致对耕地和水资源等粮食生产资源的高强度利用，在实现粮食持续增产的同时，也付出了极大的资源、环境和经济代价。据统计，截至 2013 年底我国每年施用化肥 5900 万吨，农药 180 万吨，为 1978 年以来的 32.8 倍，全国每年因重金属污染的粮食达 1200 万吨；目前遭受中重度重金属污染的土地，已经达到了 5000 万亩，大量抽取地下水造成地下漏斗 22 万平方公里，这种农业生产模式难以持续。⑤不断提高的粮食托市收购价格产生的误导资源配置的风险不断上升，造成社会资源和效率的巨大损失。

耕地和水资源是粮食生产的两大最基本的投入要素，是粮食增产可持续发展的根基。国外学者 Scott Barrett（1991）、Jules N. Pretty（1995）和 Andrew J. Plantinga（1996）研究结论认为完善农产品价格政策还可以促进生态环境质量改善和促进农业可持续发展。以 19 世纪的美国为例，因农业资源过度开发导致大片土地资源遭到严重破坏，加之不合理的土地政策，致使土壤流失和侵蚀、水源污染、水土流失等问题日益恶化，1934 年形成了震惊世界的"黑风暴"，尘暴后也成为美国农业政策转型的重要转折点。此后，保护农业生态和资源环境问题成为了美国农业政策的重要内容之一，从 1938 年的农业调整法案开始提出了"土壤保护和农业补贴挂钩"政策，到 1956 年又建立了"土壤银行计划"，再到近年来的"耕作地计划"、"湿地储备计划"等农业生态环境保护措施，不仅是美国粮食价格调控的重要手段，还有效地保护了自然资源。

从国外经验看，目前我国粮食生产的资源环境约束加强与美国十九世纪 30 年代农业政策调整的背景基本相同，这一时期农业政策调控的目标与我国当前缓解资源环境压力目标基本一致。当前我国应抓住粮食增加进口契机，加大农业面源污染预防和治理。因此，可借鉴国外"土壤银行计划"、"耕作地计划"等有效做法和经验，并根据我国具体国情在操作层面进行适当完善和调整，尽快推动建立我国粮食价格调控与环境保护挂钩制度，新的粮食价格调控政策设计既要考虑保持适度的粮食生产能力和强度，确保谷物基本自己和口粮绝对安全，又要考虑资源环境承载能力。

（四）推动价格政策实现从"黄箱"向"绿箱"政策转变

据国研中心测算，中国 2010 年农业总产值为 62897 亿元，其补贴微量允许空间为 5346 亿元。测算表明，目前中国粮油产品的价格支持，除稻谷、小麦还有一定空间外，其他已经逼近世贸组织允许进行补贴的上限。即使是稻谷、小麦这两个品种中，微量允许空间也分别仅有 323.89 亿元和141.40 亿元（程国强，2012）。一旦启动干预性收购，就有可能突破微量允许水平。因为我国加入了 WTO，关税总协定里规定我们直接在成本上的补贴，不能超过总产值的 8.5%，而目前我们已有的补贴水平，已经将近总产值的 10%（陈锡文，2014）。这意味着，今后中国基本没有通过大幅度提高最低收购价、临时收储价来提升国内农民种粮积极性的可能。寻求其他辅助手段，势成燃眉。

当前，我国在 WTO 黄箱政策部分的运作空间已经越来越小，国内粮食价格"地板"越来越高，而国际市场价格"天花板"却越来越低，来自这两方面的压力，使得现行粮价政策手段解决粮食安全的空间被持续压缩，效果越来越差，国内外价格倒挂下的负面效应更加突显。因此，当务之急是要综合运用关税、配额管理、检验检疫、绿色性贸易壁垒等手段，防止价格倒挂的负面影响进一步扩大，守住农民收入、口粮生产能力、重要农产品供给三条底线。并逐步推动从国内补贴方式转向支持粮食生产结构调整、公共性服务、基础设施建设、粮油批发市场建设及技术研发及普与推广等"绿箱"政策转变。

（五）推动调控手段实现从主要控制进口向更多利用国际市场转变

李国祥（2014）认为适度进口粮食，优化粮食和农产品进口结构，集中国内有限资源，依靠科技支撑，保障最重要粮食品种生产，特别是口粮和其它谷物生产，不仅可以更好地满足国内粮食消费需求，且可以缓解国内资源环境压力。当前，我国大豆、玉米等粮食品种进口增长比较快。但整体而言，我国主粮进口量并不高，且尚在合理范围内，按照 2013 年国家统计局公布数据计算，目前我国稻谷、小麦等主粮进口占国内粮食产量的比重还不到 3%。而据国务院发展研究中心测算，2013 年我国净进口的主要大宗农产品，如果按国内单产水平计算，大约需要 8.6 亿亩的播种面积才能生产出来，适度进口对解决国内有限资源的作用是显而易见的。

近年来，在国际粮食连续丰收，市场粮价大幅走低大背景下，也为我国更好利用国际市场低粮价调控国内市场提供了重要机遇。在"谷物基本自己、口粮绝对安全"新粮食安全战略目标下,保持国内必要的粮食生产能力前提下,更多利用国际市场调节国内粮食价格和供求平衡。当国内供给小于需求时,应采取措施鼓励粮食进口,弥补国内粮食供给不足,可根据相关规定免除进口环节增值税,海关、质检等部门为粮食进口提供通关便利,实施多元化进口战略,在巩固现有进口渠道同时,积极开拓新的进口来源地,合理分散进口风险;当国内供过于求时,一方面要有效利用WTO规则,采取传统关税、配额、以及非关税贸易壁垒等手段适度调控粮食进口增长的节奏、品种和数量,缓解进口增长对国内市场和供求平衡的冲击;另一方面可通过建立税收动态调节机制,加大对国内粮食企业出口退税、税收减免力度,对国内运输税费给予减免,或允许企业通过加速折旧等措施减税和免税,或对新产品的研究开发等进行补贴等财税政策,提高粮油产品出口的国际竞争力。

6.2 粮食托市收购和临时收储体制改革的思路

针对当前粮食收储存在的问题以及产生问题的原因,完善和改革粮食收储体制的重点应是:理顺粮食价格关系,解决好现有收储政策的目标偏差,把农民增收剥离出去交给市场解决,主要通过提高粮食的品质来实现农民种粮增收的目的;抓住当前国际粮食市场宽松的有利时机,充分利用国际农业资源来缓解国内粮食生产的生态和环境压力;把短期的调整和长期的改革完善结合起来,在尽快处理畸高粮食库存的基础上逐步建立健全回归政府收储目标原本的粮食收储政策体系。在改革完善过程中,特别要注重现有托市政策与新政策的有效衔接和平稳过渡,同时还要搞好政策托底,不能突破国内粮食生产大滑坡和市场大起大落这一"基本底线"。

1. 有区别地对托市收储政策进行调整,逐步调整直至取消玉米临时收储政策。目前的当务之急是把畸高的粮食库存降到合理水平,从现在的库存量来看,中央财政压力太大、陈化亏损的风险太高,处理起来的困难程度比1998年粮改时不会小。应把重点放在玉米和油脂油料这两块大头的消化上,主要采取适度降价促销的方式,通过已经建立的国家政策性粮食竞价交易平台公开进行。尽管适度降价可能会加重当期财政负担，进一步打压市场价格，但只要在降价幅度和销售节奏方面做出合理安排，降价促销所造成的财政损失和市场冲击是能够承受的，而且相对长期积压库存也是划算的。

对于稻谷、小麦的最低收购价政策应继续保持稳定，但国家托市的价格水平不能再逐年刚性上升。稻谷和小麦是我国的主要口粮品种，需求弹性小，而且加工产业链条比较短，国际上可贸易的粮源也不如玉米和大豆那么多。因此，按照"谷物基本自给、口粮绝对安全"的要求，应继续对这两个主要口粮品种实施最低收购价政策，但需要调整的是最低收购价不能逐年再刚性上调，至少在两、三年内应保持稳定不上涨，这样逐渐弱化政策的"保收入"功能。而且以目前稻谷、小麦最低收购价格测算，扣除生产成本上涨因素，每亩收益能够分别保持在 900 元、800 元左右，对农民种粮积极性不会造成太大影响，能够较好实现稳定农民生产预期的目的。在方式上，应按照"只有政策性业务、没有政策性企业"的原则，尽快调整中储粮总公司作为最低收购价政策唯一执行主体的相关规定，在加强监管的同时，把规模大、诚信好的中央粮企和地方龙头粮企吸纳进来，只要从事最低收购价业务就享受同等待遇，这样不仅分担了中央政府压力，而且能有效利用地方资金和仓容，这也是落实粮食安全省长责任制的重要举措。

逐步调整直至取消玉米临时收储政策。从 2014 年开始，大豆临时收储已经调整为目标价格政策，油菜籽的临时收储也从 2015 年开始下放由地方包干，因此现在临储政策改革的重点在玉米。相比而言，玉米比较特殊，既是重要的谷物品种，也是重要的饲料和加工转化原料，具有需求弹性大、产业链条长的特点，而且这些年玉米增产数量最大，对国家粮食连年丰收发挥了重要的拉动和支撑作用。因此，对待玉米临时收储政策的调整和完善必须慎重，不宜立刻取消玉米临储政策，以避免价格断崖式下跌而导致大减产。应留出 2-3 年的政策过渡期，先适当降低临储价格，目前玉米亩均收益 794 元，远高于小麦、大豆的 576 元、648 元的收益水平，考虑到大豆与玉米轮作的实际，玉米临储价格可以调减至亩均收益 600 元左右，通过价格信号逐步向农民传递临储政策调整信号。同时，将政府敞开收购改为限量收购，以玉米主产省份的三年收购平均量和预计商品量为基数，确定政府临时收储数量，其余部分交给市场流通消化。可以考虑配套一定的补贴政策，引导加工企业积极参与收购，逐步向农民释放玉米收储市场化的导向信号，待时机成熟后取消玉米临时收储政策。

2. 在进一步完善现有种粮补贴的同时，积极稳妥推进目标价格补贴。按照"价补分离"的原则，政府不再直接进入市场以保护性价格托市的同时，要注意对现有的各项种粮补贴进行完善，避免出现因改革而导致农民种粮收入出现较大滑坡的现象。目前国家涉粮补贴项目分散多达 20 余项，且每项数额不大，补贴的指向性不强且效率偏低。应对其进行适度整合，重点加强对稻谷、小麦等主要口粮的补贴强度，支持适度规模经营，向种粮大户、家庭农产、合作社等新型主体倾斜。在补贴方式上，应考虑近年来土地流转规模不断增大的实际，改变目前与承包地面积挂钩的方式，逐步与实际种粮面积或售粮数量挂钩，真正把钱补到从事粮食生产的农民手里，提高补贴的精准性。

与此同时，要积极稳妥地推进大豆、油菜籽、玉米等非口粮品种的目标价格补贴政策，粮食价格完全由市场形成，政府对于价差部分进行价外补贴[10]，这是理顺粮食价格最有效的办法，也是粮食收储改革的大方向，不能动摇和改变。其实，目标价格补贴在欧美等发达国家实施多年，已非常成熟。不同的是，欧美粮食生产以大农场为主，而我国以小而散的家庭联产承包制为主，单个农户难以成为独立的市场法人，所以在实施过程中，存在每年种植面积和产量统计核实难、工作量大、操作成本高等突出问题，在去年的大豆目标价格补贴试点中各地反映比较普遍和强烈。对此，应针对我国粮食生产特点尽快研究制定可操作的政策措施，可以考虑借助遥感、大数据、云计算等信息技术手段，核定千家万户农民的粮食种植和销售情况，为补贴提供可靠依据，把精准度提上去、成本降下来。

3. 积极引导市场主体收购优质粮源，促进农民种粮增收。针对粮食生产比较效益低下，种粮成本逐年上涨，以及市场高端粮油消费规模日益扩大的实际情况，一方面政策性收购逐步卸下了过去本不该由其背负的促进种粮农民增收的"担子"，改变过分追求粮食产量的政策导向；另一方面政府应着力引导和鼓励市场多元主体积极入市收购优质粮源，从而促进农民种优质粮增收。单从我国种粮成本来看，近 10 年来稻谷、小麦、玉米三大主粮均上涨 160% 左右，目前我国粮食生产单位成本平均比美国高近 50%，已进入高成本时期。在这种情况要实现农民种粮有收益，只能往高端粮油发展，况且从"国人频赴日本买高价米"事件可以看出，国内高端粮油消费市场已经比较成熟，增长的空间和潜力非常大。因此，应采取奖补结合等措施，鼓励和引导粮食龙头企业入市开展订单收购，充分发挥我国精耕细作的传统优势，以质论价、优质优价，通过市场化运作带动农户发展优质粮种植。可以在全国范围内选择 10—20 家粮油加工、销售的龙头企业，予以重点支持，形成从田间到餐桌全程可追溯的高端粮油产品主力阵容。

表 6-1　近 5 年我国三大主粮总成本情况表

单位：元/亩

年份 品种	2010	2011	2012	2013	2014
小麦	618.6	712.3	830.4	914.7	965.1
稻谷	766.6	897.0	1055.1	1151.1	1176.6
玉米	632.6	764.2	924.2	1012.0	1063.9

注：1. 总成本有生产成本和土地成本两项构成。2. 数据来源于历年"全国农产品成本收益统计资料"。

4. 利用好国际市场资源，缓解国内粮食生产的生态环境压力。目前，国内粮食市场政策化，国际粮食市场开放化，这种矛盾外在体现为国内外粮食市场巨大的价差。从当前的趋势判断，国际市场充斥大量低价粮源的状况短期内可能难有较大改变，特别是在美国、加拿大、巴西、阿根廷等美洲地区和柬埔寨、老挝、缅甸、印尼等东南亚地区，农业资源的开发潜力很大，我国巨大的粮食消费市场已成为这些国家和地区农业发展的重要出口。为此，应按照"适度进口"的要求，抓住当前国际市场粮价低迷、供给充裕的有利时机，制定更加灵活的粮食进口政策，合理确定主要品种的进口规模，积极实施多元化差异化的粮食进口策略。其中，稻谷、小麦等主要口粮品种少量进口，主要用于品种调剂；玉米可适当扩大进口规模，特别是在临储政策调整直至退出的过程中，要把进口作为熨平国内玉米生产波动的一个重要途径，确保国内玉米市场基本稳定，而且从玉米国际粮源来看，可供选择的国家比较多，被控制的风险很小。同时，强化进口与储备的转换结合，从国际市场进口的低成本粮食可适量转化为国家储备，减少当期入市量，这样能够有效降低对国内粮食市场的直接冲击。在进口过程中要加大粮食走私的打击力度，强化进口粮食的检验检疫监管，合理运用非关税技术壁垒等措施，维护良好进口秩序。

"适度进口"能够为国内水土资源休养生息创造条件，通过对受损耕地进行修复、治理农业资源污染和加强农田水利设施建设，将从根本上提高我国的粮食生产能力。要有计划、有步骤地对全国范围内具备条件的 25 度以上坡耕地、严重沙化耕地和重要水源地 15-25 度坡耕地实施休耕，增加植被覆盖度，减缓和控制水土流失，改善土壤质量。要针对耕地重金属污染、农业面源污染、地表水过度开发和地下水超采等突出问题开展综合治理，逐步建立与区域耕地资源条件相匹配的粮食发展格局。同时，加强农田水利设施建设，全面推进高产稳产高标准农田建设。根据农科院的测算，如果将现有中低产田全部改造为高标准农田，可新增粮食产量 1600 亿斤以上；将现有高产田经过设施进行更新完善，也有亩产增幅 5% 的巨大潜力。粮食生产能力保护好了，就不用再去盲目追求高产量，这样也能为国家粮食收储体制的改革完善提供空间。

6.3 粮食托市收购和临时收储制度改革的具体措施

目前玉米临储政策陷入困境的根本原因在于现行政策目标多重、功能错位：既要保障粮食有效供给，又要保护种粮农民利益，涉及利益关系复杂。通过适度下调玉米收购价格，适当降低玉米种植收益，发挥价格杠杆调节供求关系作用，达到调减玉米玉米产量，减少玉米及杂粮进口，促进玉米国内需求和去库存化的目的。然而，玉米临储政策调整应始终遵循确保国家粮食安全基本底线原则，充分考虑种粮农民、企业利益和国家财政承受能力等因素，不断创新市场调控机制，推进玉米价格形成机制市场化，在逐步理清政策目标和功能定位的同时避免市场出现大的波动和大幅减产。

1. 抓紧消化畸高库存和市场减值风险，最关键是要调动企业竞购和加工转化积极性。目前在国内国际、关内关外市场价格倒挂，下游企业运营受到较大影响，政策性库存大量积压，财政风险与日俱增，玉米流通受到严重影响情况下。抓紧消化高达约 1.5 亿吨的政策性玉米库存而又要尽量减少损失，是政府最迫切需要解决的现实问题，而近两年来政策性玉米竞价拍卖成交率极低的实际情况已经证明继续采取"顺价销售"的出库办法已无可能。随着新一年临储新玉米收购的政策性收购正式启动，还将面临为收购新玉米腾挪仓容的现实问题，库存老玉米如不尽快出库又将产生巨大的仓容缺口，给新粮收购造成极大困难。此外，目前临储库存玉米大都为2012-2014 年收储已面临陈化变质问题，如不能及时销售出库玉米陈化减值将进一步上升，期间在加上保管费及利息补贴等费用将使得政府财政蒙受更大损失，因此，及早去玉米库存化也无疑是最经济的选择且风险相对较小。

首先要取消临储玉米"顺价销售"的做法，树立"临储随销"的理念，消除中央储备库赚取差价的想法。针对国内有学者提出采取低价或补贴方式定向销售给特定玉米加工企业做法，虽短期去库存化的效果明显但长期不利于建立公平的市场竞争环境，与党的十八届三种全会所提出的"使市场在资源配置中起决定性作用"的论断背道而驰。因此，应按照市场化原则，根据临储玉米库存的不同年份、不同等级，采取"随行就市"定价方式竞价拍卖，竞拍基准价可略低于当期实际市场成交价格，如若仍无法成交则继续降价直至成交为止，不存在流拍，所有企业均可公平参与竞买，购销差价由中央和地方财政按照一定比例共同承担。尽管短期财政支出会有所增加，但可有效减少玉米库存，缓解秋收仓容紧张的压力，减少储粮保管、利息等费用，防止原粮进一步陈化风险，从长期看对减轻政府成本和化解财政风险还是有利的。此外，还可使得东北、关内企业在原料成本上置于公平的市场环境中，消除南北价格"倒挂"和南北玉米"倒流"等反常现象，最终实现东北玉米原料与产品在全国范围内的正常流通。

此外，在目前玉米阶段性供大于求形势下，去库存化的关键还在于加大玉米加工转化力度。通过建立玉米加工动态转化调节机制，在阶段性供过于求和库存压力较大时期，可采取降低加工原料成本，加大打击走私力度，采取动态财税政策调节方式鼓励生产和加大出口，比如将玉米深加工企业的增值税税率下调 4 至 7 个百分点到 10% 至 13%；取消酒精产品 5% 的消费税。对一些出口效益好，竞争优势强的玉米深加工产品给予一定的出口退税；东北地区临储玉米收购和储存应重点委托符合条件的玉米深加工企业代储，让企业除去生产成本以外能够获取合理经营利润，充分调动企业加工转化的积极性。还可以借鉴发达国家经验，采取"以丰补欠"方式适度发展玉米生产燃料乙醇，既有利于增加绿色能源燃料供应和降低大气污染，又能够化解高库存问题。在供求形势偏紧时期，则采取反向调控措施，对玉米进口采取更加便利的通关措施，适当减少产品出口退税率等措施，增加国内有效供给，保障市场的正常供应。

2. 调整种植结构利用大豆替代玉米，积极探索实行耕地轮作休耕制度试点。至于调整种植结构，减少玉米种植面积大都仍然缺乏实际有效的办法。玉米作为我国北方地区的传统优势作物，目前情况下能够大量替代的作物只能有大豆。玉米去库存可采取"种大豆、压玉米"的方法，具体就是在近一两年内，将现行的大豆目标价格调高，将玉米临储收购价格降低，使种玉米的收益明显低于大豆。同时，国家低价销售库存玉米，保证国内市场供应，挡住玉米及替代品进口。这样可促使农民在政策实施期内改种玉米为种大豆，只要一年多生产3000万吨大豆，就可以减少9000万吨的玉米产量。另外，价格降低后还将刺激国内玉米消费和深加工产品出口。如此，在1-2年时间内就可基本去掉多余的玉米库存。

采取这一方法要注意三点：一是一定要提前向农民和粮食及相关企业讲清楚，这样做只是为了去库存，时间一至两年，随后将恢复正常，使各方都做好心理准备和应对办法，避免引起不必要的波动；二是要向世界讲清楚中国这样做的目的和时间，使世界有所准备，避免影响未来的粮食贸易；三是测算好价格，使农民改种大豆后的收益略高于同期的种玉米收益。采取这一方法的好处有：一是时间短；二是影响小，对国内粮食供求平衡和市场基本没有影响，因为目前我国除大豆外，种其他作物都没有多大市场空间。目前我国大豆市场年进口量已经达到7700万吨，国内增产3000万吨大豆，只是减少了40%左右的进口量，还有4000多万吨大豆要靠进口解决；三是代价小，增加1吨大豆产量可减少3吨玉米产量，仅减少的玉米一年收储补贴就超过了增加的大豆目标价格补贴，而且实施一年后财政补贴就开始大量减少；四是可增加地力和促进粮食生产持续发展，种植大豆产生的根瘤菌可增加地力，而且还可恢复历史上玉米与大豆的正常倒茬和轮作，减少病虫害的发生和农药化肥使用；五是对农民、粮食经营者、消费者、加工企业都有利，只是政策粮库存减少后，一些政策粮食收储企业的经营和收益会因补贴减少而受到影响。采取这一方法可能需要一段准备和缓冲时间，主要是大豆种子不足，需要增加种植；玉米种子用量减少，需改育大豆种子；化肥、农药、农膜用量也将减少，要向有关企业打招呼，注意调整产量。因此，最好在春耕前公布，以便下一年全面实施。研究建立合理轮作体系的补助政策，大豆替代玉米种植有利实现种地养地结合。

利用现阶段国内外市场粮食供给宽裕的时机，在部分地区实行耕地轮作休耕，既有利于耕地休养生息和农业可持续发展，又有利于平衡粮食供求矛盾、稳定农民收入、减轻财政压力。由于过去多年来，我国为提高粮食产量，以牺牲了资源环境为代价，耕地开发利用强度过大，一些地方地力严重透支，水土流失、地下水严重超采、土壤退化、面源污染加重已成为制约农业可持续发展的突出矛盾。面对当前国内粮食库存增加较多仓储补贴负担较重，以及国际市场粮食价格走低，国内外市场粮价倒挂明显的现实，休耕被提升日程。面对农业面源污染严重的现实，未来应该在休耕上加大力度。实行耕地轮作休耕制度，中央可根据财力和粮食供求状况，重点在地下水漏斗区、重金属污染区、生态严重退化地区开展试点，安排一定面积的耕地用于休耕，对休耕农民给予必要的粮食或现金补助。不过，开展这项试点，要以保障国家粮食安全和不影响农民收入为前提，休耕不能减少耕地、搞非农化、削弱农业综合生产能力，确保急用之时粮食能够产得出、供得上。

通过政策引导适当条件当期玉米产量，通过对玉米优势产区加大补贴力度，对非优势产区进行粮改饲，对休耕试点的农民予以适当补偿等推进种植结构调整的措施从标本兼治的角度筹划了产业的未来。轮作休耕制度要与提高农民收入挂钩，这离不开政策支持和补贴制度。科学制定休耕补贴政策，不仅有利于增加农民收入，还可促进我国农业补贴政策从"黄箱"转为"绿箱"，从而更好地符合 WTO 规定。轮作休耕必须考虑中国国情，大面积盲目休耕不可取，而是要选择生态条件较差、地力严重受损的地块和区域先行，统筹规划，有步骤推进，把轮作休耕与农业长远发展布局相结合。

3. 逐步剥离临储政策保收入功能，采取临储收购与收入补贴并举方式保障农民利益。目前临储制度改革遇到的困境就在于现行政策目标的多重性和功能错位：既要保障粮食有效供给，也要保护农民种粮利益，涉及的利益关系复杂，既关乎粮食安全，也涉及地方政府、粮食产业和农业生产者等各方利益，但财政成本全部由中央负担。目前大豆、棉花目标价格改革试点已全面启动，油菜籽临储收购主体也由中央划归地方。相比而言，玉米是重要的饲料、食品和化工原料，具有产业链长、需求弹性大等特点，且是我国所有粮食作物中产量最高，近年来增产数量最大的品种，为避免出现大的市场波动和玉米价格出现断崖式下跌或大幅减产。因此，目前不宜立刻取消玉米临储政策，应留出2-3年的政策过渡期，在继续实行玉米临储政策下，先适当降低临储价格，逐步弱化临储政策的保收入功能，减少农民增收对价格上涨的过度依赖，改变价格只涨不跌的市场预期。在综合考虑生产成本及与其他粮食品种间比价关系情况下，参考目标价格理念，测算玉米与水稻、小麦、大豆等作物种植成本，根据其他粮食品种市场价格与成本的比例，按同比例计算出玉米的理论市场价格，适当保留一定利润，政策调整初期挂牌收购价格的调减幅度不宜过大，通过价格信号逐步向农民传递临储政策调整信号，引导农民调整和优化种植结构。

在玉米临储价格逐步下调的同时，为确保种粮农民收入不出现大幅度下降，可采取直接收入补贴与临储收购并举的过渡性办法，增加对农民的直接收入补贴，用于补偿临储制度改革对农民收益的影响，为提高补贴的精准度，补贴可与农户实际种植面积或计税面积挂钩，不分种粮品种均可获得收入补贴，补贴的具体额度可根据调节种植结构的需要和国际粮食市场价格等因素综合确定，逐步形成价格指导与市场调节、社会储备与营销贷款相结合的调控体系，进一步增加对科研投入，耕地生态保护，质化育种等方面补贴投入力度，价格改革最终使之逐渐与国际粮价接轨，待大豆、棉花目标价格试点逐步成熟后，直至逐步取消玉米临时收储政策。

国外学者Scott（1991）、Jules（1995）、Andrew（1996）认为减少农产品价格干预政策可以促进生态环境质量改善和促进农业可持续发展。目前我国粮价政策目标过度强调增产，导致农药、化肥等的大量施用，耕地水资源环境遭到严重破坏，粮食增产难以持续。对于耕地水资源匮乏国家而言，粮食生产过剩和高库存本身就是对自然资源的一种极大的浪费，却不能以短期的粮食增产而牺牲子孙后代的粮食安全为代价。因此，当前重点是要大力实施"藏粮于地""藏粮于技"的新型国家粮食安全战略，提高潜在的粮食综合生产能力。一是进一步优化种植结构，重点做好生态脆弱、水资源匮乏、玉米产量低而不稳的"镰刀弯"地区（包括东北冷凉区、北方农牧交错区、西北风沙干旱区、太行山沿线区以及西南石漠化区在内）的玉米调减。二是对镰刀弯加大财政资金支持力度，开展"粮改饲"和粮豆轮作试点，以调减高纬度、干旱地区的玉米种植面积，探索用地养地种植模式，积极推进种植结构调整加大生态保护力度，开展休耕轮作试点，推进土壤修复。要重点在地下水漏斗区、重金属污染区、生态严重退化地区开展试点，安排一定面积的耕地用于休耕，对休耕农民给予必要的现金补助。据悉，农业部在河北衡水、湖南株洲推行休耕试点，给农民一定的补贴取得一定成效。但开展休耕轮作试点，要以保障国家粮食安全和不影响农民收入为前提，休耕不能减少耕地、搞非农化、削弱农业综合生产能力。

4. 建立以加工企业为核心的流通模式，逐步推出政府对市场价格形成的直接干预。现行收储体制下临储玉米价格持续多年上涨，民营企业入市收购谨慎，国有收储企业成为市场收购主体，大部分粮源流向国储库，后通过国家粮食交易中心定期组织的政策性粮食拍卖顺价销售，"一进一出"过程中无疑增加了粮食在收购、仓储设施建设维修、管保、出库和保管等流通环节成本，再加上竞价交易、原料出库人工、运输和新陈品质差价等，原粮流通成本则更高。而如果建立以加工企业为核心的流通和收储模式，则能够大幅减少粮食流通环节和流通成本，从生产到消费过程中新粮上市后粮源直接进入加工企业，再由加工企业加工转化后进入消费市场，则将大幅降低粮食在收购和储备环节成本，有利于提高加工企业市场竞争力和减少企业经营亏损，减低企业和国家财政成本，提高粮食流通整体效率（樊琦、祁华清，2015）。

其次，要进一步推动储备主体多元化和社会化。具体可按照只有政策性粮食，没有政策性企业方式，只要是符合条件的各类企业都能够参与政策性粮食的收储，鼓励多元市场主体参与政策性粮食收购。在鼓励中央和地方储备做大做强的同时，应多鼓励农户、农民合作社、龙头企业等多元主体进入粮食储备市场。同时，要鼓励更多有实力的民营粮企参与粮食储备，在国有粮企保障粮食安全的大前提下，让民营企业激活粮食储备的市场活力。与此同时，实行粮食储备多元化必须明确界定政策性储备粮的性质，确保政策性储备和经营性业务清晰分离。政策性储备粮的粮权属于国家，具有一定的公益性质，由国家提供财政补贴并服从粮食调控。参加储粮计划的企业、合作社乃至农场主，不得自行处理储备粮，各类企业加工用粮必须通过参加政策性粮食拍卖获得。避免政府过度干预，搞活市场流通，增强市场活力，逐步恢复国内玉米市场正常流通。大幅减少政府直接参与玉米市场的收储调运和拍卖等行为，恢复玉米流通市场活力。

于此同时，研究借鉴国外粮价市场化改革相关经验，要着手研究和试点农产品市场价格以及收入风险保险制度。美国是目前农产品市场化程度最高的国家之一，农产品补贴运行数十年。从1930年后美国政府最初成立农产品信贷公司（CCC），通过无追索权贷款和政府直接购买等方式对农产品实施价格支持，其间主要历经了从消减价格干预向增加生产干预措施的转变（Bruce. L. Gardner，1987），从以价格和市场干预为主向增加直接支付比例的转变（Mustafa Acar，2003），到2014年取消直接支付建立以价格损失保障（PLC）和农业风险保障（ARC）为主要内容的农业价格和收入保险制度。从其政策演变逻辑看，基本遵循着减少对市场的行政干预，调控方式和手段更加市场化。因此，可借鉴国外相关经验和做法，结合我国国情，着手研究和试点覆盖农业生产灾害与市场价格、收入风险的现代农业保险制度。

第七章　研究展望

近年来，随着国家逐年提高粮食托市收购价格，国内粮价呈刚性上涨态势，有效调动了农民种粮积极性，实现了粮食产量十二连增，为增强粮食市场宏观调控能力，维护市场稳定发挥了重要作用。然而，现行以托市收购和临时收储为核心的粮食价格政策也逐步 显现出了一系列新问题和新矛盾，尤其是在国际国内市场环境已发生深刻变化形势下，现行粮价政策正面临诸如粮食价格形成机制严重扭曲，粮食市场呈现出"政策化"倾向；国内主要粮食价格已突破国际价格"天花板"，形成国内国际市场价格倒挂，且价差持续扩大，从此关税、配额等防火墙将失去作用，国际市场对国内市场的冲击不断加剧；最低收购价和临时收储政策在有效调动农民种粮积极性和促进粮食增产的同时，也导致了土壤耕地资源退化，地下水超采，农药化肥的大量施用等环境问题，给粮食生产可持续发展带来了巨大挑战。显然，现行粮食价格政策又进入了重要的改革窗口期，本报告主要通过深入分析国内外粮食市场新形势及我国粮价调控方式面临的严峻难题和挑战，提出了对我国粮价政策改革和转型的思路和看法，但这还远远不够。当前我国粮价政策改革和转型还正处于积极探索之中，要充分估计改革和转型的复杂性和可能存在的风险。诸如，政策改革过程中粮价波动风险可能加大，对粮食市场宏观调控提出了更高要求；差价补贴或目标价格等替代政策措施在操作层面都还并不完善，仍存在补贴方式、收储模式、市场监管方式创新等众多难点问题；另外，由于国情和经济发展阶段存在的差异性，国外政策制度进入中国仍面临适应性等问题，这些问题都需要进一步加强研究，提出解决办法。

参考文献

1.陈锡文：《中国粮食安全面临五大历史性挑战》，《中国粮油信息网》2014年11月26日。

2.程国强.《中国农业补贴：制度设计与政策选择》，中国发展出版社2011年版。

3.程国强：《中国粮食调控：目标、机制与政策》，中国发展出版社2012年版。

4.程国强：《从托市到直补粮价改革如何"行稳致远"》，《中国粮油市场报》2014年6月26日。

5.程国强.中国粮食调控：目标、机制与政策［M］.北京：中国发展出版社，2012.

6.程国强：《中国粮食价格政策改革：目标、路径与可选方案》，中国发展出版社2014年版。

7.陈锡文.中国粮食政策调整方向［R］.中国经济报告，2015年12月。

8.丁声俊：《探索农产品目标价格制度》，《中华粮油商务》2014年第9期。

9.杜鹰：《建农产品目标价格制》，《每日经济新闻》2014年3月10日。

10.国家粮食局课题组：《粮食支持政策与促进国家粮食安全研究》，经济管理出版社2009年版。

11.范恒山.三十年来中国经济体制改革的进程、经验和展望［J］.改革，2008年第9期。

12.冯继康.美国农业补贴政策：历史演变与发展走势，中国农业经济，2007年第3期：73-80.

13.郭庆海.玉米主产区：困境、改革与支持政策［J］.农业经济问题，2015年第4期。

14.韩俊：《加快构建国家粮食安全保障体系》，《中国经济报告》2013年第8期。

15.贺伟：《我国粮食最低收购价政策的现状、问题及完善对策》，《宏观经济研究》2010年第10期。

16.贺伟，朱善利：《我国粮食托市收购政策研究》，《中国软科学》2011年第9期。

17.何蒲明、王雅鹏，黎东升：《湖北省耕地减少对国家粮食安全影响的实证研究》，《中国土地科学》2008年第10期。

18.黄冬.亿亩污染耕地待修复［OL］.南方周末网，http：//www.infzm.com/content/105347.

19.黄剑辉、王阁、应习文：《未来10年我国粮食供需紧平衡，全球粮价面临上行风险》，《第一财经日报》2013年1月9日。

20.黄季焜，杨军，仇焕广，徐志刚.本轮粮食价格的大起大落：主要原因及未来走势［J］.管理世界，2009年第1期。

21.刘笑然.粮食去库存：试试"种大豆压玉米"［N］.粮油市场报，2015年12月19日。

22.李国祥：《新形势下如何保障粮食安全》，《经济日报》2014年7月15日。

23.李慧：《中国现有约2000万公顷耕地受重金属污染》，《光明日报》2013年5月26日。

24.李裕瑞、刘彦随、龙花楼：《中国农村人口与农村居民点用地的时空变化》，《自然资源学报》2010年第10期。

25.李经谋：《中国粮食市场发展报告》，中国财政经济出版社2014年版。

26.李成贵.粮食直接补贴不能代替价格支持——欧盟、美国的经验及中国的选择，中国农村经济，2004.8

27.李先德，宗义湘。农业补贴政策的国际比较。中国农业科学技术出版社，2012年。

28.李欣.东北大豆种植面积减少成定局［OL］.中国粮油信息网，2012年7月4日。

29.吕晓英，李先德.美国农业政策支持水平及改革，农业经济问题，2014年第2期。

30.马晓河：《中国农业收益与生产成本变动的结构分析》，《中国农村经济》2011年第5期。

31.马晓河.应取消粮食临时收储政策［OL］.中国社会科学网，2014年12月21日。

32.农业部农业贸易促进中心.粮食安全与农产品贸易［M］.北京：中国

农业出版社，2014。

33.彭超，潘苏文，段志煌.美国农业政策改革的趋势：2012 年美国农业法案动向、诱因及其影响.农业经济问题，2012 年第 11 期。

34.秦富，王秀清，辛贤等.国外农业支持政策，北京：中国农业出版社，2003。

35.任正晓.解决好吃饭问题始终是治国理政的头等大事［J］.求是，2015 年第 19 期。

36.任正晓.在全国粮食流通工作会议上的报告［OL］.国家粮食局，ht-tp：//www.chinagrain.gov.cn.

37.尚强民.如何看待中国粮食进口量超亿吨［J］.中国粮食经济，2015 年第 3 期。

38.邵萍萍.欧盟共同农业支持政策的形成及演变.中共济南市委党校学报，2006，（1）：59-62

39.施勇杰.新形势下我国粮食最低收购价政策探析［J］.农业经济问题，2007 年第 4 期。

40.王耀鹏.大豆目标价格初探［J］.宏观经济管理，2015 年第 5 期。

41.国家发展和改革委员会价格司.全国农产品成本收益资料摘要 2015［M］.中国统计出版社，2015。

42.王若兰，白旭光，田书普，张军党，魏晓光，方银平，周海军，关国营，李彦涛：《华北平原农村储粮现状调查与分析》，《粮油仓储科技通讯》2006 第 5 期。

43.王梅，李小川，刘研.新形势下玉米产业的新挑战与新发展［J］.中国粮食经济，2015 年第 3 期。

44.徐志刚，习银生，张世煌.2008/2009 年度国家玉米临时收储政策实施状况分析［J］.农业经济问题，2010 年第 3 期。

45.许新宜：《中国水资源利用效率评估报告》，北京师范大学出版社 2010 年版。

46.徐更生.美国农业政策，经济管理出版社，2007。

47.许光建.美国的农业价格与收入支持政策，经济理论与经济管理，1996 年第 1 期。

48.尹成杰：《新型城镇化与国家粮食安全》，《农村工作通讯》2013 年第 18 期。

49.尹洪博.中国粮食安全法律问题研究.浙江工商大学硕士学位论文，2009

50.杨志海、王雅鹏：《城镇化影响了粮食安全吗?》，《城市发展研究》2012 年 1 期。

51.赵长保，李伟毅.美国农业保险政策新动向及其启示，农业经济问题，2014 年第 6 期。

52.张慧芳，吴宇哲，何良将.我国推进休耕制度的探讨［J］.浙江农业学报，2013 年第 1 期。

53.朱行，李全根.欧盟共同农业政策改革及启示.世界经济与政治论坛，2005，（1）：16-19

54.张永恩，褚庆全、王宏广：《城镇化中的中国粮食安全形势和对策》，《农业现代化研究》2009 年第 5 期。

55.张晓山：《国家要对农产品给予价差补贴》，《中国人大》2013 年第15 期。

56.钟水映、李魁：《基于粮食安全的我国耕地保护对策研究》，《中国软科学》2009 年第 9 期。

57.钟钰、秦富：《我国价格支持政策对粮食生产的影响研究》，《当代经济科学》2012 年第 5 期。

58.Andrew J.Plantinga.The Effect of Agricultural Policies on Land Use and Environmental Quality，American Journal of Agricultural Economics，vol.78，no.4，1996.

59.Bruce L.Gardner.The Economics of Agricultural Policies，McGraw Hill Higher Education，1987.

60.Brown，L.R.Who will feed China? Wake-up call for a small planet.Washington：Worldwatch Institute，1994.

61.David A.Hennessy.The Production Effects of Agricultural Income Support Policies under Uncertainty.American Journal of Agricultural Economics.vol.80（1）46-57，1998.

62.Jules N.Pretty.Regenerating Agriculture：Policies and Practice for Sustainability and Self-Reliance，Joseph Henry Press，1995.

63. Kym Anderson. The Political Economy of Agricultural Price Distortions, Cambridge University Press, 2010.

64. Mustafa Acar. From Price Support to Direct Payments: New Tendencies in Agricultural Support Policies in the World, Sosyal Bilimler Dergisi, 2003.

65. Scott Barrett. Optimal soil conservation and the reform of agricultural pricing policies, Journal of Development Economics, vol.36, no.2, 1991.

66. Larson, C. Losing arable land, China faces stark choice: Adapt or go hungry. Science, Vol.339, No.6120, 2013.

67. Liu, G., Y. Chen, and H. He. China′s environmental challenges going rural and west. Environment and Planning, Vol.44, No.7, 2012.

68. Mario J. Miranda. Area－Yield Crop Insurance Reconsidered, American Journal of Agricultural Economics, vol.73 (2) 233-242, 1991.

69. OECD and FAO. OECD-FAO Agricultural outlook 2013-2022highlights. Economic Co-operation and Development (OECD) and the Food and Agriculture Organization (FAO), 2013.

70. Tai, J., W. Zhang, Y. Che, and D. Feng. Municipal solid waste source-separated collection in China: A comparative analysis. Waste Management, Vol. 31, No.8, 2011.

第二部分

专题报告篇

专题报告（一）：国内外粮价倒挂下粮食价格政策转型研究报告

内容简介：2004 年以来，我国建立了以最低收购价和临时收储为主要内容的粮食价格调控体系，政策运行取得了显著成效。但随着国家逐年提高粮食托市收购价格，国内粮价呈现出刚性上涨态势，目前国内主要粮食产品价格已突破国际价格"天花板"，且价差呈现持续扩大态势，对我国粮食市场宏观调控造成了严重冲击。本报告通过深入分析国内外粮价倒挂下我国粮价调控方式面临的主要形势、难题和挑战，认为现行粮价调控方式的前提条件已发生根本性逆转，如不及时进行调整和转型，可能背离粮食流通体制市场化改革的初衷。在总结国内外调控经验基础上，提出了推动以价格支持为主逐步向"价补分离"补贴方式转型，由国有储备粮收储企业向加工企业为核心的流通模式转变，由从注重增产向价格调控与环境保护挂钩方向转变，实现从"黄箱"向"绿箱"政策转变，调控手段实现从主要控制进口向更多利用国际市场转变等改革思路和转型方向。

一、引言

近年来，受到国际粮食市场连续丰收，美元汇率走强，以及国内逐年提高粮食托市收购价格等因素影响，自 2013 年 4 月以来国内小麦、稻谷、玉米、大豆等主要粮食品种价格已全面突破国际价格"天花板"（即粮食进口价格高于配额外进口缴税后价格）且价差呈现持续扩大态势，以托市收购为主导的粮价调控方式的弊端和负面效应也日益显现（李经谋，2009；程国强，2012；韩俊，2013）。在我国粮食生产实现"十一连增"大背景下，2014 年粮食进口和走私数量却大幅增长，形成"国内增产—国家增储—进口增加—国家再增储"等反常现象（程国强，2014），给农民增收和粮食市场宏观调控造成了严重冲击，造成了粮食流通成本上升，政府粮食收储压力加大，粮食市场供求矛盾加剧等不确定风险明显增多。事实上，现行粮价调控政策是以国内粮价低于国际粮价为基本前提，如今前提条件已发生根本性逆转，如不及时进行政策的调整和转型，将可能背离 2004 年以来我国粮食流通体制市场化改革的初衷。针对这些新问题，有必要对国内外粮价倒挂背景下我国粮价调控方式运行情况等进行全面考察，深入分析面临的主要形势、难题及挑战，提出下一步我国粮价调控方式改革思路和转型方向。

二、现行我国粮食价格调控方式运行以来的主要成效

（一）有序拉动国内粮食市场价格上升

从 2004 年、2006 年起国家分别对主产区稻谷、小麦实行最低收购价制度；2007 年以来，又先后对玉米、大豆、油菜籽等实行临时收储政策。2004–2007 年稻谷最低收购价格一直维持 2004 年价格水平不变，其主要原因有：一是由于政策刚开始实施缺乏经验，无章可循，且对于提价水平制定等还处于摸索阶段，各方也未形成明确认识；二是在这段时期国家制定的最低收购价格大都低于市场粮价，政策的启动情况并不理想，没有达到政策设计的初衷（贺伟、刘满平，2011）。2008 年受到国际金融危机和国内粮食生产成本大幅上升影响，国家先后两次提高小麦和稻谷最低收购价格。随后国家连续 7 年提高粮食最低收购价格，临时收储价格也呈现逐年提高态势。其中稻谷、小麦最低收购价格累计分别提高 92%、57%，玉米、油菜籽累计提高 60% 和 38%，粮食托市收购政策拉动粮食市场价格明显上升。

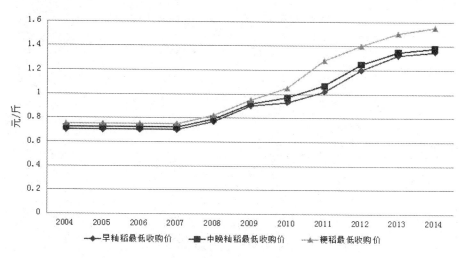

图 1　2004 年以来我国稻谷最低收购价增长趋势

数据来源：国家发展与改革委政府网

（二）有力促进了农民增收和粮食连续增产

改革开放以来，我国农民收入增长主要呈现"两头高，中间低"的特征，1978-1985 年在粮食实行统购统销政策时期，农民收入从 1978 年的 133.6 元增加至 1985 年的 397.6 元，年均增速为 15.2%，同期粮食产量也从 30476.5 万吨增加至 37910.8，年均增长率达到了 2.8%。其后 1985-2003 年 18 年间粮食流通政策进入双轨制和保护价收购时期，农民收入增幅开始放缓，年均增长率约为 4.06%，而此时粮食产量的增幅也仅为 0.7%。为扭转粮食连续减产、农民收入增长放缓等不利局面，2004 年我国开启了新一轮的粮食市场购销市场化改革，建立了最低收购价和临时收储等政策，有效拉升了国内粮食价格回升，较好促进了农民收入增长，农户收入从 2003 年的 2622.3 元大幅增长至 2013 年的 8896 元，年均增幅超过了 13%，我国农民收入增长再次进入了高增长期。据国家粮食局测算，按照 2011 年全国各类粮食经营企业收购粮食 6946 亿斤计算，因收购价格提高，促进农民增收约 300 亿元。数据显示，粮食托市政策的实施较好地调动了农民种粮积极性，有力促进了农民增收和我国粮食连续增产。

表 1　农民收入年均实际增长率比较

	统购统销时期		双轨制和保护价时期		托市收购政策时期	
	1978 年	1985 年	1985 年	2003 年	2003 年	2013 年
农民人均纯收入（元）	133.6	397.6	397.6	2622.2	2622.3	8896
年均增长率	15.2%		4.1%		13.0%	
粮食产量（万吨）	30476.5	37910.8	37910.8	43069.5	43069.5	60193.8
年均增长率	2.8%		0.7%		3.1%	

资料来源：根据历年《中国统计年鉴》整理计算得出。

（三）有效维护了国内粮食市场价格稳定

我国粮食托市收购等收储政策的实施为粮食宏观调控奠定了坚实的物质基础，在应对国际粮价大幅波动中，充足的国家粮食储备切实发挥了作用，有效保证了国内市场的正常供应和价格稳定，对稳定国内粮食市场价格发挥了明显调节作用。2003 年以来，国际市场粮价年均波动幅度均在 20% 以上，特别是 2008 年、2010 年和 2012 年国际粮价波动幅度更是超过了 40%；尽管国际市场粮食价格经历了大幅度震荡，但在托市收购政策的支撑下，国内粮食市场价格保持了持续稳定上升态势，粮食价格总水平基本稳定。[①]以 2009 年 7 月至 2014 年 4 月小麦和玉米价格为例，从国内外粮食价格波动幅度对比情况看（国际小麦、玉米价格样本为美麦、美玉米到岸完税价格，国内小麦、玉米价格选取郑州中等小麦成交价格和深圳中等玉米成交价格），国内粮食市场价格波幅要明显低于国际市场的波动幅度，其中国际小麦、玉米市场价格波动标准差分别为 305.56 元和 363.31 元，同期国内价格波动标准差仅为 220.23 元和 245.16 元，国际市场玉米价格在 2012 年 9 月达到了 3081 元/吨的最高价，2009 年 8 月的 1722 元/吨为最低价格，最低价与最高价价差达到了 1359 元/吨；同期国内市场最高价和最低价分别为 2560 元/吨和 1860 元/吨，差价为 700 元/吨，也明显小于国外市场（见图 2）。

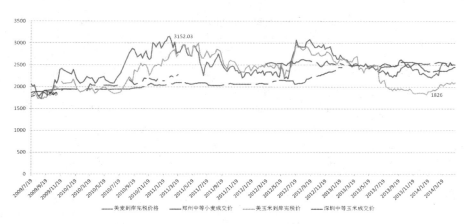

图2　2009-2014年国内外小麦和玉米价格波幅比较

数据来源：中华粮网

三、粮价倒挂下我国粮价调控方式面临新的难题和挑战

　　然而，近年来受到国内粮食生产成本持续上升，国家逐年提高粮食最低收购价格，以及国际粮食连续丰收，美元走强等因素影响，国际市场粮食价格持续下跌，国内外粮食差价倒挂且呈现不断扩大趋势，现行粮价调控方式面临众多难题和严峻挑战。

　　（一）关税、配额等防火墙失去作用后粮食进口激增对国内冲击加大

　　从2010年起，我国粮食价格开始高于国际市场离岸价格，而仅3年左右时间，截止2013年4月我国稻谷、小麦、玉米、大豆等主要粮食价格已经突破国家价格"天花板"。国家粮油信息中心数据显示，截止2015年1月30日除去油脂外，我国小麦、大米、玉米、大豆、油菜籽等主要粮食品种均已大幅超过国外粮食进口到岸完税价格，其中小麦高33.3%，大米高37%，玉米高51.3%，大豆高39.2%，油脂高44.97%。

表 2 主要粮食品种国内外价格对比

品种	进口到港完税价格（元/吨）	国内批发价格（元/吨）	国内与国外差价（元/吨）	截止目前本年度累计进口量（2014年1-12月）	国家确定的原粮价格与进口完税价格比较（元/吨）		
					国家确定的原粮价格	与进口差价	与国内批发价格差价
小麦	1980	2640	660	297	2360	380	−280
大米	2846	3900	1054	256	2700（稻谷）	708	—
玉米	1599	2420	821	260	2240	641	−180
大豆	3133	4360	1227	7140	4800	1667	440
油菜籽	3518	5100	1582	507	5100	1582	0
油脂	5989	5500	−489	787	—	—	—

注：数据来源于 2015 年 1 月 30 日国家粮油信息中心粮油市场报告。

在国际国内粮价倒挂背景下，从此我国关税、配额等防火墙功能将失去作用，国内用粮企业为了降低生产成本，势必将导致粮食进口数量大量增加（见图3）。据海关总署数据显示，2014 年前 7 个月包括小麦、大米、玉米在内的我国谷物进口量较去年同期增长 80%；[②] 全年进口量大豆为 7140 万吨，同比增加 12.7%，为国产大豆的 6 倍左右，更是 1996 年开始进口时（111 万吨）进口量的 64 倍。目前我国玉米、稻谷等粮食品种已呈现出阶段性供大于求的特征，粮食价格倒挂下大量进口和走私粮食入境进一步加剧国内市场供大于求的矛盾，加大了国内粮食市场价格的下行压力，扰乱国内粮食市场正常流通秩序，影响国家托市收购政策保护种粮农民利益的效果。

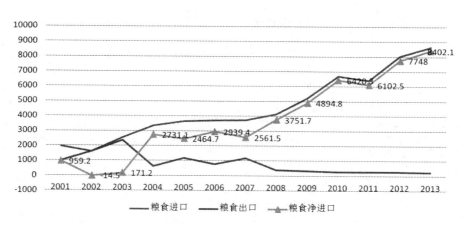

图3　2001-2013 年我国粮食净进口数量增长趋势　单位：万吨

数据来源：国家发展与改革委统计资料

（二）储备粮顺价销售不畅造成储备粮企业经营出现普遍亏损

在国内外粮价倒挂和国外粮食进口大量增加大背景下，我国国有粮食储备企业托市粮顺价销售变得更加困难。按规定中央和地方储备粮每 3 年要进行轮换，但受国际市场价格大幅走低和进口粮食大量增长等因素冲击，国内粮食市场行情也呈逐步走弱趋势，国家储备粮竞价销售市场成交率长期处于较低水平，粮食市场流通和政策性粮食轮换严重不畅。根据中华粮网最新数据显示，2015 年 3 月 10 日河南市场拍卖投放托市小麦20.11 万吨，成交 0.32 万吨，均价 2430 元/吨，成交率仅为 1.62%，安徽市场投放 81.85 万吨，成交 28.84，均价 2452-2465 元/吨，实际成交率也只有 35.23%。

在针对湖北省京山、天门、黄陂、武昌等地国有粮食储备企业经营和轮换情况的调研中，发现 2013-2014 年湖北省内粮食产销区中央和地方储备粮企业经营和轮换均出现了普遍亏损，据测算仅全省稻谷轮换亏损就超过 4000 万元，给国有储备粮企业正常经营带来了严重困难。其中，被调查的中储粮溇口中央直属库 2013 年籼稻轮换每斤亏损约 0.245 元，总亏损接近 300 万元（见表3）。

表 3　2013 年湖北省国有储备粮企业储备和稻谷轮换亏损情况

	储备主要品种	稻谷轮入平均成本（元/斤）	稻谷轮出平均价格（元/斤）	稻谷轮换差价（元/斤）	总亏损额（万元）
京山粮食储备库	稻谷、小麦	1.350	1.200	0.150	180
天门粮食储备库	稻谷	1.390	1.390	0.000	0
中储粮潩口储备库	稻谷、小麦、玉米	1.420	1.175	0.245	300
湖北武昌直属库	小麦、稻谷、玉米	1.430	1.175	0.255	490

注：资料来源于湖北省粮食局《粮食储备与安全》课题组调研数据。

（三）托市价格上升难以跟上生产成本增长速度导致政策陷入"两难"局面

尽管政府托市收购政策大幅提高了国内市场粮价，但由于粮食生产土地、农药化肥、劳动力等投入要素成本持续上升，多数农产品成本增长速度快于收入增长速度（马晓河，2011），粮价上涨仍难以跟上种粮成本增长幅度。国家发展与改革委统计显示，2012 年我国粮食生产成本已由 2007 年的 481 元/亩提高至 936 元/亩，5 年已累计增长 94.66%，年均增幅高达 14%；而同期稻谷、小麦、玉米等粮食收购价格年均分别上涨 10%、8.2%、8.3%，粮价涨幅明显低于生产成本涨幅，农民种粮收益增长更低于外出务工收入增速。现行托市政策的激励作用逐渐减弱，宏观调控陷入"两难"严峻局面，如果继续提高国内粮食托市收购价格，势必将进一步刺激国外粮食进口，政府粮食收储压力和财政负担将越来越重；如若不提高粮食收购价格，则粮价上涨幅度弥补不了生产成本增速，必将对我国农民种粮积极性和粮食生产造成巨大冲击。

表 4　稻谷、小麦、玉米三种粮食作物平均生产成本

单位：元/亩

	2007	2008	2009	2010	2011	2012	累计增长率
总成本	481	562	600	673	791	936	94.66%
生产成本	399	463	486	539	641	770	92.84%

续表

	2007	2008	2009	2010	2011	2012	累计增长率
物质与服务成本	240	289	298	313	358	398	66.04%
人工成本	160	175	188	227	283	372	133.12%
土地成本	82	100	115	133	150	166	103.56%

注：资料来源于国家发展与改革委《全国农产品成本收益资料汇编》。

（四） 政府粮食收储数量大幅增加造成财政成本和风险剧增

近年来，由于我国粮食连续多年丰收，国内市场粮食价格却持续多年上涨，民营企业入市收购谨慎，国有收储企业成为收购主力军，大部分粮食流向国储库，造成各地粮库爆满、仓容紧张，政府财政负担加重。据国家粮食局测算，国家临时收储每储存 1 吨玉米需收购费用 50 元，每年利息支出约 137 元和保管费 100 元，共计约 287 元；如按照 2013-2014 年我国临时收储玉米 6919 万吨的数量计算，仅收购费、利息支出和保管费这三项费用国家财政每年支出就高达 198.58 亿元；如再加上企业竞拍临储玉米，除高于收储价的拍卖价外，还要支付出库费 30 元，品质升降差平均约 40 元，短途运输和损耗费用平均约 50 元等，共约 120 元，成本则将进一步增加。此外，受到国际粮价大幅下跌因素影响，国内库存粮食价值还存在大幅贬值风险，如果以 2013-2014 年我国临时收储菜籽油 600 万吨测算，若按 2014 年 4 月市场价格销售，仅这一项价差损失就超过 150 亿元。食糖临储库存累计 500 万吨左右，隐亏估计超过 200 亿元。[③]

四、国内外粮价倒挂下我国粮食价格
调控方式的转型路径

事实上，从我国现行粮价调控方式机制设计上看，主要是基于国内低于国际粮价背景下制定的，当国内粮价低于进口配额或配额外完税价格，则粮食进口对国内的市场冲击有限；如国内粮价突破"天花板"后，关税、配额保护将失去作用，粮食进口大量增长必会对国内粮食宏观调控造成严重冲击。目前政策制定的前提条件已经发生根本性逆转，如不及时进行调整和转型，可能背离粮食流通体制市场化改革的初衷。以下在总结国内外调控经验基础上，提出了粮价政策改革和转型的思路和看法。

（一）推动以价格支持为主逐步向"价补分离"补贴方式转型

价格支持措施通常被认为扭曲市场、效率低下，弱化竞争力、造成资源和效率损失，且受到 WTO 国际规则所约束等问题，受到广泛批评。事实上，国外对于完善农产品价格和市场调控方式的研究和探索也一直没有停止，价格支持政策具有指向明确、操作简单、作用直接等优点，始终是各国补贴政策的基础性措施。以美国为例，从 1930s 美国政府最初成立农产品信贷公司（The Commodity Credit Corporation，CCC），其间主要历经了从消减价格干预向增加生产干预措施的转变（Bruce. L. Gardner，1987），从以价格和市场干预为主向增加直接支付比例的转变（Mustafa Acar，2003），到 2014 年取消直接支付建立以价格损失保障（Price Loss Coverage，简称 PLC）和农业风险保障（Agriculture Risk Coverage，简称 ARC）为主要内容的农业价格和收入保险制度。

从国际经验看，价格支持仍然是目前美国农业支持政策重要组成部分，2014 年新建立的农业保险制度主要是保障农民收入不因市场价格和自然风险而出现大幅波动，农业保险计划看似与农民收入挂钩，实际上是一种更加隐蔽的粮食生产的价格支持政策，其市场化程度更高。随着我国"四化"进程的加快推进，国家财政实力不断增强，但我国有两亿四千万农民，巨额的补贴资金需求将难以承受，目前还不具备大规模补贴农业的能力，可按照一定比例和水平适度推进价格支持向市场化程度更高的"差价补贴"和直接补贴方式过渡和转型。而"差价补贴"既有价格支持特征，也有直接补贴性质，秦富（2012）、张晓山（2013）、程国强（2014）、丁声俊（2014）、杜鹰（2014），有利于推进现行粮价政策实现"价补分离"，减少市场扭曲，是发达国家有价格支持向直接补贴转型过程中普遍采用的过渡性措施。

尽管国外差价补贴已很成熟和施行多年，但由于国情和我国各地区资源禀赋差异较大，显然不能完全照搬国外做法，必须要根据中国的实际情况，进行与国情和发展阶段相适应的政策探索。价格政策调整和改革涉及种粮农民等多方利益，敏感度高，差价补贴政策程序操作复杂，政策实施也需要有一个接受的过程，且近期必然会对粮食生产，部分农民利益等造成影响，也对粮食收储、宏观调控等也提出了更高要求，要密切跟踪政策试点成效，弄清政策改革试点的利弊和风险，采取先试点、后推行，循序渐进，审慎推进。现阶段首先做好大豆、棉花等非主粮品种的差价补贴试点和完善目标价格保险、目标价格贷款等相关配套政策措施，待条件成熟后逐步替代现行最低收购价和临时收储措施。

（二）推进由国有储备粮收储企业向加工企业为核心的流通模式转变

从国内外粮食流通模式比较中，我们不难发现美欧发达国家粮食流通具有市场程度高等特点，政府储备粮主要采取委托代储方式，较少直接参与粮食市场收储；粮食从生产到消费整个过程中，私营粮食加工企业的粮食占全国粮食收购量的60%以上，多种流通主体参与竞争，促进了粮食市场运行的高效率。[④]目前，我国粮食流通仍主要由政府直接制定收购价格和参与市场收购，政府储备粮企业（中国储备粮管理总公司及委托代储企业或地方国有储备粮企业）直接从种粮农户手中收购新粮，新粮进入国库后，再经过粮食交易中心进行集中公开竞价交易，待成交后再由储备库转运至加工企业，国有储备粮企业成为了市场调控和流通核心。

从粮食产后流通整个过程看，以国有储备粮企业为核心的粮食收储和流通模式无疑增加了粮食流通环节和粮食流通成本。例如，在国有粮食收储企业收储过程中会产生大量的粮食收购（出入库、交易）、保管、贷款利息等费用，如无法实现储备粮顺价销售，储备粮企业还将要蒙受巨大的经营性亏损，既增加了政府财政风险和负担，也推高了用粮企业粮源采购和生产成本，也是也导致国内出现原粮与成品粮倒挂，"麦强粉若"、"稻强米若"等反常现象的原因之一。但是，以粮食加工企业为核心的流通和收储模式，能够大幅减少粮食流通环节和流通成本，粮食从生产到消费过程中新粮上市后粮源直接进入加工企业，再由加工企业加工转化后进入消费市场，则将大幅降低粮食在收购和储备环节成本（见图4）。因此，推进我国粮食流通向加工企业为核心的收储模式转变，可以有效减少粮食流通环节，减低企业和国家财政成本，提高粮食流通整体效率。

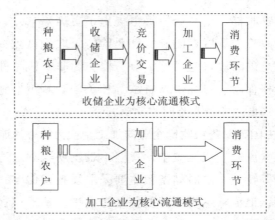

图4　收储企业和加工企业为核心的流通模式比较

（三）推动由从注重增产向价格调控与环境保护挂钩方向转变

为解决13亿人口吃饭问题和满足人民群众日益增长的食物需求，我国粮食价格政策一直强调粮食生产和数量供给，导致对耕地和水资源等粮食生产资源的高强度利用，在实现粮食持续增产的同时，也付出了极大的资源、环境和经济代价。据统计，截至2013年底我国每年施用化肥5900万吨，农药180万吨为1978年以来的32.8倍，全国每年因重金属污染的粮食达1200万吨；目前遭受中重度重金属污染的土地，已经达到了5000万亩，大量抽取地下水造成地下漏斗22万平方公里，这种农业生产模式难以持续。[⑤]不断提高的粮食托市收购价格产生的误导资源配置的风险不断上升，造成社会资源和效率的巨大损失。

耕地和水资源是粮食生产的两大最基本的投入要素，是粮食增产可持续发展的根基。国外学者Scott Barrett（1991）、Jules N. Pretty（1995）和Andrew J. Plantinga（1996）研究结论认为完善农产品价格政策还可以促进生态环境质量改善和促进农业可持续发展。以十九世纪的美国为例，因农业资源过度开发导致大片土地资源遭到严重破坏，加之不合理的土地政策，致使土壤流失和侵蚀、水源污染、水土流失等问题日益恶化，1934年形成了震惊世界的"黑风暴"，尘暴后也成为美国农业政策转型的重要转折点。此后，保护农业生态和资源环境问题成为了美国农业政策的重要内容之一，从1938年的农业调整法案开始提出了"土壤保护和农业补贴挂钩"政策，到1956年又建立了"土壤银行计划"，再到近年来的"耕作地计划"、"湿地储备计划"等农业生态环境保护措施，不仅是美国粮食价格调控的重要手段，还有效地保护了自然资源。

从国外经验看，目前我国粮食生产的资源环境约束加强与美国十九世纪 30 年代农业政策调整的背景基本相同，这一时期农业政策调控的目标与我国当前缓解资源环境压力目标基本一致。当前我国应抓住粮食增加进口契机，加大农业面源污染预防和治理。因此，可借鉴国外"土壤银行计划"、"耕作地计划"等有效做法和经验，并根据我国具体国情在操作层面进行适当完善和调整，尽快推动建立我国粮食价格调控与环境保护挂钩制度，新的粮食价格调控政策设计既要考虑保持适度的粮食生产能力和强度，确保谷物基本自己和口粮绝对安全，又要考虑资源环境承载能力。

（四）推动价格政策实现从"黄箱"向"绿箱"政策转变

据国研中心测算，中国 2010 年农业总产值为 62897 亿元，其补贴微量允许空间为 5346 亿元。测算表明，目前中国粮油产品的价格支持，除稻谷、小麦还有一定空间外，其他已经逼近世贸组织允许进行补贴的上限。即使是稻谷、小麦这两个品种中，微量允许空间也分别仅有 323.89 亿元和 141.40 亿元（程国强，2012）。一旦启动干预性收购，就有可能突破微量允许水平。因为我国加入了 WTO，关税总协定里规定我们直接在成本上的补贴，不能超过总产值的 8.5%，而目前我们已有的补贴水平，已经将近总产值的 10%（陈锡文，2014）。这意味着，今后中国基本没有通过大幅度提高最低收购价、临时收储价来提升国内农民种粮积极性的可能。寻求其他辅助手段，势成燃眉。

当前，我国在 WTO 黄箱政策部分的运作空间已经越来越小，国内粮食价格"地板"越来越高，而国际市场价格"天花板"却越来越低，来自这两方面的压力，使得现行粮价政策手段解决粮食安全的空间被持续压缩，效果越来越差，国内外价格倒挂下的负面效应更加突显。因此，当务之急要是综合运用关税、配额管理、检验检疫、绿色性贸易壁垒等手段，防止价格倒挂的负面影响进一步扩大，守住农民收入、口粮生产能力、重要农产品供给三条底线。并逐步推动从国内补贴方式转向支持粮食生产结构调整、公共性服务、基础设施建设、粮油批发市场建设及技术研发及普与推广等"绿箱"政策转变。

（五）推动调控手段实现从主要控制进口向更多利用国际市场转变

李国祥（2014）认为适度进口粮食，优化粮食和农产品进口结构，集中国内有限资源，依靠科技支撑，保障最重要粮食品种生产，特别是口粮和其它谷物生产，不仅可以更好地满足国内粮食消费需求，且可以缓解国内资源环境压力。当前，我国大豆、玉米等粮食品种进口增长比较快。但整体而言，我国主粮进口量并不高，且尚在合理范围内，按照2013年国家统计局公布数据计算，目前我国稻谷、小麦等主粮进口占国内粮食产量的比重还不到3%。而据国务院发展研究中心测算，2013年我国净进口的主要大宗农产品，如果按国内单产水平计算，大约需要8.6亿亩的播种面积才能生产出来，适度进口对解决国内有限资源的作用是显而易见的。

近年来，在国际粮食连续丰收，市场粮价大幅走低大背景下，也为我国更好利用国际市场低粮价调控国内市场提供了重要机遇。在"谷物基本自给、口粮绝对安全"新粮食安全战略目标下，保持国内必要的粮食生产能力前提下，更多利用国际市场调节国内粮食价格和供求平衡。当国内供给小于需求时，应采取措施鼓励粮食进口，弥补国内粮食供给不足，可根据相关规定免除进口环节增值税，海关、质检等部门为粮食进口提供通关便利，实施多元化进口战略，在巩固现有进口渠道同时，积极开拓新的进口来源地，合理分散进口风险；当国内供过于求时，一方面要有效利用WTO规则，采取传统关税、配额、以及非关税技术贸易壁垒等手段适度调控粮食进口增长的节奏、品种和数量，缓解进口增长对国内市场和供求平衡的冲击；另一方面可通过建立税收动态调节机制，加大对国内粮食企业出口退税、税收减免力度，对国内运输税费给予减免，或允许企业通过加速折旧等措施减税和免税，或对新产品的研究开发等进行补贴等财税政策，提高粮油产品出口的国际竞争力。

五、结束语

近年来，随着国家逐年提高粮食托市收购价格，国内粮价呈刚性上涨态势，目前国内主要粮食价格已突破国际价格"天花板"，且价差持续扩大，从此关税、配额等防火墙将失去作用，国际市场对国内市场的冲击不断加剧。本报告通过深入分析国内外粮价倒挂下我国粮价调控方式面临的严峻难题和挑战，提出了对我国粮价政策改革和转型一点思路和看法，但这还远远不够。当前我国粮价政策改革和转型还正处于积极探索之中，要充分估计改革和转型的复杂性和可能存在的风险。诸如，政策改革过程中粮价波动风险可能加大，对粮食市场宏观调控提出了更高要求；差价补贴或目标价格等替代政策措施在操作层面都还并不完善，仍存在补贴方式、收储模式、市场监管方式创新等众多难点问题；另外，由于国情和经济发展阶段存在的差异性，国外政策制度进入中国仍面临适应性等问题，这些问题都需要进一步加强研究，提出解决办法。

注释

①郑红明：《粮食目标价格制度"走在路上"》，《中华粮油商务》2014 年第 10 期。

②郝帅：《托市收购形成国内外粮价倒挂 业内建议调整政策》，《中国青年报》2014 年 10 月 20 日第 5 版。

③郭习松：《国家收储稳住今年菜籽收购价》，《湖北日报》2014 年 4 月 29 日第 8 版。

④数据来源：国家粮食局赴美国粮食流通监管体系培训报告。

⑤王飞航：《中国粮食安全面临六大挑战》，《新华社》2014 年 11 月 27 日。

参考文献

1.程国强：《中国粮食价格政策改革：目标、路径与可选方案》，《中国发展出版社》2014 年。

2.程国强：《从托市到直补粮价改革如何"行稳致远"》，《中国粮油市场报》2014 年 6 月 26 日第 A4 版。

3.程国强：《中国工业化中期阶段的农业补贴制度与政策选择》，《管理世界》2012 年第 1 期。

4.程国强：《中国粮食调控：目标，机制与政策》，《中国发展出版社》2012 年。

5.国家粮食局课题组：《粮食支持政策与促进国家粮食安全研究》，《经济管理出版社》2009 年。

6.陈纪英.《惠农粮价托底玉米加工业率先受伤》，《中国经营报》2009 年 1 月 1 日。

7.陈锡文：《中国粮食安全面临五大历史性挑战》，《中国粮油信息网》2014 年 11 月 26 日。

8.丁声俊：《探索农产品目标价格制度》，《中华粮油商务》2014 年第 9 期。

9.杜鹰：《建农产品目标价格制》，《每日经济新闻》2014 年 3 月 10 日。

10.韩俊：《加快构建国家粮食安全保障体系》，《中国经济报告》2013 年第 8 期。

11.贺伟，朱善利：《我国粮食托市收购政策研究》，《中国软科学》2011 年第 9 期。

12.李国祥：《新形势下如何保障粮食安全》，《经济日报》2014 年 7 月 15 日 第 16 版。

13.李经谋：《中国粮食市场发展报告》，《中国财政经济出版社》2014 年。

14.马晓河：《中国农业收益与生产成本变动的结构分析》，《中国农村经济》2011 年第 5 期。

15.钟钰，秦富：《我国价格支持政策对粮食生产的影响研究》，《当代经济科学》2012 年第 5 期。

16.张晓山：《国家要对农产品给予价差补贴》，《中国人大》2013 年第 15 期。

17.Bruce L. Gardner. The Economics of Agricultural Policies, McGraw Hill Higher Education, 1987.

18.Mustafa Acar.From Price Support to Direct Payments：New Tendencies in Agricultural Support Policies in the World, Sosyal Bilimler Dergisi, 2003.

19.Scott Barrett. Optimal soil conservation and the reform of agricultural pricing policies, Journal of Development Economics, vol.36, no.2, pp.167 - 187, 1991.

20.Andrew J.Plantinga.The Effect of Agricultural Policies on Land Use and

Environmental Quality, American Journal of Agricultural Economics, vol.78, no. 4, 1996.

21.Jules N.Pretty.Regenerating Agriculture: Policies and Practice for Sustainability and Self-Reliance, Joseph Henry Press, 1995.

专题报告（二）：新形势下我国
粮食收储体制研究报告

内容简介：粮食收储体制是整个粮食流通体系中的关键所在，也是历次我国粮食流通体制改革的重点和难点内容之一。本报告针对目前我国粮食收储体系运行中出现的粮价"三个倒挂"，政策性收储规模大幅增加与财政负担加重，市场流通粮源减少制约涉粮产业发展，配额外替代粮进口增长对国内市场冲击加大，过度追求增产的政策导向造成国内粮食生产不可持续等反常现象，认为现行粮食收储体制已进入了改革窗口期，通过问题导向，深入分析和梳理这些现象产生背后的国内外形势与各种体制原因，并在此基础上提出了我国粮食收储体制改革和完善的政策措施。

一、引言

粮食收储体制是整个粮食流通体系中的关键所在。现有关于粮食收储体制改革的理论研究主要集中在 20 世纪 80-90 年代[1]，自 2004 年国家全面放开粮食购销市场以后，市场化改革的大政方针确定以后，相关的理论研究也随之降温。但值得注意的是，近一段时期以来，中央储备粮黑龙江林甸直属库大火、进口转基因菜籽油流入国储库、粮食储备以陈抵新以及部分主产区仓容严重不足、政策性粮食收储压力剧增等问题再次将现行粮食收储体制推到了风口浪尖，成为社会舆论和理论研究关注的热点。

上一轮粮食流通市场化改革所确定的政府托市收储政策运行已近 10 年，总体来看，在保障种粮农民利益和促进粮食生产发展方面发挥了重要作用，但与此同时也日益暴露出一些缺陷和障碍[2]。尤其是中央政府委托中储粮总公司直接入市进行托市收购这一政策运行模式，导致粮食价格市场形成机制严重扭曲，对国内粮食产业健康发展带来了一系列不利影响，造成了目前粮食收储中"三个倒挂"的被动局面，即国内粮食价格在托市价逐年提高的引导下已经全面高于国际市场粮价；国家政策性收储价格过高使得原粮与成品粮价格倒挂；粮食主产区收购价格高于主销区的市场价格[3]。这些现象凸显出粮食收储的体制问题。基于这种背景，本报告以问题为导向，从现行粮食收储体制存在的主要问题入手，分析梳理问题背后的体制原因，并在此基础上提出改革和完善的政策措施。

二、现行粮食收储体制的主要问题

现行粮食收储体制主要是 2004 年粮改以来逐步确定的以粮食最低收购价、临时收储为主要内容的一系列政策措施。政策设计的基本逻辑是：在当年新粮收获、价格下跌时，国家入市收购和掌握一定数量的粮源，稳定市场价格，避免出现农民"卖粮难"；然后当后期市场出现供给减少、价格上涨时，通过规范的粮食批发市场顺价抛售政策性粮食储备，熨平市场粮价波动[4]。在操作方式上，国家相关部门确定当年托市收购价格，并委托中储粮总公司作为执行主体直接入市参与收购，收上来的托市粮与国家战略储备粮分开管理，作为国家临时储备的政策性粮食由中储粮总公司负责储存保管。中央财政对中储粮总公司实行保管、利息费用补贴包干，收购资金由农业发展银行对中储粮总公司实行"统贷统还"。

从 10 多年政策运行情况来看，总体上比较平稳，有效避免了市场粮价的大起大落，政府托市给种粮农民吃了"定心丸"，对于实现粮食生产"十一连增"发挥了重要作用。同时也要看到，现行粮食收储体制是在国内粮价低于国际粮价、粮食生产经历了 1998-2003 年连续 5 年减产的大背景下建立起来的。而近几年来特别是 2012 年以来，国内外粮食生产和价格形势发生了显著变化，全球粮食消费持续放缓，市场供求宽松，国际粮食价格全面大幅低于国内粮价。粮食供求背景发生了如此大的变化，现行的政策逻辑自然也就行不通了。因此，托市收储政策在实施中遇到了一些瓶颈问题，主要有四个方面。

1. 托市价格刚性提高导致政策性收储规模持续增加。国家从 2004 年、2006 年起在主产区分别对稻谷、小麦实施最低收购价政策；从 2007 年以后，先后对玉米、大豆、油菜籽实施临时收储政策。从价格来看，在 2008 年以前保持了基本稳定，但 2008 年之后国家考虑到国内粮食种植成本上升等因素，托市价格持续刚性提高（见表 1），稻谷、小麦的最低收购价格分别累计提高 79.7%、58.6%，玉米、大豆和油菜籽的临时收储价格分别累计提高 49.3%、29.7% 和 37.8%。特别是 2010–2012 年期间，受国际市场粮价上涨、供求偏紧的影响，国家提高托市收购价格的幅度较大，导致目前阶段性供大于求的情况下，托市价格较多高于市场价格，粮食流通、加工等各类市场主体入市收购不积极，政策性收购变成了主渠道[5]。以去年河南、安徽等地为例，最高时约 90% 的小麦收购都是政策性托市收购。据统计，国家政策性粮食收购量占全社会总收购量的 60% 以上，大部分新粮进入国有粮库，导致政府库存积压严重。目前，全社会粮食库存中的中央事权粮食占比高达 70% 以上，国有粮库"粮满为患"，仓储和财政压力很大。更为严重的问题是，政府以较高的托市价收购的粮食难以实现顺价销售，长期积压在仓库中将存在较高的陈化风险。

表 1　2008 年以来政策性粮食托市价格变动情况

单位：元/斤

品种 \ 年份		2008	2009	2010	2011	2012	2013	2014
稻谷	早籼稻	0.77	0.90	0.93	1.02	1.20	1.32	1.35
	中晚籼稻	0.79	0.92	0.97	1.07	1.25	1.35	1.38
	粳稻	0.82	0.95	1.05	1.28	1.40	1.50	1.55
小麦	白麦	0.77	0.87	0.90	0.95	1.02	1.12	1.18
	红麦 混合麦	0.72	0.83	0.86	0.93	1.02	1.12	1.18

续表

品种 \ 年份		2008	2009	2010	2011	2012	2013	2014
玉米	黑龙江	0.74	0.74	——	0.98	1.05	1.11	1.11
	吉林	0.75	0.75	——	0.99	1.06	1.12	1.12
	内蒙古 辽宁	0.76	0.76	——	1.00	1.07	1.13	1.13
大豆		1.85	1.87	1.90	2.00	2.30	2.30	——
油菜籽		——	1.85	1.95	2.30	2.50	2.55	2.55

注：1. "——"表示当年没有制定和实施该品种的托市政策。2. 国家2014年在东北地区实施大豆目标价格试点，目标价格水平为"4800元/吨"。3. 小麦品种从2012年开始不再区分白麦和红麦、混合卖，实施统一的最低收购价格。

2. 市场流通粮源减少影响涉粮产业健康发展。由于托市价多高于市场价，使得大量粮源进入国有粮库，市场上自由流通的粮源减少，涉粮企业自主经营空间缩小，用粮成本增加，"稻强米弱"、"麦强粉弱"等现象频频出现，严重影响产业健康发展。以小麦为例，国家托市收购的价格本来就已经高出市场价格，再加上从托市收购入库到出库，中间产生的收购补贴、保管费用、农发行贷款利息等，加起来每斤小麦约有0.2元的"沉默成本"，进一步抬高了原粮的使用成本。东北地区的玉米问题更加严重，正常情况下玉米加工企业要储存一个月以上的原料粮，但由于市场上玉米流通量减少，企业往往只能通过粮食批发市场竞买高价的托市储备玉米维持生产，多数企业库存仅能满足5-10天的加工用粮。与原料成本居高不下形成鲜明对比的是，粮食加工品受经济下行压力较大影响，消费需求不旺、价格低迷，企业生产利润下降甚至出现了亏本，不少企业特别是东北地区的玉米加工企业陷入了停产半停产的困境。长期的原粮与加工品价格倒挂，不利于粮食企业健康发展，也对地方粮食经济发展造成了较大冲击。

3. 粮食进口规模快速增加对国内市场造成较大冲击。在较高托市价格的支撑下，国内粮食价格已经全面高于国际粮价，而且持续保持着较大的价差。根据国家粮油信息中心的监测数据，8月份小麦、稻米、玉米、大豆等主要粮食品种配额内进口完税价格与国内批发市场价格的差价每吨分别为 701 元、1057 元、897 元、1055 元。国内外粮价这么大的差距，直接导致粮食进口压力明显增加（见表 2）。按照国家海关的数据，2014 年我国粮食进口总量突破 1 亿吨，达历史新高。其中，谷物进口量高达 1951 万吨，大豆进口量达到 7140 万吨。特别需要注意的是，除小麦、大米、玉米三大谷物受关税配额限制，进口增幅可控外，大麦、高粱等配额外谷物品种的进口量呈井喷式增长，去年进口量分别达到 541 万吨和 578 万吨，较 2013 年增长了 1.3 倍和 5.8 倍，主要用于替代玉米作饲料[6]。大量低价进口粮通过各种渠道涌进来，严重冲击了国内粮食市场，导致国家高价托市收上来的粮食难以顺价销售。如果国内粮食价格按照目前的增长幅度上涨，将在 10 年内全面突破"价格天花板"（关税配额外的进口完税价），那时关税配额的防火墙功能便会实效，粮食的大量进口将无法避免。

表 2　近 5 年我国粮食进口情况

单位：万吨

品种 ＼ 年份	2010	2011	2012	2013	2014
小麦	123	126	370	551	297
大米	39	60	235	224	256
玉米	157	175	521	327	260
大豆	5480	5264	5838	6338	7140

注：根据海关总署发布数据整理。

4. 过度追求粮食产量的政策导向威胁生产可持续发展。在这些年国家托市价格只提高不降低的影响下，农民和地方政府已经形成政策依赖的惯性，特别是部分粮食主产区盲目追求粮食产量，超量施用化肥农药，导致水土资源过度开发利用和农业环境严重污染。目前，全国粮食播种面积占耕地总面积的 90% 以上；粮食生产灌溉用水占农业用水总量的 90% 左右，继续扩大水土资源投入的空间十分有限。大量施用的化肥农药导致耕地质量下降、重金属污染严重，我国化肥每公顷施用量高达 480 多公斤，是世界平均水平的 4 倍多；农药施用量 180 多万吨，利用率仅 30%，较发达国家低 20%-30%；农膜使用量 238 万吨，残留率高达 40%。全国受污染耕地面积已达 1.5 亿亩，占耕地总面积的 8.3%[7]，进一步加剧了水土资源的供求矛盾。此外，政府高价托市对粮食生产结构也造成严重误导。按照目前的托市价格水平，2014 年种植玉米的亩均收益为 794 元，远高于小麦和大豆 576 元、648 元的收益水平，加上国家敞开收购，在巨大收益差距的驱动下，东北地区玉米种植带已经扩展至第四、五积温带等不适合种植玉米的区域，而且目前在这些地方种植的品种基本是品质较差的"德美亚"系列，收获后可用价值不高。相反，一些传统的适合种植大豆、小麦地区普遍存在"弃豆、弃麦，改种玉米"的现象，导致长期自然形成的玉米与小麦、大豆倒茬轮作体系被人为破坏，玉米产量和库存畸高，严重影响农业生态和粮食生产能力。

三、粮食收储体制处于改革窗口期

当前粮食收储政策面临的这些问题，主要可以归纳为三方面原因：

一是政策目标出现错位。政府收储粮食的根本目的本是调节市场、稳定粮价和备战备荒，粮食收储的一系列政策也应该围绕这一目的来设计和安排。但现行粮食收储政策除了承担这些任务外，还承担了价格支持和稳定农民收入的功能，并且后者不断强化逐渐代替了前者，演变成为国家粮食收储的主要政策目标。政策错位的直接后果就是保障种粮农民收入成为政策性托市价格只升不降的"尚方宝剑"，任何一个部门都不愿承担因为降低托市价格而可能引发的粮食生产下滑风险，最终政府在收储中大包大揽，过分干预市场主体行为，市场机制作用难以有效发挥。中储粮总公司作为唯一主体直接入市敞开收购且数量越来越多，非政策性储备变得无利可图，相关用粮企业减少自身周转存粮，最终都压在了政府身上。这违背了 2004 年粮食流通体制改革"市场自由流通，必要时政府托底"的政策初衷。

二是国内国际粮食供求环境"双宽松"。2012 年以来，全球粮食产量保持平稳增长，库存居于高位，粮食供给整体宽松。小麦、玉米、稻谷等主要谷物品种的产量稳中有升，美国农业部预测，2014/2015 年度全球谷物产量将达到 25.32 亿吨，创历史新高。在产量增加的同时，受全球经济复苏乏力的拖累，粮食需求不振，特别是饲料、工业用粮消费下降较多，直接导致世界粮食库存高企（见表3）。除供给、需求的"一升一降"外，在美元升值、油价大跌以及页岩气革命替代生物燃料等间接因素作用下，国际粮价大幅走低，已跌至2010年以来最低点[8]。国内粮食供求状况与国际相似，生产连续多年丰收，消费需求不振，库存压力很大。从国际国内供求面的分析不难看出，现行粮食托市收储政策的外部环境已经发生了很大变化。

表3　近3年世界谷物产消、库存和贸易情况表

单位：千吨、千公顷

项目 年份	产量	播种面积	库存量	消费量	贸易量
2012	2266189	690335	453388	2294093	318675
2013	2470627	705062	501592	2401769	368830
2014	2471188	7000935	521173	2451394	351082

注：1. 数据来源于美国农业部网站。2. 贸易量采用出口量数据。

三是粮食生产和消费正在向注重品质的新阶段过渡。随着经济生活水平提升，消费者买粮支出占其总开支的比例大幅下降，目前我国城镇居民恩格尔系数已降至30%左右，人们对这一块的支出越来越不敏感，不少高价的绿色优质大米越来越受到市场欢迎。与此同时，农民种粮收入占其总收入的比例也在明显下降，全国平均水平约为20%，像浙江、广东等沿海地区仅占10%左右，种一年地的收入还不如出去打几个月工的收入，因此农民对这一块收入越来越不敏感。在这种"两个不敏感"的市场环境下，农民的种粮需求和人民的消费需求都在向高品质、高价格转变，而"一刀切"式的托市敞开收购政策导向还是单纯追求高产低价，体现不出优质优价，既无法满足农民种粮增收的愿望，也无法满足城市居民日益增长的优质粮油消费升级需求。

这些原因既有政策自身的，也有外部环境的，仅仅依靠托市政策的调整很难解决目前出现的问题，如果不从收储体制上进行改革完善，一些问题恐怕会越来越严重。当前世界粮食供求相对宽松，粮价低位徘徊而且可能会持续较长一段时间，更重要地是国内粮食库存充裕、生产稳定，这为收储体制改革创造了非常有利的条件，从历次粮改经验来看，在供求宽松条件下进行改革的阻力小、风险低，比较容易成功。与此同时，近年来国内粮食进口规模增长过快，大豆的自给率已经降到15%以下，谷物的进口量也在逐年攀升，现行托市政策受到"价格天花板"和"成本地板"的双重挤压[9]，继续实施的空间越来越小，如果不抓紧改革，一旦国内市场粮价突破"天花板"，粮食进口量必将持续增加，等到大量进口成为常态再改革，那时不但面临来自国内的阻力，还将面临国际的巨大压力。因此，当前正是粮食收储体制改革的重要窗口期，应该在保持政策平稳过渡的前提下，尽快研究设计适应供求新形势的粮食收储政策体系。

四、改革完善粮食收储体制的建议

针对当前粮食收储存在的问题以及产生问题的原因，完善和改革粮食收储体制的重点应是：理顺粮食价格关系，解决好现有收储政策的目标偏差，把农民增收剥离出去交给市场解决，主要通过提高粮食的品质来实现农民种粮增收的目的；抓住当前国际粮食市场宽松的有利时机，充分利用国际农业资源来缓解国内粮食生产的生态和环境压力；把短期的调整和长期的改革完善结合起来，在尽快处理畸高粮食库存的基础上逐步建立健全回归政府收储目标原本的粮食收储政策体系。在改革完善过程中，特别要注重现有托市政策与新政策的有效衔接和平稳过渡，同时还要搞好政策托底，不能突破国内粮食生产大滑坡和市场大起大落这一"基本底线"。

1. 在抓紧消化现有储备的同时，有区别地对托市收储政策进行调整。目前的当务之急是把畸高的粮食库存降到合理水平，从现在的库存量来看，中央财政压力太大、陈化亏损的风险太高，处理起来的困难程度比1998年粮改时不会小。应把重点放在玉米和油脂油料这两块大头的消化上，主要采取适度降价促销的方式，通过已经建立的国家政策性粮食竞价交易平台公开进行。尽管适度降价可能会加重当期财政负担，进一步打压市场价格，但只要在降价幅度和销售节奏方面做出合理安排，降价促销所造成的财政损失和市场冲击是能够承受的，而且相对长期积压库存也是划算的。

对于稻谷、小麦的最低收购价政策应继续保持稳定，但国家托市的价格水平不能再逐年刚性上升。稻谷和小麦是我国的主要口粮品种，需求弹性小，而且加工产业链条比较短，国际上可贸易的粮源也不如玉米和大豆那么多。因此，按照"谷物基本自给、口粮绝对安全"的要求，应继续对这两个主要口粮品种实施最低收购价政策，但需要调整的是最低收购价不能逐年再刚性上调，至少在两、三年内应保持稳定不上涨，这样逐渐弱化政策的"保收入"功能。而且以目前稻谷、小麦最低收购价格测算，扣除生产成本上涨因素，每亩收益能够分别保持在900元、800元左右，对农民种粮积极性不会造成太大影响，能够较好实现稳定农民生产预期的目的。在方式上，应按照"只有政策性业务、没有政策性企业"的原则，尽快调整中储粮总公司作为最低收购价政策唯一执行主体的相关规定，在加强监管的同时，把规模大、诚信好的中央粮企和地方龙头粮企吸纳进来，只要从事最低收购价业务就享受同等待遇，这样不仅分担了中央政府压力，而且能有效利用地方资金和仓容，这也是落实粮食安全省长责任制的重要举措。

逐步调整直至取消玉米临时收储政策。从2014年开始，大豆临时收储已经调整为目标价格政策，油菜籽的临时收储也从2015年开始下放由地方包干，因此现在临储政策改革的重点在玉米。相比而言，玉米比较特殊，既是重要的谷物品种，也是重要的饲料和加工转化原料，具有需求弹性大、产业链条长的特点，而且这些年玉米增产数量最大，对国家粮食连年丰收发挥了重要的拉动和支撑作用。因此，对待玉米临时收储政策的调整和完善必须慎重，不宜立刻取消玉米临储政策，以避免价格断崖式下跌而导致大减产。应留出2-3年的政策过渡期，先适当降低临储价格，目前玉米亩均收益794元，远高于小麦、大豆的576元、648元的收益水平，考虑到大豆与玉米轮作的实际，玉米临储价格可以调减至亩均收益600元左右，通过价格信号逐步向农民传递临储政策调整信号。同时，将政府敞开收购改为限量收购，以玉米主产省份的三年收购平均量和预计商品量为基数，确定政府临时收储数量，其余部分交给市场流通消化。可以考虑配套一定的补贴政策，引导加工企业积极参与收购，逐步向农民释放玉米收储市场化的导向信号，待时机成熟后取消玉米临时收储政策。

2. 在进一步完善现有种粮补贴的同时，积极稳妥推进目标价格补贴。按照"价补分离"的原则，政府不再直接进入市场以保护性价格托市的同时，要注意对现有的各项种粮补贴进行完善，避免出现因改革而导致农民种粮收入出现较大滑坡的现象。目前国家涉粮补贴项目分散多达 20 余项，且每项数额不大，补贴的指向性不强且效率偏低。应对其进行适度整合，重点加强对稻谷、小麦等主要口粮的补贴强度，支持适度规模经营，向种粮大户、家庭农产、合作社等新型主体倾斜。在补贴方式上，应考虑近年来土地流转规模不断增大的实际，改变目前与承包地面积挂钩的方式，逐步与实际种粮面积或售粮数量挂钩，真正把钱补到从事粮食生产的农民手里，提高补贴的精准性。

与此同时，要积极稳妥地推进大豆、油菜籽、玉米等非口粮品种的目标价格补贴政策，粮食价格完全由市场形成，政府对于价差部分进行价外补贴[10]，这是理顺粮食价格最有效的办法，也是粮食收储改革的大方向，不能动摇和改变。其实，目标价格补贴在欧美等发达国家实施多年，已非常成熟。不同的是，欧美粮食生产以大农场为主，而我国以小而散的家庭联产承包制为主，单个农户难以成为独立的市场法人，所以在实施过程中，存在每年种植面积和产量统计核实难、工作量大、操作成本高等突出问题，在去年的大豆目标价格补贴试点中各地反映比较普遍和强烈。对此，应针对我国粮食生产特点尽快研究制定可操作的政策措施，可以考虑借助遥感、大数据、云计算等信息技术手段，核定千家万户农民的粮食种植和销售情况，为补贴提供可靠依据，把精准度提上去、成本降下来。

3. 积极引导市场主体收购优质粮源，促进农民种粮增收。针对粮食生产比较效益低下，种粮成本逐年上涨，以及市场高端粮油消费规模日益扩大的实际情况，一方面政策性收购逐步卸下了过去本不该由其背负的促进种粮农民增收的"担子"，改变过分追求粮食产量的政策导向；另一方面政府应着力引导和鼓励市场多元主体积极入市收购优质粮源，从而促进农民种优质粮增收。单从我国种粮成本来看，近 10 年来稻谷、小麦、玉米三大主粮均上涨 160% 左右，目前我国粮食生产单位成本平均比美国高近 50%，已进入高成本时期[11]。在这种情况要实现农民种粮有收益，只能往高端粮油发展，况且从"国人频赴日本买高价米"事件可以看出，国内高端粮油消费市场已经比较成熟，增长的空间和潜力非常大。因此，应采取奖补结合等措施，鼓励和引导粮食龙头企业入市开展订单收购，充分发挥我国精耕细作的传统优势，以质论价、优质优价，通过市场化运作带动农户发展优质粮种植。可以在全国范围内选择 10-20 家粮油加工、销售的龙头企业，予以重点支持，形成从田间到餐桌全程可追溯的高端粮油产品主力阵容。

表4 近5年我国三大主粮总成本情况表

单位：元/亩

年份 品种	2010	2011	2012	2013	2014
小麦	618.6	712.3	830.4	914.7	965.1
稻谷	766.6	897.0	1055.1	1151.1	1176.6
玉米	632.6	764.2	924.2	1012.0	1063.9

注：1. 总成本有生产成本和土地成本两项构成。2. 数据来源于历年"全国农产品成本收益统计资料"。

4. 利用好国际市场资源，缓解国内粮食生产的生态环境压力。目前，国内粮食市场政策化，国际粮食市场开放化，这种矛盾外在体现为国内外粮食市场巨大的价差。从当前的趋势判断，国际市场充斥大量低价粮源的状况短期内可能难有较大改变，特别是在美国、加拿大、巴西、阿根廷等美洲地区和柬埔寨、老挝、缅甸、印尼等东南亚地区，农业资源的开发潜力很大，我国巨大的粮食消费市场已成为这些国家和地区农业发展的重要出口[12]。为此，应按照"适度进口"的要求，抓住当前国际市场粮价低迷、供给充裕的有利时机，制定更加灵活的粮食进口政策，合理确定主要品种的进口规模，积极实施多元化差异化的粮食进口策略。其中，稻谷、小麦等主要口粮品种少量进口，主要用于品种调剂；玉米可适当扩大进口规模，特别是在临储政策调整直至退出的过程中，要把进口作为熨平国内玉米生产波动的一个重要途径，确保国内玉米市场基本稳定，而且从玉米国际粮源来看，可供选择的国家比较多，被控制的风险很小。同时，强化进口与储备的转换结合，从国际市场进口的低成本粮食可适量转化为国家储备，减少当期入市量，这样能够有效降低对国内粮食市场的直接冲击。在进口过程中要加大粮食走私的打击力度，强化进口粮食的检验检疫监管，合理运用非关税技术壁垒等措施，维护良好进口秩序。

"适度进口"能够为国内水土资源休养生息创造条件，通过对受损耕地进行修复、治理农业资源污染和加强农田水利设施建设，将从根本上提高我国的粮食生产能力[13]。要有计划、有步骤地对全国范围内具备条件的25度以上坡耕地、严重沙化耕地和重要水源地15-25度坡耕地实施休耕，增加植被覆盖度，减缓和控制水土流失，改善土壤质量。要针对耕地重金属污染、农业面源污染、地表水过度开发和地下水超采等突出问题开展综合治理，逐步建立与区域耕地资源条件相匹配的粮食发展格局。同时，加强农田水利设施建设，全面推进高产稳产高标准农田建设。根据农科院的测算，如果将现有中低产田全部改造为高标准农田，可新增粮食产量1600亿斤以上；将现有高产田经过设施的更新完善，也有亩产增幅5%的巨大潜力。粮食生产能力保护好了，就不用再去盲目追求高产量，这样也能为国家粮食收储体制的改革完善提供空间。

参考文献：

1.范恒山.三十年来中国经济体制改革的进程、经验和展望［J］.改革，2008（9）。

2.贺伟.我国粮食托市收购政策研究［J］.中国软科学，2011（9）。

3.任正晓.解决好吃饭问题始终是治国理政的头等大事［J］.求是，2015（19）。

4.施勇杰.新形势下我国粮食最低收购价政策探析［J］.农业经济问题，2007（4）。

5.程国强.中国粮食调控：目标、机制与政策［M］.北京：中国发展出版社，2012。

6.农业部农业贸易促进中心.粮食安全与农产品贸易［M］.北京：中国农业出版社，2014。

7.黄冬.亿亩污染耕地待修复［OL］.南方周末网，http：//www.infzm.com/content/105347。

8.李经谋.中国粮食市场发展报告［M］.北京：中国财政经济出版社，2015。

9.任正晓.在全国粮食流通工作会议上的报告［OL］.国家粮食局，http：//www.chinagrain.gov.cn.

10.王耀鹏.大豆目标价格初探［J］.宏观经济管理，2015（5）。

11.国家发展和改革委员会价格司.全国农产品成本收益资料摘要 2015 ［M］.中国统计出版社，2015。

12.尚强民.如何看待中国粮食进口量超亿吨［J］.中国粮食经济，2015 （3）。

13.张慧芳，吴宇哲，何良将.我国推进休耕制度的探讨［J］.浙江农业学报，2013（1）。

专题报告（三）：我国粮食直接补贴政策的增产绩效研究报告

内容简介： 本报告通过对我国粮食直补政策实施以来粮食生产变化情况进行分析，比较研究了我国现行的四种粮食直补方式优缺点和增产绩效，研究发现我国新疆地区采取的同农民交售商品粮数量挂钩补贴方式对于粮食增产的绩效显著高于其他补贴方式，对现行粮食直补办法增产绩效比较结论表明，按照农民交售商品粮数量挂钩进行补贴方式更能有效激发种粮农民积极性，这种补贴方式优点在于体现了"谁种粮谁得补贴，谁种粮多补贴就多"的基本原则，有利于促进粮食增产，保障国家粮食安全。

一、引言

国以民为本，民以食为天。历年来党中央、国务院一直高度重视粮食生产，始终把人民吃饭问题作为头等大事，不断加大对粮食生产的扶持力度，出台了一系列支农惠农政策，特别是在 2004 年粮食直补政策实施以来，全国 29 个省超过 6 亿多农民直接得到了实实在在的实惠和利益，对我国粮食产生了深远影响，农民种粮积极性极大提高，粮食产量和播种面积逐年持续增长，一举扭转了我国粮食生产出现的连续下滑态势，实现了自半个世纪以来我国粮食产量首次"八连增"，2011 年全国粮食总产量达到了 114242 亿斤，创出了历史新高，为加强宏观调控，保障国家粮食安全，促进经济社会发展奠定了坚实的基础。为此，本报告将基于我国粮食直补实施前后我国粮食生产基本情况，重点考察国家粮食直补政策实施以来我国区域粮食生产发生的重大变化，并针对当前我国实行四种主要粮食直补办

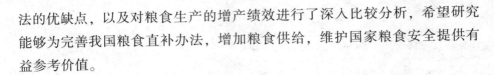

法的优缺点，以及对粮食生产的增产绩效进行了深入比较分析，希望研究能够为完善我国粮食直补办法，增加粮食供给，维护国家粮食安全提供有益参考价值。

二、我国粮食直补政策的增产效应分析

（一）粮食直补政策对粮食播种面积的影响

图1为1998-2010年全国粮食播种面积变化情况，从图中可以看出1998-2003年间我国粮食物播种面积出现了连续6年下降趋势，粮食生产形势十分严峻。在此背景下我国政府加大对种粮农民扶持力度，自2004年起开始实施粮食直补政策，极大调动了种粮农民积极性，当年粮食播种面积出现恢复性增长2196千公顷，彻底扭转了连续6年下降局面，截止2010年全国粮食播种面积达到109876千公顷，也实现了粮食播种面积的七年增长，粮食播种面积的恢复有力维护了国家粮食安全，为国家经济发展提供了重要的物质保证。

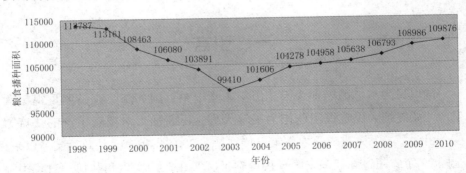

图1 1998-2010年全国粮食播种面积变化情况 单位千公顷

数据来源：2011中国粮食发展报告。

（二）粮食直补政策对粮食产量的影响

图2为1998-2010年全国粮食产量变化情况，从图中也不难可以看出1998-2003年间我国粮食产量连续6年减产，粮食生产形势十分严峻。为扭转粮食生产不断下滑趋势，保护种粮农民利益，维护国家粮食安全，2004

年我国政府果断出台了粮食直补办法，加大对种粮农民扶持力度，调动种粮农民积极性，2004年我国粮食总产量出现了恢复性增长，一举扭转了连续6年下降趋势，达到46946.9万吨，比上年增加3877.4万吨，增产9%，自2004年起我国粮食产量实现了连续七年增产，2010年全国粮食总产量达到了54647.7万吨，创出了历史新高。粮食的逐年增产也为国家加强宏观调控，促进经济社会平稳较快发展奠定了良好基础。

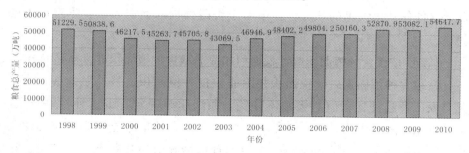

图2　1998-2010年全国粮食产量和播种面积变化情况

数据来源：2011中国粮食发展报告。

三、我国区域粮食直补方式分析

（一）按计税面积、计税常产或两者各占一定比例进行补贴的方式

按计税面积、计税常产或两者各占一定比例进行补贴的基本原则是在农户计税面积之内的土地，无论种植何种作物、种与不种对其给予相应补贴，与农民种粮、售粮均不挂钩，计税面积之外的土地（如农民开荒、整理滩涂而来的土地）即使种粮也得不到补贴，如辽宁、黑龙江、安徽、湖南、四川等省实行了这种粮食补贴方式。这种补贴方式的优势在于：一是补贴依据可以若干年不变，测算和发放补贴都比较简便。劣势在于：一是在种植经济作物、外出打工收益高于种粮收益情况下，农民在得到补贴之后，往往也不种植粮食，不利于良田面积的稳定和促进粮食生产发展。二是对于低产田与常产田、高产田同样得到补贴，不能体现粮食质量、粮食产量和管理水平的高低，不利于耕地利用，也不利于推广新品种、新技术

和先进经验。三是对于自用粮、市场粮、交售国库粮一并补贴，不利于国家粮食储备。四是分散了粮食补贴的目标，实际上是将对粮食的补贴扩大为对整个农业的补贴，将对种粮农民的"特惠"政策，扩大为对全体农民的"普惠"政策；脱离了改革政策的设计初衷。五是因为实际上种经济作物的收益一般远高于种粮食作物的收益，农民应税土地上无论种什么作物，甚至种树、养鱼、荒芜，都可照领"粮食直补"，种粮者明显感到吃亏，如此势必挫伤种粮农民的积极性，不利于粮田面积的稳定和粮食生产能力的提高。

（二）按粮食种植面积或计税面积扣除非粮食种植面积进行补贴的方式

按粮食种植面积或计税面积扣除非粮食种植面积进行补贴的基本原则是与农民种粮挂钩，但与售粮不挂钩，如湖北等省实行了这种补贴方式。这种补贴方式的优势在于：一是能够给农民只有种粮才能得到补贴的明确信号。不足在于：一是由于单一农户的种植情况每年或每季都在变化，核定、检查粮食种植面积比较复杂，工作量较大，易出现虚报种植面积、套取粮食直补资金的情况。二是两种补贴方式与第一种补贴方式一样都不与粮食出售的商品粮挂钩，在市场价较低时，需国家启动最低收购价或临时收储政策保护种粮农民利益，在市场价格高时，政府掌握粮源困难，不利于增强调控粮食市场能力。

（三）同储备粮轮换数量挂钩补贴的方式

同储备粮轮换数量挂钩补贴方式基本原则是补贴的粮食品种、数量，与当年储备粮的轮换相结合，通过地方储备粮企业与农户签订订单，对交售订单粮食的农户进行补贴。当市场粮价高于政府确定的订单收购价（一般为国家公布的最低收购价）时，允许农户在市场上自行销售；当市场粮食价格低于订单收购价时，收购企业按订单收购农户的粮食，并给予补贴，如浙江、福建、广西等省（区）实行这种补贴方式。它的优势在于：一是体现了保护主产地种粮农民利益、调动种粮积极性的补贴效果，二是由于采取订单收购方式，在订单收购之内的农户既能以不低于订单收购价的价格出售粮食，又能销售补贴，在订单之外的农户，虽不享受补贴，当订单价格有效地引导、支撑了市场粮价，部分农户仍享受到了粮价上涨带来的利益，如广西通过订单收购，每年可让农民增收 10 亿元，三是有利于稳定储备粮轮换的粮源，发挥国有粮食企业主渠道作用，增强政府调控市场、稳定市场的能力。劣势在于：这种补贴方式也存在操作程序比较复杂，易发生卖"转圈粮"现象。

（四）同农民交售的商品粮数量挂钩补贴方式

同农民交售的商品粮数量挂钩补贴方式的基本原则是补贴的品种为小麦和稻谷，由国有粮食企业（包括中央、地方储备粮企业）按市场价收购，在收购价外按照每公斤0.20元、0.21元的标准给予售粮农户补贴，其中最大的特点是农户交售的商品粮敞开收购、敞开直补，如新疆实行这种补贴方式。这种补贴方式的优势在于：一是完全实现了与农民交售商品粮数量挂钩，真正体现了"谁种粮、谁受益，多种粮、多受益"的原则。二是补贴方式做到了"四满意"。一是农民满意，增加了收入，2010年粮食直补及相关政策促农增收23亿元。二是政府满意。近年来新疆粮食产量、收购量增加，政府调控粮食市场的能力大大增强。三是消费者满意。粮源充足，市场粮价平稳，满足了消费需求。四是国有粮食企业满意，在收购市场上发挥了主渠道作用，经济效益明显增长。劣势在于：这种补贴需要的资金量大，因此在粮食主产省商品粮多的地区推行的难度可能较大。

以上对各地区粮食直补方式实施调研情况进行了分析，可以看出由于各地粮食直补办法的差异，特别是多数粮食主产区的直接补贴没有同粮食播种面积、产量和交售商品粮数量挂钩，粮食直补演变成农户收入补贴，难以与国家粮食宏观调控形成合力，促进粮食生产的政策效应逐步减弱，也不利于国家掌握调控市场的粮源。

四、我国区域粮食直补方式的绩效比较研究

（一）地区粮食直补方式对粮食增产绩效的比较分析

表1为2003年以来我国不同粮食补贴方式地区粮食产量增长情况，根据各地区补贴方式差异将粮食直补方式分为四类，从表中比较可以看得出四种补贴方式较直补政策实施前各地区粮食增长情况，按照补贴方式1-4的地区粮食产量较补贴实施前（基期为2003年）分别增长了17.59%、12.8%、-10.15%、37.87%。四类补贴方式对粮食产量增长绩效比较分析我们不难发现粮食直补方式1和2对该地区粮食增长起到了一定的促进作

用，补贴方式3则对粮食增长并没有产生实际作用（可能主要由于采用该补贴方式的地区主要为沿海经济发达地区，使用补贴种植其他农业生产能效效益比生产粮食更高），而补贴方式4对于粮食产量的增长绩效显著高于其他补贴方式，这说明粮食直补同农民交售的商品粮数量挂钩的补贴方式能够显著的促进地区粮食增长。

表1 不同粮食补贴方式地区粮食产量增长情况

单位：万吨

	补贴方式1地区	补贴方式2地区	补贴方式3地区	补贴方式4地区
2003	12850.3	2047.0	3192.3	835.6
2004	11722.2	1921.0	2971.7	775.48
2005	13250.7	2100.1	2969.9	796.5
2006	13332.8	2177.4	3017.2	876.6
2007	13531.7	2210.1	3048.7	902.2
2008	13918.5	2185.4	2760.3	867.04
2009	15053.6	2227.2	2822.6	930.5
2010	15111.2	2309.1	2919.3	1152
较补贴前累计增长%	17.59%	12.8%	-10.15%	37.87%

注：1. 补贴方式1地区是指按计税面积、计税常产或两者各占一定比例进行补贴地区粮食总产量，主要包括辽宁、黑龙江、安徽、湖南、四川；补贴方式2地区是指按粮食种植面积或计税面积扣除非粮食种植面积进行补贴地区粮食总产量，主要包括湖北；补贴方式3地区是指同储备粮轮换数量挂钩补贴地区粮食产量，主要包括浙江、福建、广西；补贴方式4地区是指同农民交售的商品粮数量挂钩补贴地区粮食总产量，主要包括新疆。2. 因粮食直补开始于2004年，表中较补贴前增长率是指比2003年粮食产量增长情况。

（二）地区粮食直补方式对粮食播种面积绩效的比较分析

表2为2003年以来我国不同粮食补贴方式地区粮食播种面积增长情况，

从四类补贴方式对粮食播种面积增长绩效比较分析我们不难发现粮食直补方式 1 和 2 对该地区粮食增长起到了一定的促进作用，播种面积分别增长了 6.4%、2.4%，补贴方式 3 则对粮食播种面积增长实际作用为-11.9%（可能主要由于采用该补贴方式的地区主要为沿海经济发达地区，使用补贴种植其他农业生产能效效益比生产粮食更高），而补贴方式 4 对于粮食播种面积增长起到了显著的促进作用，播种面积较补贴前增长了 34.1%，对粮食播种面积增长绩效显著高于其他补贴方式，结论同样表明粮食直补同农民交售的商品粮数量挂钩的补贴方式能够显著的促进地区播种面积增长。

表 2　不同粮食补贴方式地区粮食播种面积增长情况

	补贴方式 1 地区	补贴方式 2 地区	补贴方式 3 地区	补贴方式 4 地区
2003	40019.7	7355.0	12025.7	3478.3
2004	39762.2	7138.3	11632.4	3535.0
2005	40085.8	7155.9	11665.9	3592.3
2006	40510.7	7279.4	11808.4	3731.2
2007	41118.9	7350.3	11743.1	3817.9
2008	41125.2	7030.0	10248.4	4202.6
2009	41775.1	7298.3	10398.7	4486.7
2010	42580.4	7527.5	10589.3	4663.8
较补贴前累计增长%	6.4%	2.4%	-11.9%	34.1%

五、结论与政策启示

本报告通过对我国粮食直补政策实施以来粮食生产变化情况分析，重点针对我国区域主要实行的四种粮食直补方式优缺点与其粮食增产绩效进行比较研究，研究发现辽宁、黑龙江、安徽、湖南、四川等省（区）按计税面积、计税常产或两者各占一定比例进行补贴的方式和湖北等省（区）按粮食种植面积或计税面积扣除非粮食种植面积进行补贴的方式对区域粮食增产起到了一定积极促进作用，而浙江、福建、广西等省（区）同储备粮轮换数量挂钩补贴的方式对该区域粮食增产作用不明显，我国新疆地区采取的同农民交售的商品粮数量挂钩补贴方式则对于粮食增产的绩效显著高于其他补贴方式，结论说明粮食直补同农民交售的商品粮数量挂钩的补贴方式对激发农民种粮积极性，促进粮食增长的作用明显优于其它三种直补方式。从现行的粮食补贴办法的增产绩效比较得出的结论表明，新疆地区实行的按照农民交售的商品粮数量挂钩进行补贴的方式能够更有效的激发种粮农民积极性，促进粮食增产，这种补贴方式较好的体现了谁种粮谁得补贴，谁种的多补贴就多的思想，既兼顾了公平，也提高了补贴效率。根据以上研究结论，本报告对完善我国粮食直补的具体操作办法提出以下几点启示和政策建议：

第一，从当前我国大多数地区粮食直补实行的情况来看，补贴没有将种粮、不种粮、种其他经济作物分开，十分不公平，使得本不该得补贴的得到补贴，真正种粮的却亏损了，且种粮越多亏得越多，补贴没能有效发挥其调动广大种粮农民的积极性，只有把钱补贴给那些真正种植粮食的农民，才可以做到既节约资金，让国家有限的资金发挥出最大的效益，更有利于调动那些真正种植粮食的农民的种粮积极性，确保我国的粮食安全。

第二，在全国推广和扩大采取与交售商品粮数量挂钩的粮食直补方式。主要理由是：一是该办法对交售商品粮的农民给予直接补贴，能够真正体现"种粮得补贴，多种粮多得补贴"的原则，使农民种粮获得实实在在的利益，吃上"定心丸"，放心发展粮食生产；二是采取价外补贴的方式，在提高种粮比较效益的同时，有利于市场机制发挥作用，避免不断提高收购价格对市场粮价的影响；三是有利于灵活调整补贴区域、品种和标准，促进逐步解决我国粮食供求品种结构、区域结构不平衡的矛盾，特别是促进主销区、产销区平衡区提高或稳定粮食自给率；四是与按种植面积、产量补贴相比，按商品粮补贴有利于避免核实种植面积、产量难度较大的问题，并有利于政府掌握粮源，增强宏观调控能力。

第三，要在多方筹措粮食直补资金基础上，合理确定补贴标准，进一步完善粮食直补下拨和兑现办法。一是考虑到全部商品粮都实行价外补贴可能导致财政负担加重，补贴资金来源应按照"谁用粮，谁补贴"的原则，分别由中央和地方政府负担。二是补贴标准可依据国家财政的承受能力和用于直补部分的粮食风险基金数额，考虑市场粮食价格水平和农民种粮成本加适当的收益，确定当年每百斤商品粮补贴标准。为充分发挥粮食风险基金的调节作用，市场粮价高、农民种粮效益好的年份可以少补，市场粮价低、农民种粮效益差的年份则多补；三是补贴资金由财政部门逐级下拨，直到在乡（镇）财政所开设的"粮食直补资金专户"，在农户交售商品粮后，通过农补网"一卡通"（或一折通）直接支付给农户。

参考文献

1.陈薇.粮食直接补贴政策的效果评价与改革探讨［J］.农业经济，2006（8）：12-14。

2.王姣，肖海峰.中国粮食直接补贴政策效果评价［J］.中国农村经济，2006（12）：4-12。

3.韩喜平，莴荔.我国粮食直补政策的经济学分析［J］.农业技术经济，2007（3）：80-84。

4.孔玲.对我国粮食直接补贴政策的分析与评价［J］.农业科技管理，2006（3）：58-60。

5.刘鹏凌，栾敬东.安徽省粮食补贴方式改革效果的调查与分析［J］.农业经济问题，2004（9）：16-19。

6.李晓敏，毕广杰.关于粮食直补政策的几点思考［J］.农村财政与财务，2009（4）：22-23。

7.刘艳，吴平.我国粮食直补政策效应的实证分析［J］.农村经济，2012（1）：17-20。

8.孟春，李力文.粮食直补效应分析及政策建议.中国经济时报，2004年12月17日。

9.农业部产业政策法规司课题组.粮食补贴方式改革探讨［J］.农业经济问题，2003（5）：4-9。

专题报告（四）：我国粮食价格支持政策对农户种粮行为影响研究报告

内容简介：自 2004 年我国粮食直接补贴政策实施以来，其政策执行效果备受关注。以湖北省产粮大县监利县为例，对粮食补贴执行情况、实施效果进行了实地调研，调研发现粮食补贴政策的实施有效地保护了农民的利益，在一定程度上提高了农民的种粮积极性和种粮农民收入，对于保障国家粮食安全发挥了重要积极作用，但同事在调查中我们也发现粮食补贴政策在实施过程中也遇到一些困难和问题，对此提出了有针对性的措施建议。

一、调查概况

调查目的：了解粮食生产、补贴相关政策措施，以及政策措施对农民生产、生活、种粮方式、农业生态环境和种粮收入的影响。

调查对象：为监利县周老嘴镇、黄歇口镇，监利县位于湖北省中南部，是全省粮食大县、油菜大县、畜牧大县、水产大县、蔬菜大县、平原林业示范县，全国首批农业示范县。全县农业总产值 137.5 亿元，较上年增长 9.6%；农民人均年纯收入 8354 元，较上年增长 13.9%；粮食总产 27.2 亿元，继续位居全省第一。

调查方法：主要采用走访调查和问卷调查的形式对监利县的农民进行调查。总计发出调查问卷 71 份，回收有效问卷 69 份，整体回收率达 97%。

调查时间：2013 年 7 月。

二、调查数据的分析

基本情况调查（一）

1-1. 农户家庭基本情况：您的年龄是＿＿＿岁，家庭总人口数量＿＿＿人，您家承包耕地＿＿＿亩，参与农业生产的人数＿＿＿人。

据调查显示：大多数务农人员都是老龄人群，家庭总人数一般有 4 到 5 人，调查地"周老嘴镇"相比"黄歇口镇"人均承包地 1.5 亩左右的情况下只有 0.4 亩左右，而务农人员基本上只有家里的老人。

1-2. 是否清楚粮食直补政策：

A、清楚　　　B、了解一些但不是很清楚　　　C、没听说过

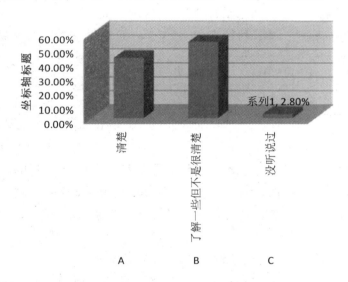

据调查显示：对粮食直补政策清楚的人有 42.9%，了解一些但不是很清楚的人有 54.3%，还有 2.9% 的人基本上没听说过。这说明大部分人对粮食直补政策还是有了解的，但是都不是特别清楚，这反映政府做了宣传工作，但还需继续努力宣传。

1-3. 是否享受过粮食直补资金：

A、享受过　　　B、没享受过　　　C、其他　　　（可文字说明）

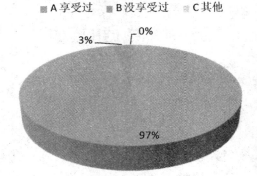

据调查显示：绝大部分人领到了粮补资金。这说明了绝大部分的农民拿到的国家给予的粮食补贴，但是仍有极少部分人因各种原因未领到补助资金，未达到百分之百人都能领取，政府部门的工作还需加强。

1-3. 您对粮食直补政策是否满意：

A、非常满意　　　B、比较满意　　　C、一般满意　　　D、不满意

选项	A	B	C	D
份数	33	21	13	2
所占比例	47.8%	30.4%	18.8%	3.0%

据调查显示：对粮食直补政策非常满意的人有47.8%，比较满意的人有30.4%，一般满意的人有18,8%。不满意的人有2.9%。这说明在这个项目上，大部分人还是感到满意的，但仍有一部分人也对这项惠民政策不太满意。

1-4. 您是否及时足额领取到了粮食直补资金

A、是　　　B、领到但不及时　　　C、领到但不足额　　　D、没有领到

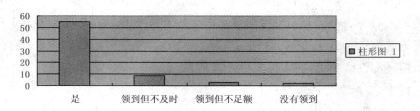

据调查显示：普遍农民反映能及时并且足额领到粮食直补资金，少部

分农民反映没有及时或者没有足额领到补助资金，还有极少农民反映自己没有领到补助资金。这说明粮食直补金额在发放过程中得到了大部分农户的认可，但也存在要改进的地方，要及时发放农民的补助资金，并且核对金额是否正确。

1-5. 你对粮食直补政策补贴金额的看法：

A、金额足够　　B、金额较小，应再调高一些　　C、没意见

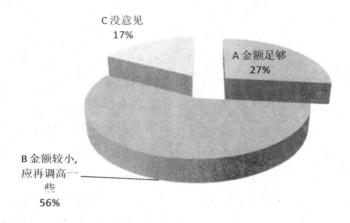

据调查显示：对粮食直补政策补贴金额的看法中，有26.6%的人觉得金额足够；觉得金额较小，应再调高一些的人占56.3%；还有17.2%的人没意见。这说明绝大部分人觉得补助金额较小，应该还调高些，在物价上涨的同时补助金要是太低就起不到什么作用。

政策对生产的影响调查（二）

2-1. 粮价是您家决定粮食种植面积的：

A、最重要因素　B、比较重要　　C、一般　D、不太重要　　E、不重要

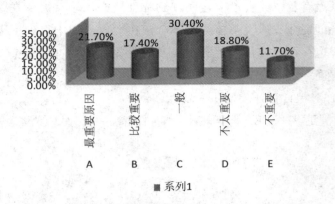

据调查结果显示：21.7%的人认为粮价是种粮面积的决定性因素，17.4%的人认为比较重要，而占30.4%的人认为粮价只是一个影响因素，18.8%的人觉得粮价不太重要，只有11.6%的人认为粮价并不重要。据我们调查，农民的生活水平都不太一样，且在家务农人群以中老年人为主，有的以种粮为生，有的种粮只是为了打发日常生活时间，所以粮价对他们种粮的影响都不尽相同，但总体来说，粮价是农民在生产生活中的一个重要组成部分。

2-2. 您认为目前粮食直接补贴能抵消农业物质（种子农药和化肥等）的价格上涨？

A、补贴没有这些农业物资涨价来得多　　B、差不多持平

C、补贴比这些物资涨价来得多　　　　　D 、不适用

选项	A	B	C	D
份数	49	13	4	3
所占比例	71.0%	18.8%	5.8%	4.4%

据调查结果显示大部分人认为补贴款不能与农业物资的上升部分持平，近五分之一的人两者差不多能持平，少部分人认为补贴款比物资上升部分多，也有少部分人认为两者不可比较。社会不断在发展，随之上升的是各种商品的价格，大部分人都认为物价上升的太快导致其收益下降，生活也得不到明显的提高。

2-3. 您认为对您扩大粮食种植面积最有用的粮食补贴是什么？

A、生产资料补贴（包括良种补贴、农机补贴等）　　　　B、收入补贴

C、保护价补贴　　D、其他（请注明原因　　　　　　）

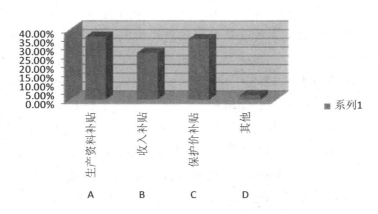

据调查结果显示：36.0%的人认为对生产资料进行适当的补贴很有必要，26.7%的人认为需要进行收入补贴，从而保证他们的收益，34.7%的人认为需要实施保护价的补贴，2.7%选择了其他。因生产资料价格不断上升，且粮价也一直起伏不定，当谈到补贴对象时，农民普遍对生产资料，保护价的呼声比较高，同时，他们也希望能得到一定的收入补贴，以填补物价上涨，粮价变动的差价，这样可以提高他们种粮的积极性，扩大种粮面积。

2-4. 您认为粮食生产过程中还有哪些地方应该补贴?

A、生产资料补贴　　B、水耕地资源保护补贴　　C、农贷补贴
D、良种补贴　　E、农机具补贴　　F、灌溉补贴　　G、家户农田水利建设补贴　　H、收入补贴　　I、保护价补贴　　J、其他（　　　）

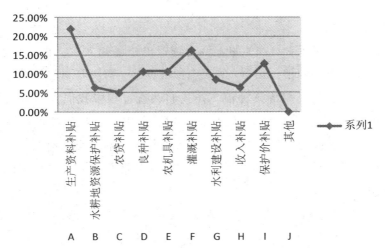

据调查结果显示：22.0%的人认为生产资料补贴很重要，6.4%的人认为需要进行资源保护补贴，5.0%的人觉得农贷方面需要有关部门给予一定的优惠，10.6%的人觉得种子是种粮的重要组成，需要对它进行适当的补贴，同样地，也有10.6%的人认为农机具和种子一样占有重要地位，在灌溉方面，一些农民是采用的河水灌溉，需要用到抽水泵，柴油等，而众所周知，现在油价一直处于爬坡阶段，抽水泵的价格也比较高，所以有16.3%的人希望能得到灌溉补贴，8.5%的人认为搞好水利建设能方便他们的生产生活，还有6.4%和12.8%的人认为收入补贴和保护价补贴很重要。

2-5. 化肥、农药涨价了，您有没有考虑过不种粮了？

A、考虑过，准备不种了　　B、考虑过，准备少种点　　C、没有考虑过，继续种。

■A考虑过，准备不种了　■B考虑过，准备少种点

■C没有考虑过，继续种

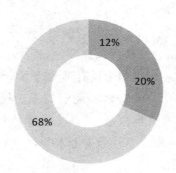

据调查结果显示：11.6%的人认为物资价格涨幅太大，种粮收益不高，考虑是否还要继续种粮，20.3%的人想少种点粮，解决基本口粮就行，而有高达68.1%的人还是想继续种粮。在我们调查过程中我们发现，很多农民都已经把种粮当成了自己的一种生活习惯，所以不管物资如何上涨，大部分人也还是不想改变多年来的习惯，只是少数人的种粮动机有少许改变。

2-6. 这几年国家推行的种粮直补，取消农业税等优惠政策对您家钟粮积极性的影响：

A、没什么影响　　B、有一些促进，但不大　　C、有一些促进

D、大大提高了积极性

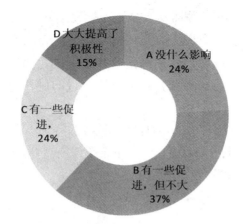

据调查结果显示：26.5%的人认为这些优惠证策对他们的种粮积极性影响不大，41.2%的人认为这些政策对他们稍有一点影响，26.1%的人说有优惠，他们觉得很高兴，16.2%的人认为政策是真正为人民服务的，有了好的政策，他们做事及积极性也大大提高了。近几年国家在农业方面给予了极大的鼓励，也从实际出发，实行了优惠政策，大部分人对此还是深表欣慰的。

2-7. 您认为目前影响农民种粮积极性的最重要因素是：

A、种粮补贴数额太低　　B、粮价太低　　C、种粮比较收益低

D、农户家庭耕地面积太少　　E、其他（如：_____）

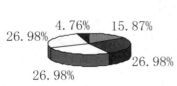

- A粮食补贴数额太低
- B粮价太低
- C种粮收益低
- D农户耕地面积太少
- E其它

据调查结果显示：13.0%的人觉得补贴数额太低，不能从根本上解决问题，23.2%的人认为农民种粮主要是为了谋生，粮价太低是影响他们积极性的最大的因素，26.1%认为种粮收益太低了，这严重影响了他们的积极性，

33.3%的人觉得家庭的耕种面积太少了，导致其效率太低，4.3%的人选择了其他。从总体上看，农民主要是认为种粮的收益太低，导致他们的积极性不高，而导致这一问题产生的因素是多方面的，比如粮价太不稳定，一直达不到农民的期望值，再者就是家庭所分得的耕种面积太少，总收益比较低。

2-8. 实行粮食直补后，您的种粮面积有哪些变化？

A、补贴后比补贴前多　　B、补贴前后没有变化　　C、种粮面积与补贴没有关系　　D、面积减少

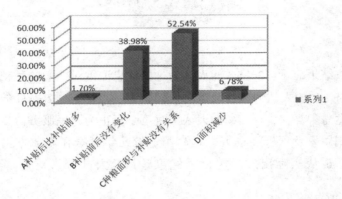

据调查结果显示：7.5%的人说实行直补后，种粮面积增加了，32.8%说补贴前后没有多大的变化，52.2%的人觉得种粮的面积与补贴没有关系，7.5%的人说种粮面积比以前减少了。据我们了解，农户的种粮面积是地方政府按照家庭人口数和地方所拥有的总耕地面积而定的，与补贴并没有多大的关系，但是也不排除因农户个人的情况而导致耕种面积的变化，如有的农户会租赁其他农户的土地进行耕种。

2-9. 您种粮食面积变化的主要原因有哪些？

A、粮食价格下降　　B直补政策　　C生资价格上涨　　D土地减少

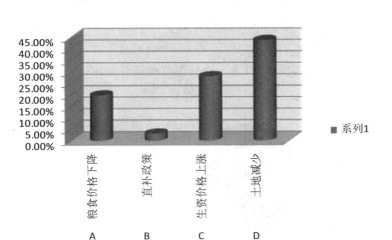

据调查结果显示：19.8%的人说粮价是影响种粮面积的主要因素，3.1%的人觉得国家政策在分配种粮面积方面占主导地位，28.1%的人认为生产资料的价格会导致收益的多少，所以它也会影响种粮面积，43.8%的人认为土地减少了，自然而然地能用于耕种的土地面积也就小了。种粮面积从很大程度上决定了农民的收益，如果单位面积的收益比较低，农民耕种的面积也会相应减少，当然本身的土地面积也是一个根本问题。

2-10. 您为什么选择种粮食？

A、省工、不拴劳力　　B 不懂技术　　C 解决基本口粮　　D 习惯

E 没有其他作物可种

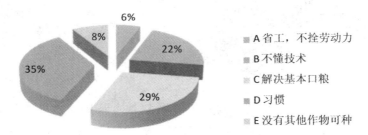

据调查结果显示：5.8%的人说种粮比较自由，不受拘束，21.7%的人说因为不懂其他行业的技术，只能选择种粮，29.0%的人说民以食为天，种粮就是为了解决基本的口粮问题，34.8%的人说种粮就是一直以来的生活习惯，8.7%的人说当地的土质比较适合种粮食，所以就选择了种粮。从他们

的回答中我们可以看出，不管他们是处于怎样的原因，种粮对他们来说，都是一件比较乐意做的事。

2-11. 如果有非农就业机会，您还愿意继续种粮吗？

A、愿意　　　　　　B、不愿意

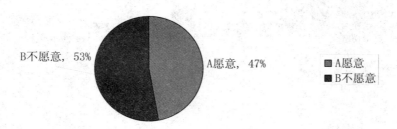

B不愿意，53%　　　　　　A愿意，47%　　　　■A愿意　　■B不愿意

据调查结果显示：47%的人说如果有机会，他们愿意从事其他的职业，53%的人说即使有其他的职业机会可选，他们也还是愿意种粮。这个问题的答案比例可谓是平分天下，转业的问题主要和个人的兴趣爱好，思维观念有关，我们可以通过改善社会环境来拓宽他们的选择范围。

2-12. 你家的补贴款发放到你手中后，其用途？

A、购买了生产资料，如化肥、农药或用于灌溉等　　B、购买了生活用品，如烟酒等　　C、正在存折上存着　　D、其它用途

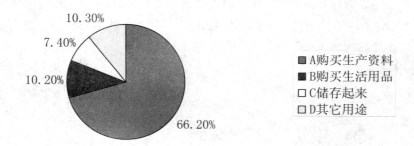

10.30%
7.40%
10.20%
66.20%

■A购买生产资料
■B购买生活用品
□C储存起来
□D其它用途

据调查结果显示：66.2%的人说补贴款基本都用于农业生产开销了，16.2%的人说补贴款用于购买了生活用品，7.4%的人将补贴款交给了银行，还有10.3%的人说用于了其他用途。补贴款也相当于农民的收入组成部分，所以没有具体的消费对象的界定，但农民的日常生活都与种粮相联系，自然大部分补贴款就用于了农业生产资料的购买。

粮食补贴政策对生活的影响调查（三）

3-1. 您家现在的生活怎样？

A、很清苦　　B、比较清苦　　C、一般　　D、较富裕　　E、富裕

选项	A	B	C	D	E
份数	1	10	53	5	0
所占比例	1.5%	14.5%	76.8%	7.2%	0%

　　据调查显示：普遍农民认为自己现在生活一般，极少部分人仍然过得很清苦，没有人觉得现在家里生活很富裕。随着国家出台的各种惠农政策，农民的生活水平得到了一定的改善，但没有显著提高。

　　3-2. 您认为粮食直补政策对您的生活影响是（　　　　）

　　A、没有影响，可以忽略不计　　　B、相比以前，生活有一定改善

C、生活改善明显

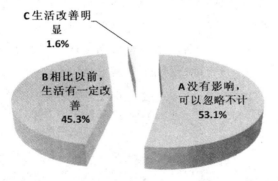

　　据调查显示：有一半的人认为粮食直补政策对自己的生活没有影响，可以忽略不计；有45.3%的人认为相比以前，生活有一定改善；极少人认为粮食直补政策对自己生活改善明显。这说明粮食补贴政策对不同家庭的帮助不同，总体来说粮食直补对农民的生活有一定的的改善但不太明显。

　　3-3. 就您家来说，在农村务农是：

　　A、很乐意　　B、比较乐意　　C、无所谓　　D、不太乐意

E、很不乐意

■A很乐意 ■B比较乐意 ■C无所谓 ■D不太乐意 ■E很不乐意

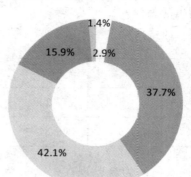

据调查显示：很乐意在农村务农的人占2.9%；比较乐意在农村务农的人占37.7%；持无所谓态度的人占42%；不太乐意在农村务农的人占15.9%；很不乐意在农村务农的人占1.4%。这说明在务农方面大多数人秉承老一辈的习惯，认为在家务农是理所应当的事，对是否在家务农采取无所谓的态度；而还有相当一部分人认为在家务农其实还不错，无论如何，还是有一部分人不太愿意在农村务农，宁愿外出打工。

3-4. 这几年国家推行的种粮直补、取消农业税等惠农政策有没有导致至少一名家庭成员（选受影响最大的一位）

A、放弃打工回乡务农   B、放弃外出打工念头   C、动摇外出打工念头   D、影响较小   E、完全无影响

据调查显示：这几年国家推行的种粮直补、取消农业税等惠农政策对大部分人来说影响较小，没有放弃打工回乡务农，而这部分人群中年轻人

和中年人所占比重最多，说明年轻人和中年人还是更愿意去外面发展不愿意务农。也有小部分人放弃外出打工回乡务农。这说明了在这几年国家推行的种粮直补、取消农业税等惠农政策对大部分家庭影响其实不是很大，但还是在一定方面使农村家庭成员有留在农村务农的念头，虽然作用不是很大，但还是鼓舞了农民的种粮热情。

3-5. 您认为对您增收影响最大的粮食补贴是什么？

A、生产资料补贴（包括良种补贴、农机补贴等）　　B、收入补贴

C、保护价补贴　　D、其他（请注明原因＿＿＿＿＿＿）

选项	A	B	C	D
份数	31	18	20	0
所占比例	44.9%	26.1%	28.9%	0%

据调查显示：近一半农民认为生产资料补贴对增收影响最大，近四分之一的农民认为收入补贴对增收影响最大，近三分之一的农民认为保护价补贴对增收的影响最大。说明不同农户的种粮多少不同及方式的不同决定了他们更希望哪种补贴，种粮较少的会看重收入补贴，种粮多的会更看重保护价补贴，也就是保证粮食的最低收购价，而机械化生产的农户则比较看重生产资料补贴。

3-6. 您认为政府应该采取哪种措施最能提高农民种粮收入？（　　）

A、提高粮食价格　　B、提高种粮补贴标准　　C、加强对农资市场管理，降低粮食生产成本　　D、完善社会化服务体系，解决农民后顾之忧

E、其它（请具体说明）：＿＿＿＿＿＿＿＿＿＿＿＿＿

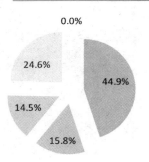

0.0%

24.6%

44.9%

14.5%

15.8%

■ A 提高粮食价格　　　　　　　　　　■ B 提高种粮补贴标准

■ C 加强对农资市场管理，降低粮食生产成本　■ D 完善社会化服务体系，解决农民后顾之忧

■ E 其他

据调查显示：在对政府将采取的政策中认为提高粮食价格最能提高农民种粮收入的有 44.9%；认为提高种粮补贴标准的人有 15.9%；认为加强对农资市场管理，降低粮食生产成本 14.5%；认为完善社会化服务体系，解决农民后顾之忧的人有 24.6%。这说明农民在众多的政策的实施中最希望的是提高粮食价格，其次是完善社会化服务体系，为农民解决后顾之忧，在提高种粮补贴标准、加强对农资市场管理，降低粮食生产成本方面也给予了相应的期望。

粮食补贴政策对生产方式的影响调查 （四）

4-1. 您目前种粮的主要灌溉方式是：

A、看天收　　　B、担水　　　C、河水灌溉　　　D、开采地下水

E、水渠灌溉

据调查数据显示：14.1% 的农民是看天收，25.4% 的农民是选择担水，53.2% 的农民是选择河水灌溉，另外 10.4% 的农民选择水渠灌溉。可知当地大部分农民都选择河水灌溉的方式。

如果您选择 D 开采地下水，请回答下一题，如不是，请跳过下面问题

如果政府对您种粮灌溉方式给予补贴您会选择其他环保灌溉方式吗?

A、会　　　B、不会　　　C、看补贴的金额是否能够弥补增加的成本

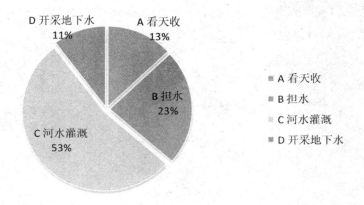

数据显示当地弄明基本都没有选择开采地下水的。

4-2. 目前政府对您种粮灌溉方式是否有补贴：

A、有　　　B、没有，如果有每亩____元　　　C、不清楚

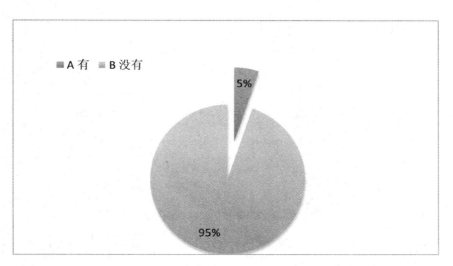

据数据显示：5.2%的农民有得到补贴，而94.8%的农民没有的得到补贴。

4-3. 您认为当前政府粮食补贴政策是否有利于农业生态环境的保护？

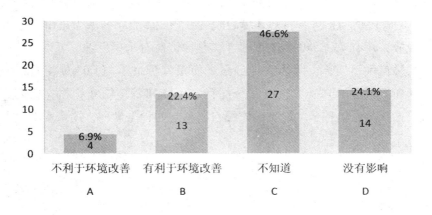

A、不利于环境改善　　B、有利于环境改善　　C、不知道　　D、没有影响

据数据显示：4.9%农民认为不利于环境改善，22.4%的农民认为有利于环境改善，44.6%的农民不了解，24.1%的农民认为没有影响。可见当地几乎一半的人对粮食补贴在改善环境方面不是很了解，粮食补贴政策没有直接影响到环境方面．

4-4. 您目前种植的是良种吗？

A、是的　　　　　B、不是

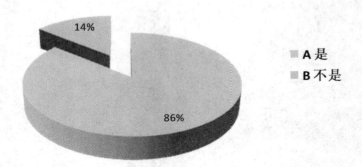

据数据显示：86.2%的农民选择是良种，13.8%的农民选择的不是良种，良种使用率很高。

导致您没有选择最优种的原因是

A、良种价格太高　　B、自然环境限制　　C、粮价不高　　D、其他

据数据显示：没有选择良种的原因，18.2%的农民认为良种价格太高，18.2%的农民认为是有一自然环境的限制，18.2%的农民认为是由于粮价不高的缘故，还有45.5%的农民是由于其他原因没有选择良种. 可见多数农民是觉得种良种不划算，因为两种价格高而粮食价格不高，产量相差不是很明显，在卖粮食的时候也没有区分优良农作物和稍差的农作物，所以，有的农民选择种普通种子. 也有的农民自己家吃的种是良种，用来卖的是旧种普通种子。

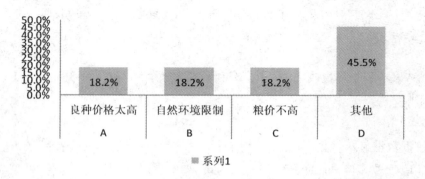

4-5. 您赞同政府对绿色生产方式（对环境友好的方式）补贴吗？

A、赞同　　　　　B、不赞同

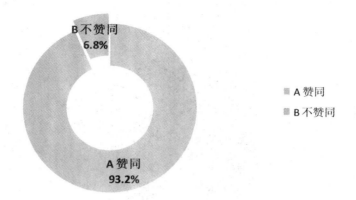

据数据显示93.2%的农民选择赞同，6.8%的农民选择不赞同。可知农民对生态环境保护的意识比较强烈，他们也是在为子孙后代着想，假如土地质量越来越差，受损失的将是每一个人，所以，绿色生产方式才是长远之计。

4-6. 您家的农具所有方式为：

A、全部自有　　　B、部分自有　　　C、全部与别人共有　　　D、其他

选项	A	B	C	D
份数	30	30	6	3
所占比例	43.5%	43.5%	8.7%	4.3%

调查发现近一半农户所拥有的农具是属于全部自有，也有近一半农户所使用的农具属于部分自有，少数农户使用的的农具是全部与别人共有，少数农户是采用一些其他的方式使用农具。农户农具基本的大部分都是自有的。

4-7. 前期广州地区的镉大米事件您知道吗？你对此怎么看？

A、应对高品质和低品质粮食制定不同的最低保护价格

B、当期粮食补贴政策生产只注重增产，忽略环境保护的结果

C、国家补贴政策对环境保护缺乏政策引导

D、应该加大对粮食收购环节粮食质量监测力度

E、不知道

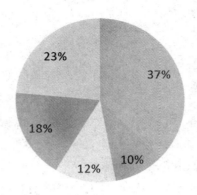

调查显示 41.3%的人认为应对高品质和低品质的粮食制定不同的最低保护价，他们认为高品质的粮食应该以高价格收购，10.9%的农户认为该事件是由于粮食补贴政策只重视生产而忽略环境保护的结果。13.0%的农户认为国家补贴政策对环境保护缺乏政策引导，认为国家应该针对环境保护提出一些政策。19.6%的农户认为应该加大对粮食质量监测的力度。而 26.1%的人表示不知道该事件。粮食是每个人的必须品，所以粮食的质量就显得尤为重要，国家应注重粮食安全的监督，向农民宣传要注重粮食的质量而不是一味的注重产量而出现像毒奶粉，瘦肉精，地沟油等类似的危害人类安全的事件.

4-8. 如果您采用了绿色生产方式进行粮食生产导致生产成本的上升，您最希望政府采取什么政策进行补偿。

A、提高粮食价格　B、提高种粮补贴标准　　C、对生产成本上升环节给予补贴

D、其它（请具体说明）：_____

选项	A	B	C	D
份数	34	23	12	0
所占比例	49.3%	33.3%	17.4%	0%

数据显示：一半农户认为应采用提高粮食价格的方式补偿，三分之一的农户认为应采用提高种粮补贴标准，少数农户认为应对生产成本上升环节给予补贴。可见半数农民是更愿意通过提高粮食价格来保障收入的，对农民来说，粮价的稳定，粮价的高低最能影响农民的收入。

4-9. 您享受到国家农机具补贴了吗？（A、享受到　B、没有享受　C、不清楚），没有享受的原因是

目前农机具补贴对您种粮的机械化程度影响：

A、很低　　B、比较低　　C、一般　　D、较高　　E、很高

F、仅对购买农机具农户有影响

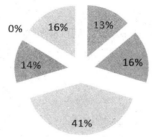

据数据显示：26.5%的人表示享受到农机具补贴，73.5%的人表示没有享受到农机具补贴。而农机具补贴对种粮的机械化程度的影响，13.5%的人觉得影响很低，16.2%的人认为影响比较低，40.5的人认为影响程度一般，13.5%的人认为影响比较高，基本没有人认为影响很高，而16.2%的人认为农机具补贴仅仅对购买农机具农户有影响。数据显示，农机具补贴对种粮的机械化程度有影响而影响程度不高。但是对购买大型农机具的农户影响较高，收割机，插秧机的使用大大减少了劳力，使种粮初步达到了机械化。

完善粮食补贴的调查（五）

5-1. 你最希望粮食补贴按什么标准来发：

A、根据实际种粮面积，租人家的土地种粮子也应该给补贴　　B、根

据自己家的土地面积（土地承包证上显示的）　　　C、根据出售商品粮数量

D、其他（注明：＿＿＿＿＿＿＿＿）

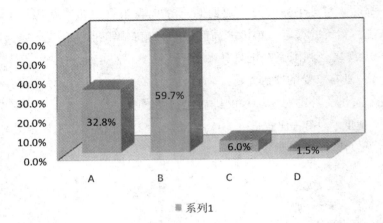

■ 系列1

数据分析显示：高达 59.7%（选 B）的农民希望粮食补贴是根据自家的土地面积来发放；另有 32.8%（选 A）认为应该根据种粮面积，租人家的土地也应该给补贴；还有少部分人（6.0%选 C）认为应该根据出售商品粮数量来发补贴；还有极少部分人有其他想法。由此看来，粮食补贴在发放的方式上还存在问题，尽量根据土地承包证上显示的土地面积来发放，只要种粮均有补贴。

5-2. 您对粮食直补政策的补贴标准是否满意：

A、满意　　B、比较满意　　C、一般　　D、不满意

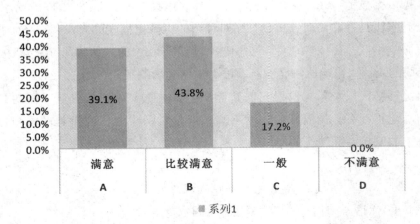

■ 系列1

由数据分析显示：有 43.8% 的农户对粮食直补政策的补贴标准比较满意，39.1% 的农户满意，17.2% 表示一般满意，没有农户表示不满意，由此看来粮补政策的实施在一定程度上减轻了农户的压力，使他们的生活有一定的改善，粮补的落实取得了可观的成绩，但是还是有许多地方需要人性化的改善，粮食补贴发放到位，政策真正落实，使大部分的人都能满意。

5-3. 对今后粮食直补政策，您有哪些建议？

A、提高补贴标准　　B、扩大补贴作物范围　　C、其他（请注明原因＿＿＿＿＿＿＿）

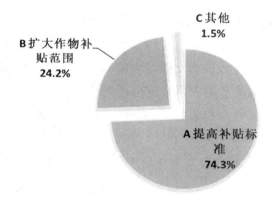

由数据分析得：大部分（74.2%）的农户希望提高补贴标准，少部分（24.2%）希望扩大农作物范围来提高补贴，另有极少数人有其它建议，例如政府应该保护粮食价格，毕竟粮食价格是决定农民收入的最重要的因素。应该研究是哪种改进方式能使老百姓获得更大利益，以提高农民的种粮积极性，粮食补贴标准低，对种粮户的生活改善很小，很难提高农户种粮积极性，作物补贴范围小，很多作物基本无补贴，这样对农户来说粮补政策对生产没很大的影响。

5-4. 您认为最有用的补贴方式是：

A、良种补贴　　B、农机具补贴　　C、保护价补贴　　D、农贷补贴

E、灌溉补贴　　F、其他

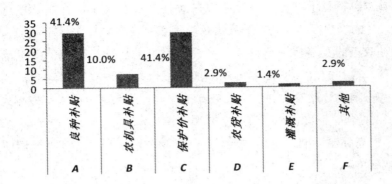

由数据分析得：42.1%的农户支持良种补贴，同样有42.1%的农户支持价格保护补贴，种子购买和粮食价格对农户来说是两个很重要的环节。粮补政策应以这两面为重点，切实保障农民生产生活。另有10%的农户支持农机具补贴，可见农机具对农户来说是一笔不小的开销。2.8%的人看好农贷补贴，还有1.4%的农户看重灌溉补贴，2.8%的人不认可以上的补贴方式。

5-5. 如果国家从粮食补贴款中拿出部分资金给你入农业保险，你的态度是？

A、接受　　B、不接受　　C、别人入我就入

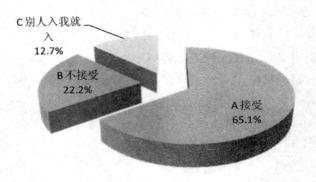

由数据分析得：大部分（65.0%）农户接受入农业保险，以免发生洪涝旱灾时损失太大，入保险是一个保险的选择，当然也有24.3%的农户不愿意入保险，他们认为拿到手里的钱才是硬道理，也觉得他们那里不会有什么灾害发生。另有12.6%的农户比较随大众，大家入就入。粮食补贴款

中拿一部分投入保险还是很有必要的。

5-6. 目前国家提倡社会主义新农村建设，如果把补贴款集中起来用于农村公益事业或基础设施建设（道路硬化、打井、绿化、健身中心等）你的态度？

A、支持同意　　B、不同意

由数据分析得：有76.5%的农把补贴款集中起来用于公益事业或基础设施建设，他们也希望自己的家园像城市那样美丽，又可以锻炼身体，那我们是不是可以提议选取某个农村作示范点来实施呢？当然，另外23.5%的农户是不同意把自己的补贴款拿出来搞公益建设的，他们认为新农村建设是政府的事，不应该用补贴款，那这个钱到底该谁出呢？值得我们思考。

5-7. 如果从补贴款中拿出部分资金用于创建地方农业技术咨询室和定期邀请专家进行农业指导，您的态度是

A、接受　　B、不接受　　C、别人同意我就同意　　D、其他

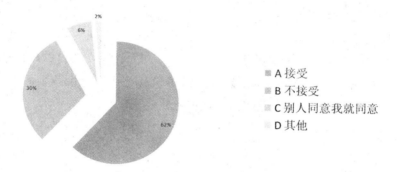

由数据分析：大部分（61.9%）接受，30.2%的不接受，还有6.3%的农户是别人怎样就怎样，也有1.6%的有其他想法。大部分的农户是愿意的，有些农业问题需要很强大的专业知识解决，创建地方农业技术咨询室和定期邀请专业人员，有助于农户更好的种粮。

三、调查总结

2004年，我国开始对粮食直接补贴政策进行试点，这一政策的实施对扩

大粮食播种面积、粮食增产和农民增收产生了直接影响，推动了农村的发展，改善了农民的生活。主要表现以下几个方面。

（1）有力的促进了粮食增产

据调查显示湖北省监利县粮食补贴资金已由 2004 年的 2963.61 万元增加至 2013 年的 23151.59 万元，2004 年至 2013 年农业补贴资金的总额呈稳步增长趋势。政策实施十年来该县粮食产量首次实现"十连增"。该县以恢复粮食播种面积为基础，以科技为支撑，以提高单产和发展优质专用粮食产品为重点，以实施优质粮食产业工程为手段，把粮食生产与优势区域布局实施、农业结构调整和促进农民增收有机结合起来，积极探索在市场经济体制下，充分发挥粮食主产区优势，加强宏观调控，落实扶持政策，促进粮食持续发展长效机制的形成，不断提高粮食综合生产能力。调查数据显示该县 2013 年粮食总产量比 2012 年增加 2.8 亿斤。

（2）耕地抛荒现象明显减少

粮食补贴政策的实施，随之而来的相应实施措施有：加大反哺农业扶持力度；加快土地平整步伐；实行农村土地流转；改变粮食补贴方式；加大粮食补贴力度；实行组织合作化。这些惠农政策让农民切实感受到了国家对粮农的重视和帮助，不少农民放弃外出打工的念头，留在农村种田，这样大大减少了耕地抛荒的现象。监利县自实施"粮补"以来，抛荒现象逐渐减少。关于"实行粮食直补后，您的种粮面积有哪些变化?"结果显示，仅 6.78% 的人抛荒，减少种植面积，说明"粮补"政策在监利县的实施改善了抛荒现象。

所占比例

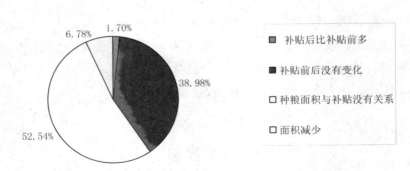

图 1　关于对农民种粮面积变化的调查

（3）农民种粮积极性显著提升

粮食补贴政策的实施，让农民切实得到利益。监利县政府通过严格执行"五到户"和"七不准"的政策，确保种粮补贴资金不折不扣地兑付到种粮农民手中。另外，粮食补贴由单一的粮食直补到2005年对水稻良种的补贴又到2006年对农资综合直补，再到后来对油菜、小麦、玉米、棉花良种的补贴，逐渐完善的惠农政策让农民的种植成本降低，由此以来，农民的种粮积极性有所提高。以下是我们调查的粮食补贴政策对农民种粮积极性的影响。这几年国家推行的种粮直补，取消农业税等优惠政策对您家种粮积极性的影响，数据显示49.23%的农民认为"粮补"政策对种粮积极性有一些促进但不大，而13.0%的农民认为大大提高了种粮积极性。

所占比例

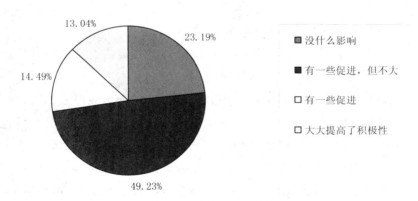

图2 关于对农民种粮积极性的调查

（4）有效促进了农民增收和生活改善

另外粮食增产也使农民收入进一步增加。以我们调查的"全国产粮大县"湖北省监利县为例，在强农惠农富农政策的推行下，监利县的粮食产量年年增收，让农民的口袋也慢慢鼓起来了，农民生活也得到了一定改善。数据显示，53.52%的农民认为补贴力度不大，对生活的改善效果不明显，42.25%的农民认为相比以前，生活有一定改善，只有少数人认为生活明显改善。国家的惠农政策直接增加了农民收入，但农业物资价格随之上涨，因此农民的生活改善不大。

所占比例

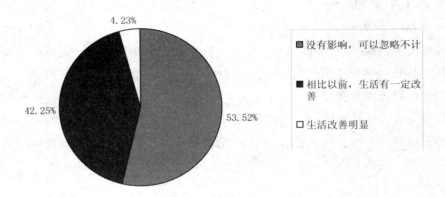

图3　关于对种粮农民生活影响的调查

（5）提高了涉粮财政资金的使用效率

实行粮食补贴方式改革，将原来按保护价敞开收购农民余粮使农民得到间接补贴，直接补给农民，广大农民的切身利益不会受到影响，而且会得到更好的保护；全面放开粮食市场和价格，可以增加农民卖粮渠道，促进农民学习和运用新的农业生产技术，根据市场需要，调整粮食和其他经济作物的种植结构，改进粮食品种，生产更多的适应市场需要的优质农产品，提高农业生产效率实行粮食补贴可以减轻国家财政负担，有效提高政府资金使用效率。实践证明，实行粮食补贴方式改革后，有效的减轻了国家在粮食收购、存储和销售环节补贴的压力，腾出原来用于流通环节实行保护价补贴的粮食风险基金，用于对农民的直接补贴。而且由"暗补"转向"明补"，对农民的直接补贴后就相当于政府增加了对农业的投入。

（6）补贴增长难以弥补种粮生产成本上升

经调查分析得到，种粮生产成本主要分为以下几个部分：生产资料成本，人力成本，土地租赁成本，管理成本等。其中生产资料成本是占有率最大的成本，包括粮种成本，农药肥料成本，灌溉成本等。如今提倡良种播种，绿色种植，科学防虫防害。但是据调查，在家务农的人员多为中老年人，文化程度较低，采取的依然是最传统的种植方式，他们所能接触的唯一科学只能通过经营农资产品的商户那里获得，大多数农民在平时的生产种植中所用的物资产品基本都是根据农资商户的建议下购买的。由于消息渠道的唯一性，在购买农资方面，农民上当受骗、购买到假冒伪劣产品、购买富余农资的情况是避免不了的。同时随着社会经济的迅速发展，物资不断攀升，农资产品价格逐年上涨，农民在生产资料上面的投入成本越来越大。在农民看来，种粮是一项以经验取胜的工作，没有任何技术含量，而且工作时间相对自由，同时能解决一家人的温饱，所以在农村种粮的人员中，除了老年人，很多中年也放弃外出务工，留在家乡种粮，对于一个家庭来说，这样的人力投入成本是比较大的。每年到了春耕秋收时节，农民的种粮投入资金就转到了耕种收割的帮工工资上，这是一笔相对集中的资金投入。在农村，其种植面积是按家庭人口数分配的，所以每户人家能分得的土地是非常有限的，因此，在家务农的农民大多会将外出务工家庭的土地租赁过来进行耕种，从而产生了一笔土地租赁费。同时在每年的开春时节，土地翻新、田埂维护上，农民也要支付一定的维修管理费。如此统计下来，农户耕种就像是在经营自家产业一样，所要投入的人力物力成本还是非常大的。

(7) 补贴对增加种粮比较收益的作用有限

另外粮食增产也使农民收入进一步增加。以我们调查的"全国产粮大县"湖北省监利县为例，在强农惠农富农政策的推行下，监利县的粮食产量年年大增收，让农民的口袋也慢慢鼓起来了，农民生活也得到了一定改善。数据显示，53.52%的农民认为补贴力度不大，对生活的改善效果不明显，42.25%的农民认为相比以前，生活有一定改善，只有少数人认为生活明显改善。国家的惠农政策直接增加了农民收入，但农业物资随之上涨，因此农民的生活改善不大。种地的低收入高劳动使人们还是更愿意外出打工，在粮补政策实施的几年里，令人可喜的是，农民留在家务农的想法有了一些增加，但基本上没太大的变化。在生活水平上，虽说还未达到整体小康富裕水平，但是几乎大多数人的生活水品比起之前有了较大的提高。在农民心中，粮食价格仍然是最关心的问题，他们都希望能提高粮食价格，增加相应收入。这为国家今后在惠农政策重点上的调整指明了方向。

六、存在的主要问题

经过对粮食产量大县的实地调查后，我们发现，现阶段的粮食补贴虽然在促进农民增收、减轻农民种地负担、缓解耕地抛荒现象等方面发挥了重要作用，但是我国的粮食补贴政策体系目前还处于初步形成阶段，在一些方面还不是很成熟，例如补贴资金规模较小、土地面积核实、政策的宣传力度等，有待于各个地区进行积极的实践、探索和完善。经分析，具体可归纳为以下几类问题。

(1) 政府对粮食补贴政策的宣传力度不够

调查发现，有近三分之二的农民对粮食补贴政策一知半解，只有三分之一的人对政策的具体情况较清楚。大部分的农民还处于被动的状态，政府发给自己补贴，按照要求，凭借相关证明，就去领取相应的数额，没有一个合适的渠道去全面地了解自己的权益。虽然现在采用的是"一卡通"或"一折通"的形式发放补贴资金，降低了中间环节克扣的可能性，形成了较为规范的补贴发放渠道，但是，实行政策的目的不仅仅存在于能从一定程度上缓解农民的种植压力，更重要的是，政策能走进农民的心里，全方位的了解政策，合理地维护自己的权益，让他们切切实实的感受到国家的惠农政策。在对监利县粮食局领导的访问中，我们了解到，按照粮食补贴政策的规定，分别从粮食、农资、各种农作物良种三方面进行了补贴。但是为了降低工作量，监利县粮食局采用了综合发放的形式，即将各类补贴总和，一起发放给农民。但是从农民的角度上看，他们仅仅知道自己获得了多少粮食补贴，并不清楚自己到底具体获得了哪些补贴，可见政府在政策宣传上的力度还不够大。

(2) 直补政策资金不足

近几年，物价飞涨成为社会舆论的最大热点，农业物资的价格不断攀升，而且农业生产成本上升不是一种短期现象，而是近一个阶段农业发展的常态，但直补资金赶不上农资价格上涨的幅度，不足以有效应对农业生产成本的快速上升，农民的种植压力也不会在短期内得到有效缓解。调查发现71.21%的被调查者认为补贴金额没有这些农业物资价格上升来得多，

19.70%的被调查者认为补贴与农业物资价格上升部分持平，仅有6.06%的被调查者认为补贴比农业物资涨价区间来得多。

所占比例

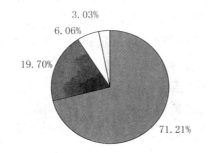

- 补贴没有这些农业物资涨价来得多
- 差不多持平
- 补贴比这些物资涨价来得多
- 不适用

71.21%

图4 关于对种粮农民对补贴金额与要素投入成本的调查

（3）直补政策无法显著改善农民生活

关于"粮食直补政策对您的生活影响"，调查发现53.52%的被调查者认为没有影响，可以忽略不计，42.25%的被调查者认为相比以前，生活有一定改善，仅有4.23%的被调查者认为活改善明显。由此可以看出，近几年，农民虽然受到了国家的优惠政策，获得了相应的补贴，但是从总体上研究，国家发放的补贴对他们整体生活的影响是非常小的。种植是农民唯一的收入来源，但是近几年随着物价的起伏不定，农民的收入也受到了很大的影响。国家补贴虽然能起到一定的缓解作用，但是在市场大背景下，补贴毕竟只是冰山一角，不能从根本上解决问题。

（4）直补政策难以刺激种粮面积持续增加和粮食持续增产

在调查中我们发现，监利县采用的是土地分配制，即每户按家庭人口数分得土地，耕地面积是非常有限的。但是有不少农户也会选择租用外出打工的家庭的土地进行种植，而承包的面积不仅由现有的可租用面积决定，还与种粮的收益有关，但是我们看到，由于市场的原因，大部分农户的种植收益并不是很高，所以很多农户不愿意去扩大自己的种植面积，认为付出的劳力和收益是不对等的。关于"实行粮食直补后，您的种粮面积有哪些变化"，调查发现1.70%的被调查者认为补贴后比补贴前多，38.98%的被调查者认为补贴前后没有变化，52.54%的被调查者认为种粮面积与补贴没有关系，仅有 6.78% 的被调查者认为面积减少。

（5）直补政策引发土地纠纷和制约土地流转

直补带来利益关系调整，以往强迫农民土地流转和征地补偿不到位的，农民要求纠正或提高补偿标准；许多在外务工经商的农民纷纷弃城返乡，他们有的索要原有承包地，有的将原转包给种粮大户的耕地转交自己的亲属耕种，担心自己失去土地，从而引发新一轮土地承包纠纷。同时，也使种粮大户的规模变小，影响适度规模经营的发展，也进一步强化了小农生产方式。在调查中发现，目前粮食直补政策实行的是将补贴资金发放给土地所有者，尽管土地所有者并不一定自己种植，这就导致了一个矛盾。普遍农民认为谁种地就应该由谁来拿补贴资金，但土地所有者中不亲自种植的人又认为如果田让给别人种补贴就归别人拿的话，那他们宁愿让土地荒废也不愿意给别人种。这种局面一种会影响种别人地的农民的种粮积极性，另一种又会导致土地的荒废。所以怎样做才能顾及到两方的利益是值得思考的，也需研究改进粮食补贴政策。

（6）直补范围难以做到客观公正

尽管以计税面积和计税常产为补贴依据简化了补贴程序，但却变"粮补"为"地补"，由此引发的问题包括：粮田撂荒、双季改单季等都能照样领取粮食补贴，违背直补初衷；存在土地承包关系的情况下，直补资金往往由原土地承包人获得，流转后实际种粮人没有享受到政府的相关粮食补贴；以计税面积或常产为补贴标准忽视了"黑地"问题，农民长期耕种的"黑地"不能领到补贴款，尽管 2005 年财政部出台政策将"黑地"纳入粮食直补范围，但至今仍有一部分"黑地"问题没有得到解决。

七、几点政策建议

针对以上存在的政府对粮食补贴政策的宣传力度不够，直补政策资金难以弥补种粮成本的持续上升，直补政策无法显著促进农民增收，直补政策难以刺激种粮面积持续增加和粮食持续增产，直补政策引发土地纠纷和制约土地流转，直补范围难以做到客观公正等主要问题，本报告提出了以下几点政策建议。

第一，粮食直补依据农民实际土地面积进行。在监利县调查农民最希望粮食补贴按什么标准来发放，59.％的农民希望按自己家的土地面积来补贴。因此，按农民的实际种粮面积来发放补贴可以激励种粮农民多种地，这样就会大大减少土地抛荒现象。这样也可以使粮食直补资金补贴给那些真正种粮的农民，而不是那些虽承包了责任田的农民，但实际不种田已外出打工或从事非农产业的农民。

第二，构建粮食直补资金科学化、制度化的动态变动机制。建立直补总额同国家财政收入总额互动增长的长效机制，补贴要有一个合理比例，而不应根据粮食丰欠或粮价的高低频繁变动。政府应该大力支持鼓励农户种植良种，使用有机肥和符合国家标准的农药，提高粮食的产粮和质量。在监利县的研究调查中，由于有机肥和符合标准的农药价格比普通化肥和农药的价格高出许多，大部分农户没有采用绿色生产方式。因此政府应当大力提倡绿色生产方式，并补足使用普通化肥和农药的差价。

第三，粮食直补向粮食主产区倾斜。具体方式包括：改革并不断完善粮食风险基金配套政策，在主产区粮食风险基金来源制度设计上应该给予主产区更多的倾斜扶持政策。种粮大户对粮价上涨、农业补贴反应敏感，可以采取类似累进税制的补贴方式，制定相应的累进补贴标准。

参考文献

1.中华人民共和国国家统计局，2011，中国统计年鉴［M］，北京：中国统计出版社。2011。

2.照新，陈金强.我国粮食补贴政策的框架、问题及政策建议［J］.农业经济问题，2007，（7）：11-16.

3.肖海峰，李瑞峰，王姣.农民对粮食直接补贴政策的评价与期望［J］.中国农村经济，2005，（3）：18-23.

4.红根.王雅鹏.粮食安全战略背景下粮食扶持政策评价及其完善——基于江西省农民问卷调查分析［J］.经济问题探索，2007，（4）：66-69.

附录一：调查问卷

基本情况调查（一）

1-1. 农户家庭基本情况：您的年龄是____岁，家庭总人口数量____人，您家承包耕地____亩，参与农业生产的人数____人。

1-2. 是否清楚粮食直补政策：

A、清楚　　B、了解一些但不是很清楚　　C、没听说过

1-3. 是否享受过粮食直补资金：

A、享受过　　B、没享受过　　C、其他_____（可文字说明）

1-3. 您对粮食直补政策是否满意：

A、非常满意　　B、比较满意　　C、一般满意　　D、不满意

1-4. 您是否及时足额领取到了粮食直补资金：

A、是　　B、领到但不及时　　C、领到但不足额　　D、没有领到

1-5. 你对粮食直补政策补贴金额的看法：

A、金额足够　　B、金额较小，应再调高一些　　C、没意见

政策对生产的影响调查（二）

2-1. 粮价是您家决定粮食种植面积的：

A、最重要因素　　B、比较重要　　C、一般　　D、不太重要

E、不重要

2-2. 您认为目前粮食直接补贴能不能抵消农业物质（种子农药和化肥等）的价格上涨？

A、补贴没有这些农业物资涨价来得多　　B、差不多持平　　C、补贴比这些物资涨价来得多　　D、不适用

2-3. 您认为对您扩大粮食种植面积最有用的粮食补贴是什么？

A、生产资料补贴（包括良种补贴、农机补贴等）　　B、收入补贴

C、保护价补贴　　D、其他（请注明原因_____）

2-4. 您认为粮食生产过程中还有哪些地方应该补贴？

A、生产资料补贴　　B、水耕地资源保护补贴　　C、农贷补贴

D、良种补贴　　E、农机具补贴　　F、灌溉补贴　　G、家户农田水利建

设补贴　　H、收入补贴　　I、保护价补贴　　J、其他（如：_____）

2-5. 化肥、农药涨价了，您有没有考虑过不种粮了？

A、考虑过，准备不种了　　B、考虑过，准备少种点　　C、没有考虑过，继续种

2-6. 这几年国家推行的种粮直补，取消农业税等优惠政策对您家种粮积极性的影响：

A、没什么影响　　B、有一些促进，但不大　　C、有一些促进

D、大大提高了积极性

2-7. 您认为目前影响农民种粮积极性的最重要因素是：

A、种粮补贴数额太低　　B、粮价太低　　C、种粮比较收益低

D、农户家庭耕地面积太少　　E、其他（如：_____）

2-8. 实行粮食直补后，您的种粮面积有哪些变化？

A、补贴后比补贴前多　　B、补贴前后没有变化　　C、种粮面积与补贴没有关系　　D、面积减少

2-9. 您种粮食面积变化的主要原因有哪些？

A、粮食价格下降　　B、直补政策　　C、生资价格上涨　　D、土地减少

2-10. 您为什么选择种粮食？

A、省工、不栓劳力　　B、不懂技术　　C、解决基本口粮

D、习惯　　E、没有其他作物可种

2-11. 如果有非农就业机会，您还愿意继续种粮吗？

A、愿意　　B、不愿意

2-12. 你家的补贴款发放到你手中后，其用途？

A、购买了生产资料，如化肥、农药或用于灌溉等　　B、购买了生活用品，如烟酒等　　C、正在存折上存着　　D、其它用途

粮食补贴政策对生活的影响调查 （三）

3-1. 您家现在得生活怎样？

A、很清苦　　B、比较清苦　　C、一般　　D、较富裕　　E、富裕

3-2. 您认为粮食直补政策对您的生活影响是（　　）

A、没有影响，可以忽略不计　　B、相比以前，生活有一定改善

C、生活改善明显

3-3. 就您家来说，在农村务农是：

A、很乐意　　B、比较乐意　　C、无所谓　　D、不太乐意

E、很不乐意

3-4. 这几年国家推行的种粮直补、取消农业税等惠农政策有没有导致至少一名家庭成员（选受影响最大的一位）

A、放弃打工回乡务农　　B、放弃外出打工念头　　C、动摇外出打工念头　　D、影响较小　　E、完全无影响

3-5. 您认为对您增收影响最大的粮食补贴是什么？

A、生产资料补贴（包括良种补贴、农机补贴等）　　B、收入补贴

C、保护价补贴　　D、其他（请注明原因＿＿＿＿＿＿＿）

3-6. 您认为政府应该采取哪种措施最能提高农民种粮收入？（　　）

A、提高粮食价格　　B、提高种粮补贴标准　　C、加强对农资市场管理，降低粮食生产成本　　D、完善社会化服务体系，解决农民后顾之忧

E、其它（请具体说明）：＿＿＿＿＿＿＿＿＿＿＿＿＿＿＿＿

粮食补贴政策对生产方式的影响调查（四）

4-1. 您目前种粮的主要灌溉方式是：

A、看天收　　B、担水　　C、河水灌溉　　D、开采地下水

D、水渠灌溉

如果您选择 D 开采地下水，请回答下一题，如不是，请跳过下面问题

如果政府对您种粮灌溉方式给予补贴您会选择其他环保灌溉方式吗？

A、会　　B、不会　　C、看补贴的金额是否能够弥补增加的成本

4-2. 目前政府对您种粮灌溉方式是否有补贴：

A、有　　B、没有，如果有每亩＿＿＿＿＿元

4-3. 您认为当前政府粮食补贴政策是否有利于农业生态环境的保护？

A、不利于环境改善　　B、有利于环境改善　　C、不知道　　D、没有影响

4-4. 您目前种植的是良种吗？

A、是的　　B、不是

导致您没有选择最优种的原因是

A、良种价格太高　　　B、自然环境限制　　　C、粮价不高　　　D、其他

4-5. 您赞同政府对绿色生产方式（对环境友好的方式）补贴吗？

A、赞同　　　B、不赞同

4-6 您家的农具所有方式为

A、全部自有　　　B、部分自有　　　C、全部与别人共有　　　D、其他

4-7. 前期广州地区的镉大米事件您知道吗？你对此怎么看？

A、应对高品质和低品质粮食制定不同的最低保护价格

B、当期粮食补贴政策生产只注重增产，忽略环境保护的结果

C、国家补贴政策对环境保护缺乏政策引导

D、应该加大对粮食收购环节粮食质量监测力度

E、其他_____

4-8. 如果您采用了绿色生产方式进行粮食生产导致生产成本的上升，您最希望政府采取什么政策进行补偿。

A、提高粮食价格　　　B、提高种粮补贴标准　　　C、对生产成本上升环节给予补贴　　　D、其它（请具体说明）：_____

4-9. 您享受到国家农机具补贴了吗（A 享受到　B 没有享受），没有享受的原因是

目前农机具补贴对您种粮的机械化程度影响：

A、很低　　　B、比较低　　　C、一般　　　D、较高　　　E、很高　　F、仅对购买农机具农户有影响

4-10. 目前农资综合直补的资金您主要用于什么方面？

如化肥有补贴，化肥用量就会：

A、明显增加　　　B、有一些增加　　　C、没有变化

如农药有补贴，农药用量就会：

A、明显增加　　　B、有一些增加　　　C、没有变化人施多少

4-11. 如果对您农田水利设施建设给予补贴，补贴您自己是否愿意给予一定比例的投入？

A、不愿意　　　B、愿意，但投入比例不高于15%　　　C、愿意，但投入比例不高于30%

完善粮食补贴政策的调查（五）

5-1. 你最希望粮食补贴按什么标准来发：

A、根据实际种粮面积，租人家的土地种粮子也应该给补贴　　B、根据自己家的土地面积（土地承包证上显示的）　　C、根据出售商品粮数量

D、其他（注明：＿＿＿＿＿＿＿＿）

5-2. 您对粮食直补政策的补贴标准是否满意：

A、满意　　B、比较满意　　C、一般　　D、不满意

5-3. 对今后粮食直补政策，您有哪些建议？

A、提高补贴标准　　B、扩大补贴作物范围　　C、其他（请注明原因＿＿＿＿＿＿＿＿）

5-4 您认为最有用的补贴方式是

A、良种补贴　　B、农机具补贴　　C、保护价补贴　　D、农贷补贴

E、灌溉补贴　　F、其他

5-4. 如果国家从粮食补贴款中拿出部分资金给你入农业保险，你的态度是？

A、接受　　B、不接受　　C、别人入我就入

5-5. 目前国家提倡社会主义新农村建设，如果把补贴款集中起来用于农村公益事业或基础设施建设（道路硬化、打井、绿化、健身中心等）你的态度？

A、支持同意　　B、不同意

5-6. 如果从补贴款中拿出部分资金用于创建地方农业技术咨询室和定期邀请专家进行农业指导，您的态度是

A、接受　　B、不接受　　C、别人同意我就同意　　D、其他

专题报告（五）：新型城镇化背景下
我国粮食市场安全形势分析报告

内容简介：随着我国资源环境消耗对粮食生产的约束加强，城镇化进程中土地粗放利用，粮食产后损失浪费严重，粮食生产兼业化和老龄化，水土重金属污染等严重威胁国家粮食安全，城镇化与粮食安全不可协调性矛盾凸显，保障国家粮食安全唯有推进传统城镇化向新型城镇化发展方式转变。本小节通过深入分析传统与新型城镇化背景下国家粮食安全面临的挑战与契机，认为推进新型城镇化是实现从外延粗放扩张型向内涵提高的集约型发展转变，从数量增加型向质量提升型转变，推进新型城镇化发展有利于保障国家粮食安全。

一、引言

国以民为本，民以食为天。粮食安全始终是关系国民经济发展、社会稳定和国家自立的全局性重大战略问题。曾有国外学者断言，21 世纪中国粮食需求将对世界粮食安全造成巨大威胁（Brown，1994；Larson，2013），由此引发了对中国粮食安全问题的广泛关注。新形势下，党的十八大作出了加快新型城镇化发展，协调推进"新四化"的重大战略决策部署，确立了城镇化和"新四化"同步发展必须以保障粮食安全为重要前提条件。但随着工业化、城镇化的快速发展，城镇人口数量不断增长和人民生活水平的提高，粮食消费总量呈刚性增长，耕地、淡水资源日益紧缺，种粮比较效益下降，粮食生产兼业化、老龄化，气候变化等对粮食生产的约束日益突出，粮食供需长期处于紧平衡状态，"靠天吃饭"的格局仍未根本改变，保障粮食安全面临严峻挑战。城镇化浪潮下的如何保障粮食安全？已成为亟待研究解决的重大战略性课题，国内学术界对此开展了广泛研究，学者大都认为城镇化发展加剧水土等资源矛盾危及国家粮食安全（张永恩等，2009；钟水映和李魁，2009；杨志海和王雅鹏，2012；尹成杰，2013）。事实上，但随着资源环境约束不断加强，城镇化与粮食安全之间不可协调性矛盾凸显，推进传统型城镇化向"集约、高效、绿色"的新型城镇化发展方式转变是解决这一矛盾的有效路径。本小节主要通过比较分析传统与新型城镇化背景下国家粮食安全面临的重要挑战与机遇，认为新型城镇化是实现从外延粗放扩张向内涵提高的集约型发展转变，从城市数量增加向城市质量提升型转变，推进新型城镇化发展有利于更好保障国家粮食安全。

二、新型城镇化下我国粮食安全面临的新形势

目前，我国随着城镇化进程推进中水土资源、劳动力等要素大量流出粮食生产领域，城镇化发展与粮食供需之间的矛盾日渐突出。特别是，城镇化进程中城镇人口增加，居民消费结构升级，城乡土地的粗放利用，粮食产后损失浪费严重，粮食生产"兼业化"和"老龄化"，水土重金属污染等对保障国家粮食安全提出了新的挑战。

（一）"农民"转为"市民"消费结构升级使得粮食产需缺口加大

我国粮食供求长期处于供求紧平衡状态，供需缺口呈进一步扩大趋势，稻谷、玉米等主要粮食品种进口快速增长，大豆、食用植物油对外贸易依存度高的局面长期存在。随着城镇化发展让大量"农民"转变为"市民"，居民收入水平提高对肉、蛋、奶等畜产品和水产品、副食消费需求将快速增长。据统计，2001-2011年我国人均口粮消费量基本稳定，但对猪肉消费量增长20%，禽蛋增长21%，禽肉增长37%，牛奶增长223%（黄剑辉、王阁、应习文，2009），消费结构不断升级。根据OECD和FAO的一项预测，未来十年中国粮食产量年均增长率有望达到1.7%（2013-2022年），而粮食消费每年以1.9%的速度增长（OECD and FAO，2013），城镇化背景下我国粮食产需缺口扩大，粮食商品率不断提高（见表）。

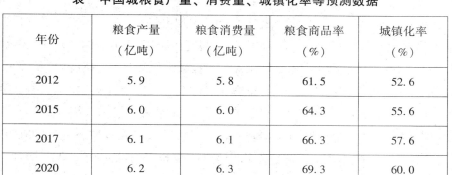

表　中国城粮食产量、消费量、城镇化率等预测数据

年份	粮食产量 （亿吨）	粮食消费量 （亿吨）	粮食商品率 （%）	城镇化率 （%）
2012	5.9	5.8	61.5	52.6
2015	6.0	6.0	64.3	55.6
2017	6.1	6.1	66.3	57.6
2020	6.2	6.3	69.3	60.0

数据来源：国家粮食局课题组预测数据。

（二）耕地、水资源和劳动力等要素逐步流出粮食生产领域

我国人均水资源占有量约为 2200 立方米，仅为世界人均水平的 1/4，在世界银行统计的 153 个国家中居第 88 位，水资源时空分布很不均衡（许新宜，2010）。耕地资源稀缺，呈现"三少"（人均耕地少、优质耕地少和耕地后备资源少）的基本特点，人均耕地仅 1.35 亩，不足世界平均水平的 40%，不少地区人均耕地已低于联合国粮农组织确定的 0.8 亩警戒线，且现有耕地中，中低产田占比 2/3 以上，高产田占比不足 1/3（秦中春，2013）。近年来，我国城镇化发展对非农建设用地需求扩大，盲目圈地、乱批滥占耕地等时有发生，造成耕地资源浪费及质量退化等现象严重，已经接近 18 亿亩耕地"红线"（Liu et al.，2012）。根据《全国土地利用总体规划纲要（2006-2020 年）》规划目标，到 2020 年全国建设用地总规模为 55680 万亩，比 2010 年增加 5250 万亩，其中城乡建设用地增加 2655 万亩；2020 年全国耕地保有总量为 18.05 亿亩，比 2010 年减少 1300 万亩。未来十年，即使在最严格规划用地情况下，城镇化的快速发展仍将占用大量耕地，即使实行"占补平衡"，而被占耕地大多为城镇规划区范围周边良田，新增耕地多为土壤贫瘠耕地，总体耕地质量有明显下降趋势。城镇化所导致的耕地数量减少和质量下降则对粮食安全将产生长期影响（何蒲明、王雅鹏、黎东升，2008）。

（三）城乡建设用地粗放造成耕地资源浪费严重

目前我国城镇化建设中用地观念落后，造成土地粗放利用和浪费现象严重。据国土资源部统计，1990-2011 年，全国城镇建设用地面积由近 1.3

万平方公里扩大至近 4.3 万平方公里，同期 41 个特大城市主城区用地规模平均增长超过 50%，人均城市建设用地高达 130 多平方米，远超过发达国家城市建设用地人均 82.4 平方米和发展中国家人均 83.3 平方米的水平。2001-2011 年我国城镇建成面积增长约 70%，远高于城镇人口 50% 的增长速度，城镇人口密度由 8800 人/平方公里降至 7300/平方公里（见图）。此外，我国农村空闲住宅多，土地闲置多，农村人均用地逐年增加。据农村人口统计数据和土地利用统计数据，1996-2011 年我国农村人口减少约 19400 万，然而农村居民用地不减反增，人均用地从 1996 年的约 190 平方米增加至 2011 年的 210 平方米左右，农村建设用地总量与人口总量逆向发展，我国农村人口与农村居民点用地增减协同演进的良性格局尚未出现（李裕瑞、刘彦随、龙花楼，2010）。粗放式的建设用地，建成区人口密度低，导致耕地资源的大量浪费，直接威胁国家粮食安全。

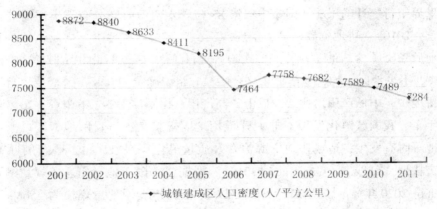

图　2001-2011 年我国城镇建成区人口密度变化趋势

数据来源：国土资源部

（四）粮食产后损失浪费严重

在中央财政逐年加大粮食生产投入，大力实施《全国新增 1000 亿斤粮食生产能力规划（2009-2020 年）》等增产工程同时，我国粮食产后损失浪费却十分严重，特别是在农户储粮和粮食消费环节损失浪费尤其严重（见表）。调查显示，约占中国粮食产量 50% 以上的农户储粮损失惊人，损失量高达 8%-12%，仅河南、山东、河北每年农户储粮的损失就达 600 多万吨，相当 166.67 万公顷良田的粮食产量（王若兰和白旭光，2006）。为弄清我国粮食消费环节损失浪费的具体状况，国家粮食局于 2011～2012 年在北京、河北、辽宁、江苏、湖北、广东、四川、甘肃等七省一市部分城镇及乡村，开展了粮油产后损失浪费情况的专题调查，调查共涉及 422 及餐厅食堂，其中企事业单位食堂 170 家，餐厅 246 家；受访对象 4683 人，其中餐饮环节工作人员 1924 人，城镇及农村居民 2759 人。调查对餐饮场所和居民家庭消费的米、面及荤、素菜进行了 19420 次的分类称重，获取了 34 万余个基础数据。推算出我国成品粮油消费环节浪费数据分别是 7.96% 和8.36%；对七省一市调查数据进行了统一加权平均，初步推算出全国每年粮油消费环节浪费的成品粮油约 1845.9 万吨，占全国每年成品粮油消费总量的 7.995%。[①]

表　中国城市粮食浪费量和占城市物体废物重量比例（Tai et al.，2011）

	粮食浪费量（吨/天）	占城市物体废物重量比例（%）
北京	725.84	66.19
上海	588.33	71.14
广州	268.79	52.00
深圳	300.26	51.10
杭州	129.85	53.00
南京	137.65	70.59
厦门	74.33	74.63
桂林	15.20	61.31

注：表中为 2008 年调查数据。

（五）粮食生产"兼业化"、"老龄化"和种粮比较效益下降趋势明显

自 2004 年粮食直补政策实施以来，国家逐年加大惠农补贴力度，农民种粮积极性曾一度达到"井喷"状态，但目前一些惠农政策的刺激效应正

---

① 资料来源：国家粮食局办公室关于 2011～2012 年七省一市粮油消费环节损失浪费调查情况的通报（国粮办发［2013］89 号）。

呈现逐渐衰减趋势。根据最近对河南、湖北、安徽等地调查，与过去农民对国家托市收购价"了然于心"不同，2012年不少地方农民甚至对托市收购价格一无所知。城镇化建设的加快，务工农民需求增加，种粮比较收益下降（见表），大量农民弃农务工、经商。随着农村劳动力持续向外转移，大量青壮年劳动力外出务工，农村剩下的大都为妇女儿童老人，务农劳动力老龄化越来越明显，"老少留守村""空心村"成为农村普遍现象，农业生产处于一种"维持"状态，农民种粮"副业化"倾向趋势明显。"谁来种地""地怎么种"日益成为我们必须面对和解决好的重大问题。

表　2004-2011年农民务农收益率和种粮成本收益率

	务农比较收益率（%）	种粮成本收益率（%）
2004	56.2	49.7
2005	45.2	28.8
2006	47.8	34.8
2007	46.0	38.5
2008	42.8	33.1
2009	41.0	25.8
2010	41.1	33.8
2011	37.3	31.7

注：务农比较收益率为农民农业收入与非农收入比值，种粮成本收益率为每亩粮食净利润与每亩粮食总成本比值，数据来源于《中国统计年鉴》《中国粮食发展报告》和《中国粮食年鉴》计算得出。

（六）城镇化进程中保障粮食质量安全面临严峻挑战

近年来，我国粮食生产使用化肥数量快速增长，远远超过世界平均水平，过多使用农药、化肥、塑料薄膜和杀虫剂已导致耕地土壤和非点源污染严重恶化（Liu et al.，2012）。据中国土壤学会测算，我国农药使用量达130万吨，为世界平均水平的2.5倍。每年大量使用的农药仅有0.1%左右可以作用于目标病虫，99.9%的农药则进入生态系统，造成大量土壤重金属、激素的有机污染。种粮农民粮食生产方式粗放，滥用农药的现象时有发生，造成新收获粮食的农药残留超标，特别是在高本底土壤和一些矿产业集中的地区，存在着粮食中有害重金属含量超标的问题，调查显示我国受重金属污染的耕地面积已达 2000 万公顷，占全国总耕地面积的 1/6（李慧，2013），有害重金属、真菌毒素和农药残留超标粮食占总产量的 10% 以上，毒大米、霉变小麦和玉米、地沟油、染色馒头等问题层出不穷，粮食质量安全隐患凸显。[①] 城镇化加快发展，居民收入和生活水平不断提高，不仅对粮食需求提出了数量上的要求，对粮食质量安全、营养、健康的要求越来越高，粮食消费要实现从要求"吃得饱"到要求"吃得好"的转变，是未来我国粮食安全面临的新挑战。

三、新型城镇化下我国粮食安全面临的新机遇

面对以上严峻考验，然而我国基本国情是一个水土等资源极度稀缺的国家，以资源消耗为主要动力的外延扩张和数量增长的粗放式城镇化发展模式已不可持续，城镇化发展必然与粮食生产相互争夺投入要素，如何解决城镇化与粮食安全之间的内在不可协调性，必须转变城镇化发展方式，推进以"集约、高效、绿色"为主要内容的新型城镇化发展，才能有效保障国家粮食安全。

（一）推进新型城镇化更有利于节约集约利用耕地

根据城镇化发展的国际经验，城镇化是人口持续向城镇聚集的过程，也是优化资源配置、集约节约利用土地的过程。城市化水平越高，人均非农占地就越少，城市化水平越低，人均非农占地就越多。城市规模越大，人口密度越高，人均占地越少。目前，我国经济建设中还存在大量土地粗放使用、城镇化不完全等问题，造成严重的能源、生态、耕地等资源的浪费。与发达国家相比，我国城镇化土地利用率还有很大提升空间。按照国土资源部规划每一平方公里建成区 1 万人口的占用地标准，而目前我国每一平方公里建成区人口不足 8000 人，城市土地集约化利用还有很大空间。此

---

① 　数据来源：国家粮食局标准质量中心提供。

外，推进新型城镇化建设，加快农村人口向城市转移，通过农村土地平整、村庄治理，引导农民向城镇、中心村适度集中居住，提高农村耕地、水资源的集约化利用，可节约大量耕地资源。以河南省为例，目前全省农村人均建设用地 248 平方米，远高于城镇人均建设用地 100 平方米左右的水平。从国际经验来看，城镇化的健康发展也是可以提高土地利用效率，节约耕地资源，节地的主要原因是城镇的占地与农村的退地和增地相结合，后者大于前者。

（二）新型城镇化更有利于促进粮食生产规模化

到 2020 年，我国城镇化率预计将超过 60%，城镇人口将达 8 亿左右，有约 1.38 亿人口由农村户籍转变为城镇户籍，农村人口的转移将促进粮食生产资源的流转和集中，在这过程中将有超过 2000 万公顷被流转的耕地可以实现集约化耕种。据统计，城镇居住人均用地 119 平米，而农村人均居民用地 129 平米，如按照转移 1.38 亿人口，将可增加耕地 13.8 万公顷。城镇化加快发展有利于整合耕地等农业生产资源、加速生产要素流转、推广先进生产技术应用，有利于推动粮食生产规模化、集约化和现代化进程，提高内在竞争力和资源利用效率。

（三）新型城镇化更有利于提高农村劳动力素质

2013 年的中央一号文件明确提出"努力提高农户集约经营水平。按照规模化、专业化、标准化发展要求，引导农户采用先进适用技术和现代生产要素，加快转变农业生产经营方式。"在城镇化建设的过程中，随着粮食生产的规模化、集约化、专业化发展，专业化、组织化、社会化相结合的新型农业经营体系的逐步建立，新型农业生产方式也对农民综合素质和能力提出了更高的要求，种粮规模化效应和比较收益将不断上升，将吸引大量有文化、懂技术、会经营、有较强的市场竞争意识和能力专门人才参与到农业现代化建设，将会有越来越多的种田能手、农业技术人员、农村合作组织管理者回流田间地头。因此，新型城镇化更有利于提高种粮农民素质，培养新型农业经营者。

（四）新型城镇化更有利于发展现代粮食流通产业

新型城镇化为现代粮食流通产业发展创造了重大机遇。首先，新型城镇化为粮食主食产业化发展拓展巨大空间。为适应粮食生产规模化、集约化趋势，建立新型农业生产经营体系需要，各种粮食购销主体兴起和壮大，传统粮食购销模式发生深刻变化，以及大量农村人口进城、商品粮消费比重加大，粮食跨省流通量增大，主食供应社会化需求迫切，为粮食流通产业发展创造了更大需求空间。其次，新型城镇化有利于提高粮食流通效率。随着粮食规模化生产，粮食商品率和商品量增加，将更加有利于"四散化"粮食流通技术的应用，提高四散化比例，减少粮食储运环节的损失，减低流通成本。此外，新型城镇化为粮食行业信息化发展提供了重要机遇。特别是物联网、云计算等新一代信息技术、生物技术等在传统粮食仓储、物流和加工等领域的广泛应用，将加快经营管理模式创新，推动流通的网络化、智能化方向发展。现代物流体系逐步建立，为粮食流通产业转型升级提供了有力支撑，为降低粮食流通成本创造了有利条件。

四、新型城镇化下保障国家粮食安全的新思路

城镇化进程中必然会面临粮食安全、生态环境承载能力等突出问题和挑战，但城镇化发展不能以牺牲生态、环境和粮食安全为代价。当前我国城镇化发展已进入重要转折时期，传统外延快速扩张和数量增长的城镇化发展模式已难以为继，传统城镇化模式问题和矛盾日益积累，城镇化转型刻不容缓。坚持走"集约、高效、绿色、低碳"的新型城镇化道路是促进经济结构转型升级和提升经济发展质量效益的唯一正确选择，也为维护国家粮食安全的重要途径。

（1）建立新型城镇化发展与耕地集约利用协调机制

集约节约利用各类资源是新型城镇化建设的重要核心内容之一，要集约、节约、科学利用水土资源，建立严格的耕地和水资源保护制度，加快对耕地资源和水资源环境保护的立法工作。要严格控制城乡建设用地和土地利用规划，控制城市和小城镇的快速膨胀和农村建设用地的扩张，严厉制止土地利用粗放浪费、违法违规用地的现象，加大对耕地违规违法的处罚力度，建立违规监督和举报奖励治理长效机制。城镇化要优先利用非耕地用地，强化耕地数量质量、生态占补平衡的制度设计，建立和完善耕地数量质量生态占补平衡机制和考核评价体系，避免"占优补劣"。

（2）依托新型城镇化发展建立高效粮食生产经营体系

新型城镇化的核心内涵是人的城镇化，新型城镇化发展必然要统筹城

乡发展，实现农业人口有序转移，通过制定实施财税、金融、市场准入等土地流转优惠政策，促进农村土地流转，鼓励采取转包、出租、互换、转让、股份合作等多种方式促进农村土地集中利用。大力扶持和培育种粮大户、家庭农场、农民合作社、农业产业化龙头企业等新型粮食生产经营主体，推动粮食生产向专业化、标准化、规模化、集约化、高效化方向发展。同时以新型城镇化发展成果反哺农村，让种粮农民成为体面的职业，实现农业人口充分就业，提升农业经营者的收入水平，吸引各类专业人才参与农村发展，提高种粮农民整体素质。

（3）构建新型城镇化发展与粮食生产可持续发展新格局

新型城镇化发展的主要特征是实现生态、人与自然和谐、绿色发展，根据新型城镇化关于设立主体功能区的思路，应加快粮食生产主体功能区建设，积极调整土地利用结构，明确粮食生产主体功能区定位，严禁各类破坏主体区功能定位的开发活动，粮食生产功能区建设应根据与不同地区土地利用规划和城镇建设规划做好相互衔接，采取具有针对性、差别化的区域政策，统筹协调城镇发展和保障区域粮食安全的关系，促进城镇化发展与农业资源合理利用与环境保护相互协调，促进粮食生产可持续发展。

（4）以新型城镇化"智慧城市"建设推动实现"智慧粮食"

城镇化与工业化、信息化、农业现代化协调发展是新型城镇化的重要标志，也为粮食产业信息化提供了重要机遇，依托城镇化与信息化的深度融合加快"智慧粮食"建设步伐。新型城镇化发展为加快信息化技术在粮食产业应用和推广提供了广阔空间，建立"智慧城市"与"智慧粮食"的相互融合和协调发展机制，依托"智慧城市"建设带动粮食流通产业信息化建设，通过建立数据信息及技术、装备、基础设施、平台共享机制，完善粮食产业互联网和物联网基础设施，建立粮情监测预警调控和智慧粮食储备体系，增强对粮食市场监测、信息采集、数据分析与预测能力，提升粮食产业信息化和安全管理水平，共同实现"智慧城市"和粮食产业"智慧化"高效管理。

（5）依托新型城镇化建设促进形成粮食绿色消费模式

城镇化建设必将带来城镇人口数量不断增多，粮食产后浪费大多发生在居民消费环节，随着居民食物购买能力增强和外出就餐次数增多，粮食在消费环节浪费数量将不断增多。新型城镇化就是以绿色、生态理念为引领，要通过新型城镇化发展构建绿色产业体系，推动形成粮食产后绿色消费模式，按照营养、健康、适量、节俭的原则，引导消费者科学消费、合理消费、文明消费，如在餐饮环节制定餐饮服务标准和文明用餐规范，吸收借鉴国外分餐制的就餐方式，通过利用财税、金融、科技等方式和手段，建立餐饮消费环节财税调节机制，采取服务费加收服务费和消费税、排放税等形式，加大对粮食消费环节浪费的监督和处罚，通过服务费和消费税减免等方式奖励和鼓励粮食节约消费，推动建立粮食绿色消费体系。

五、本章小结

我国是一个拥有 13 亿人口大国，保障国家粮食安全是城镇化发展的重要基础，中央领导曾明确提出"绝不能以牺牲粮食安全来推动城镇化"。目前在城镇化进程中大量耕地被粗放利用，粮食产后损失浪费严重，粮食生产兼业化和老龄化，水土重金属污染等问题突出，城镇化发展与粮食安全的不可协调性矛盾凸显，国家粮食安全面临严峻威胁。尽管本小节深入分析了当前我国新型城镇化背景下国家粮食安全面临的主要挑战与契机，为未来我国推进新型城镇化过程中保障国家粮食安全提出了一些思路和看法，但这还远远不够。诸如新型城镇化背景下粮食生产副业化、农地非粮化、耕地资源高效利用、种粮比较收益、粮食消费结构升级等问题都亟待我们进一步去深入调查和研究。

参考文献

1.黄剑辉、王阁、应习文：《未来 10 年我国粮食供需紧平衡，全球粮价面临上行风险》，《第一财经日报》2013 年 1 月 9 日。

2.何蒲明、王雅鹏，黎东升：《湖北省耕地减少对国家粮食安全影响的实证研究》，《中国土地科学》2008 年第 10 期。

3.李慧：《中国现有约 2000 万公顷耕地受重金属污染》，《光明日报》2013 年 5 月 26 日。

4.李裕瑞、刘彦随、龙花楼：《中国农村人口与农村居民点用地的时空变化》，《自然资源学报》2010 年第 10 期。

5.秦中春：《城镇化过程中耕地资源保护的问题与建议》http：//www.

gtzyb.com/lilunyanjiu/20130418_ 36417.shtml。

6.王若兰 白旭光 田书普 张军党 魏晓光 方银平 周海军 关国营 李彦涛：《华北平原农村储粮现状调查与分析》，《粮油仓储科技通讯》2006 第 5 期。

7.许新宜：《中国水资源利用效率评估报告》，北京师范大学出版社 2010 年版。

8.尹成杰：《新型城镇化与国家粮食安全》，《农村工作通讯》2013 年第 18 期。

9.杨志海、王雅鹏：《城镇化影响了粮食安全吗?》，《城市发展研究》2012 年 1 期。

10.张永恩，褚庆全、王宏广：《城镇化中的中国粮食安全形势和对策》，《农业现代化研究》2009 年第 5 期。

11.钟水映、李魁：《基于粮食安全的我国耕地保护对策研究》，《中国软科学》2009 年第 9 期。

12.Brown，L.R.Who will feed China? Wake-up call for a small planet.Washington：Worldwatch Institute，1994.

13.Larson，C.Losing arable land，China faces stark choice：Adapt or go hungry.Science， Vol.339，No.6120，2013.

14.OECD and FAO.OECD-FAO Agricultural outlook 2013-2022highlights. Economic Co-operation and Development（OECD）and the Food and Agriculture Organization（FAO），2013.

15.Liu，G.，Y.Chen，and H.He.China′s environmental challenges going rural and west.Environment and Planning，Vol.44，No.7，2012.

16.Tai，J.，W.Zhang，Y.Che，and D.Feng.Municipal solid waste source-separated collection in China：A comparative analysis.Waste Management，Vol. 31，No.8，2011

专题报告（六）：国际粮食金融化趋势下我国粮食市场安全形势研究报告

内容简介：粮食市场与货币市场、外汇市场、期货市场以及金融衍生品市场的联动关系日趋紧密，粮食"金融化"属性日益凸显，粮食金融化进一步加剧了全球粮食市场价格波动风险，对此应引起我国政府的高度关注。本专题主要对粮食金融化产生的背景、粮食金融化趋势的主要风险进行了深入分析，并提出了国际粮食金融化趋势下保障我国粮食安全的措施建议。

一、引言

近年来，在国际金融市场流动性充裕、美元汇率不断贬值背景下，国际大宗商品价格大幅飙升，给全球通胀带来了巨大压力，粮食逐渐成为了全球投机资本追逐的重要目标之一。粮食市场与货币市场、外汇市场、期货市场以及金融衍生品市场的联动关系日趋紧密，粮食"金融化"属性日益凸显，粮食金融化进一步加剧了全球粮食市场价格波动风险，对此应引起我国政府的高度关注，加强防范和化解粮食化风险已成为摆在我国政府面前的重要课题。因此，研究和探讨粮食"金融化"趋势下中国粮食安全问题就具有十分重要现实意义。

二、粮食金融化趋势产生的背景

在全球流动性泛滥、通胀等一系列因素作用下，国际投机资本大量进入粮食交易市场，粮食"金融化"趋势日益明显。

1. 全球范围内货币流动性充裕。近年来全球主要经济体金融体系一直维持较低利率水平，不同国家、不同金融产品之间的风险溢价在降低，流动性在全世界各个角落、以各种形态出现，宽松的货币环境为粮食金融化创造了较好货币和投机环境。未来一段时间在美国等主要西方发达经济体持续推行量化宽松货币和长期低利率政策作用下，全球范围内流动性过剩仍然将持续。

2. 金融市场衍生品的长足发展。随着全球经济一体化，衍生品市场对资源配置的作用不断增强，在全球流动性泛滥以及交易电子化与网络化的背景下，粮食、石油、金属等大宗商品衍生品市场长足发展，加剧了粮食金融化发展趋势。据统计，1997 年场内各种衍生品交易量为 19.3 亿张，2010 年则达到了 249.72 亿张，较 1997 年增长近 13 倍。

3. 投机资本大量进入粮食期货市场。在全球股市不景气、房地产市场价格下跌、油价高起影响下，又由于粮食具有受气候等自然因素影响大、生产周期长、替代产品少、农户定价能力弱等特征，容易成为货币过度流入和投机炒作的"题材"，大量投资基金开始转向粮食产品期货市场。

4. 生物能源开发加剧了粮食金融化趋势。生物燃料的发展将粮食市场和能源市场紧密地联系起来，国际原油价格和粮食价格已高度相关，从理论分析来看，燃料乙醇和生物柴油作为汽油和柴油的替代品，其价格必然是高度关联的。在燃料乙醇的生产中，玉米等原料占其总成本的 50%～70%，燃油价格的上涨必然联动燃料乙醇价格上涨，进而拉动其玉米等谷物原料价格上涨。图 1 为全球玉米第一大贸易国美国玉米用于燃料乙醇生产的情况。

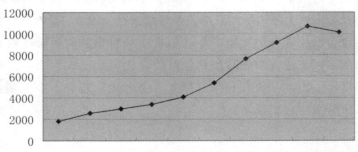

图 1　2001-2010 年美国玉米用于燃料乙醇情况　单位：万吨

数据来源：美国农业部

三、粮食金融化趋势的主要特征

世界范围内，粮食市场金融化不仅表现在金融衍生品市场体系上，国际粮食市场金融化还呈现出很多新的特点。

1. 粮食市场价格决定机制变得更加复杂。供求关系不再是粮价波动的主要原因，粮价波动更多取决于如市场心理预期、粮食期货市场、货币供应、投资资本、主要储备货币汇率、能源价格等非供求关系因素影响，这使得国际粮食价格定价机制变得更加复杂。联合国粮农组织数据表明，两年来全球小麦高产连续创历史纪录，国际小麦库存充足，市场总体供需平衡。除当年小麦产需略有缺口外，玉米、大米、大豆均库存充裕，供大于求，2010年世界谷物产量将比2009年增加1.2%，达22.8亿吨，接近2008年的创纪录水平。其中稻米和粗粮分别增产4%和1.4%，小麦略减0.9%。全年谷物总需求22.68亿吨，同比增长2%。可见，当前全球粮食供需基本属于平衡状态，并没有发生粮食短缺。

2. 粮食期货市场与现货市场联动效应日益明显。在全球流动性充裕背景下，国际资本大量涌入粮食期货市场，助推了粮食期货市场价格上涨，进而带动粮食现货价格上涨。反之，资本从粮食期货市场大规模退出，则导致粮食期货价格急剧下挫，进而引发粮食现货价格出现大幅下跌。粮食期货市场与现货市场这种密切联动关系在近年来国际粮价大幅动荡中也得到了印证。

3. 金融机构成为了粮食市场重要参与者和定价者。国际投资基金大量转向粮食产品期货市场，基金公司已成为粮食市场的重要参与者和定价者。据资料统计显示，2002年全球商品指数基金的规模不到5亿美元，而到2010年已经超过3000亿美元，很多投资大宗商品的对冲基金都增加了对粮食产品期货的持仓，有的甚至达到投资组合的60%~70%。

4. 全球粮食金融化由美元主导。美元在国际货币体系中的重要性决定了其在粮食金融化体系中的主导地位，在国际金融期货市场上，金融化的大宗商品都以美元定价。粮食被金融化之后，其价格就不再受供求关系来支配，与农产品年景的丰欠不再挂钩，与产量高低关系也不是很大。在金融资本炒作下，大宗粮食产品价格就会大起大落，市场不确定性增强。

5. 粮食市场价格与国际原油价格指数变化趋势日益趋同。随着国际生物能源的开发和利用，粮食能源化属性不断增强，国内粮食市场价格波动与国际大宗商品市场联系也日益紧密，图 2 为 2005-2010 年我国粮食价格指数与国际原油价格指数（WTI）变化趋势，从中不难看出我国粮食价格与国际原油价格走势有明显趋同的发展趋势。

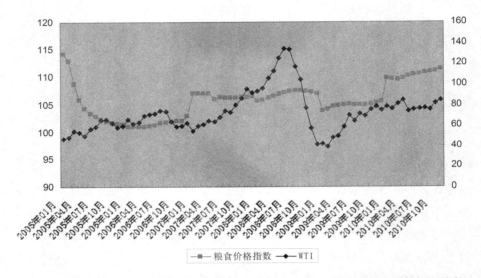

图 2   2005-2010 年我国粮食价格指数与国际原油价格指数（WTI）变化趋势
数据来源：国家统计局与路透社电讯普氏报价

6. 粮食价格对国际利率、美元汇率变动敏感。从利率与粮食的长期关系看，近年来在全球性宽松的货币环境和美联储采取的低利率政策作用下，投资者利用低资金成本大量进入粮食市场，使得国际粮价屡创历史新高，其中涵盖 19 种商品的美国 CRB 商品价格指数连续暴涨。同时随着美元持续贬值，以美元报价的粮食价格与美元汇率之间表现出较强的负相关性，美元贬值时，粮食价格上涨，反之亦然。

四、粮食金融化趋势的主要风险

粮食金融化趋势不可避免会给全球经济、社会等方面带来各种风险，粮食金融化的风险主要体现在以下几个方面。

1. 粮食金融化助推通货膨胀。由于生物燃料的发展促使粮食日益能源化，粮食价格与石油价格日益紧密。原油价格上涨使得生物燃料需求就会上升，相应对玉米等粮食品种的需求也会增加，进而推升农产品价格。同时高油价还会导致粮食化肥、农机等投入品价格的上涨，增加粮食生产成本，进一步助推全球通胀水平。

2. 粮食金融化加剧收入不平等。粮价上涨直接影响到贫困人口的生活，不利于减少全球贫困人口数量。世界银行公布数据显示，从 2010 年 10 月至 2011 年 1 月，因全球食品价格上涨了 15%，贫困人口就增加了 4400 万人。贫困人口生存状况的恶化和数量的增加也是导致社会不稳定的重要因素，粮价急剧上升会直接引发了地区抗议和社会动荡。

3. 粮食金融化增加粮价波动风险。随着商品指数期货交易的盛行，粮食和其他大宗商品纷纷贴上了金融化标签。粮食生产与定价体系在一定程度上为粮食的金融化特质所左右，粮价已不只是商品的价格，还变成了金融产品的价格。这使得国际食品价格不仅由当前市场的供需面决定，预期也成为重要的决定因素。当投机资本将农产品的这种预期作为逐利对象，将加剧农产品期价波动，进而反作用于现货价格，扭曲了真实的粮食供求关系，增加了粮价波动的不确定因素。

4. 粮食金融化导致市场失灵。粮食金融市场发展主要目的是服务于粮食生产、消费和流通活动，不应该成为少数资本家和投机者赚钱的工具，粮食过度金融化不仅容易形成脱离粮食实体经济发展水平的金融泡沫，而且易造成宏观风险管理和收入分配调节机制的蜕化或失灵，市场不确定性既给农户的微观决策带来困扰，也给政府的宏观调控造成困难。

5. 粮食金融化引发粮食金融危机。粮食过度金融化往往会导致粮食领域的虚拟经济规模的扩张，当国民经济活动中粮食实体经济发展需要的货币交易量过度增加，特别是粮食金融虚拟资产交易量过度扩大，将使得粮

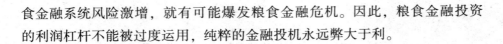
食金融系统风险激增，就有可能爆发粮食金融危机。因此，粮食金融投资的利润杠杆不能被过度运用，纯粹的金融投机永远弊大于利。

五、粮食金融化趋势下中国粮食安全对策

随着粮食金融化属性的日益显现，粮食金融化风险也在不断积聚，我国应及早采取措施防范和化解粮食金融化可能引发的风险。

一是培植市场主体，增强期货市场价格发现功能。粮食期货市场的专业性要求高度组织化的中介组织和多层次的流通网络配合，我国粮食生产以小农经济为主，更加需要提高农民的组织化程度，让广大农户成为农产品期货交易重要参与主体，组织起来的农户参与农产品期货市场，将极大提升期货市场价格发现功能和效率，减少投机行为，减少期货市场投机风险，对规避粮价波动风险具有重要意义。

二是培育粮食龙头企业，提高国家调控能力。中国应将粮食安全与粮食金融上升为国家战略高度，将粮食产业作为粮食工业去发展，在粮食产、供、销重要领域和环节完善产业链，着手培育现代化、资本化、金融化的粮食龙头企业，完成全局性的关键布点和掌控能力，增强政府粮食宏观调控能力。

三是做好信息服务，推动形成合理价格预期。进一步建立全国性的产销信息系统，及时掌握粮食生产和销售的第一手资料，包括企业的订货预测、库存状态、缺货情况、生产计划、运输安排、在途物资等数据，向有关主体提供，以进行生产决策；在粮食生产环节，要积极向农民及其合作组织提供有益的供求资料，及时公布粮食进出口资料，让市场透明，使更多的市场主体能够把握市场脉搏开展生产销售，积极引导市场参与者形成合理价格预期，服务粮食生产和国家宏观调控。

四是鼓励金融创新，完善粮食价格形成机制。加大粮食信贷资金投入，促进粮食市场发育和粮食产业从传统产业向现代产业转型；应适时推出既与国际接轨又能够吸收粮食生产大户和普通粮食经营企业参与的标准仓单合约，粮食期货、期权等期货交易品种；成立我国粮食投资银行以及粮食储备银行，强化对粮食生产的支持力度；要建立粮食产业发展基金，积极

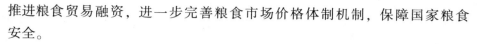

推进粮食贸易融资，进一步完善粮食市场价格体制机制，保障国家粮食安全。

五是加强国际合作，提高粮食定价话语权。应积极开展国际粮食金融合作，增强在国际粮食金融市场定价权和话语权；应加强对大宗农产品交易市场监管和国际合作，共同规范和抑制粮食市场投机活动；应加强在国际货币政策方面的沟通与协调，共同创造稳定的货币环境，防范粮价大幅波动风险。

参考文献

1.杨培坰.粮食金融化背景下粮食安全问题研究，世界农业，2012 年第 3 期。

2.李援亚.粮食金融化：界定、背景及特征，云南财经大学学报（社会科学版），2012 年 04 月 15 日。

3.李东卫.对粮食金融化危机的思考，青海金融，2011 年第 7 期。

4.李东卫.粮食金融化：对策与思考，中国粮食经济，2011 年第 5 期。

5.张茉楠.全球量化宽松时代警惕粮食金融化危机，粮油市场报，2010 年 11 月 06 日。

6.苏应蓉.全球农产品价格波动中金融化因素探析，农业经济问题，2011 年第 6 期。

附　表

表 1　2009-2014 年美国与国内小麦、玉米价格

单位：元/吨

	美麦到岸 完税价格	郑州中等 小麦成交价	美玉米到 岸完税价	深圳中等 玉米成交价
2009/7/19	2063	1860	1812	1775
2009/7/26	2006	1880	1821	1790
2009/8/2	2041	1880	1873	1800
2009/8/9	1898	1890	1815	
2009/8/16	1806	1890	1736	1800
2009/8/23	1757	1890	1741	1800
2009/8/30	1722	1890	1762	1840
2009/9/6	1872	1890	1719	1880
2009/9/13	1865	1920	1771	1920
2009/9/20	1828	1920	1753	1900
2009/9/27	1815	1920	1815	1880
2009/10/11	1878	1930	1866	1870
2009/10/18	1975	1930	1910	1820
2009/10/25	2157	1930	2032	1850

续表

	美麦到岸 完税价格	郑州中等 小麦成交价	美玉米到 岸完税价	深圳中等 玉米成交价
2009/11/1	2080	1940	1961	1860
2009/11/8	2171	1940	1975	
2009/11/15	2392	1940		
2009/11/22	2417	1950	2120	1920
2009/11/29	2383	1950	2076	1950
2010/1/3	2290	1950	2100	1940
2010/1/10	2394	1950	2175	
2010/1/24	2181	1944	1970	1955
2010/2/7	2082		1882	
2010/2/21	2117		1907	
2010/3/7	2232	1947	1959	1910
2010/3/21	2192	1947	1930	2070
2010/3/28	2205		1973	2040
2010/4/11	2078	1945	1850	2040
2010/4/18	2119	1950	1880	
2010/4/25	2198	1940	1939	
2010/5/16	2237	1940	1995	2040
2010/5/23	2155	1940	1986	2040
2010/6/13	2094	1940	1891	2040
2010/6/27	2087	1950	1845	2020
2010/7/11	2222	1950	1857	2040

续表

	美麦到岸 完税价格	郑州中等 小麦成交价	美玉米到 岸完税价	深圳中等 玉米成交价
2010/7/25	2309	1950	1884	
2010/8/29	2770	1950	2230	2160
2010/9/12	2879	1965	2128	2105
2010/9/19	2845	1970	2383	2050
2010/10/3	2684	1980	2350	2080
2010/10/17	2744	1980	2538	
2010/10/24	2649	2000	2475	2125
2010/10/31	2747. 21	2000	2511	2200
2010/11/7	2816. 26		2496	2190
2010/11/14	2677. 75	2040	2420	
2010/11/21	2620. 71	2060	2262	2200
2010/11/28	2658. 7	2080	2318	2180
2010/12/5	3007. 26	2060	2423	2160
2010/12/12	2973. 13	2040	2480	2160
2010/12/19	2910. 09	2040	2481	2130
2010/12/26	2972. 96	2040	2509	2180
2011/1/2	3027. 78	2050	2510	
2011/1/9	2883. 09	2040	2467	
2011/1/16	2935. 09	2040	2633	2140
2011/1/23	3028. 66	2040	2586	2140
2011/1/30	3049. 62	2050	2606	

续表

	美麦到岸 完税价格	郑州中等 小麦成交价	美玉米到 岸完税价	深圳中等 玉米成交价
2011/2/6	3142.34		2629	
2011/2/13	3152.03		2732	2220
2011/2/20	3039.07	2070	2796	2250
2011/2/27	2887.03	2070	2828	2230
2011/3/6	3018.27	2090	2849	
2011/3/13	2749.9	2100	2679	2250
2011/3/20	2793.22	2100	2739	2280
2011/3/27	2788	2100		
2011/4/3	2868	2100	2906	
2011/4/10	2955		2967	
2011/4/17	2955	2100	2915	
2011/4/24	2794	2080	2851	
2011/5/1	2718	2078	2891	
2011/5/8	2731	2060	2700	
2011/5/15	2695	2060	2702	
2011/5/22	2938	2070	2940	
2011/5/29	2924	2080	2892	
2011/6/5	2824	2080	2938	
2011/6/12	2785	2090	2998	
2011/6/19	2543	2090	2753	
2011/6/26	2413	2090	2658	

续表

	美麦到岸 完税价格	郑州中等 小麦成交价	美玉米到 岸完税价	深圳中等 玉米成交价
2011/7/3	2258	2090	2650	
2011/7/10	2442	2090	2718	
2011/7/17	2561	2080	2817	
2011/7/24	2534	2040	2753	
2011/7/31	2457	2040	2665	2400
2011/8/7	2457	2030	2731	
2011/8/14	2524	2030	2739	
2011/8/21	2608	2030	2770	
2011/8/28	2666	2030	2857	
2011/9/4	2751	2030	2841	
2011/9/11	2611	2030	2810	
2011/9/18	2516	2040	2666	
2011/9/25	2445	2050	2515	
2011/10/9	2350		2407	
2011/10/16	2410	2070	2559	
2011/10/23	2454	2080	2601	
2011/10/30	2472	2070	2587	
2011/11/6	2461	2060	2582	
2011/11/13	2369	2060	2547	
2011/11/20	2369	2060	2466	
2011/11/27	2313	2060	2381	

续表

	美麦到岸完税价格	郑州中等小麦成交价	美玉米到岸完税价	深圳中等玉米成交价
2011/12/4	2344	2060	2350	
2011/12/11	2204	2060	2339	
2011/12/18	2243	2060	2334	
2011/12/25	2323	2060	2424	
2012/1/8	2321	2060	2488	
2012/1/15	2257	2060	2364	
2012/1/29	2368		2482	
2012/2/5	2398	2060	2461	
2012/2/12	2303	2070	2414	
2012/2/19	2342	2080	2462	
2012/2/26	2319	2080	2461	
2012/3/4	2372	2080	2492	
2012/3/11	2264	2070	2450	
2012/3/18	2338	2070	2541	2515
2012/3/25	2342	2070	2461	2540
2012/4/8	2339		2472	2555
2012/4/15	2265	2120	2434	2550
2012/4/22	2329	2130	2432	2540
2012/4/29	2348	2140	2495	2520
2012/5/6	2253		2493	2530
2012/5/13	2220	2150	2399	2535

	美麦到岸完税价格	郑州中等小麦成交价	美玉米到岸完税价	深圳中等玉米成交价
2012/5/20	2462	2150	2522	2540
2012/5/27	2406	2150	2356	2530
2012/6/3	2193	2150	2231	2510
2012/6/10	2231	2140	2390	2485
2012/6/17	2186	2140	2354	2530
2012/6/24	2361	2140	2387	2550
2012/7/1	2601	2140	2459	2595
2012/7/8	2739	2140	2646	2540
2012/7/15	2835	2060	2787	2530
2012/7/22	3069	2070	2982	2565
2012/7/29	2930	2080	2901	2570
2012/8/5	2921	2080	2910	2595
2012/8/12	2905	2080	2867	2620
2012/8/19	2906	2090	2838	2625
2012/8/26	2905	2110	2867	2610
2012/9/2	3020	2180	2920	2600
2012/9/9	3048	2180	2892	2600
2012/9/16	3081	2200	2823	2600
2012/9/23	3010	2220	2731	2580
2012/10/7	2896		2720	
2012/10/14	2900	2240	2755	2555

续表

	美麦到岸 完税价格	郑州中等 小麦成交价	美玉米到 岸完税价	深圳中等 玉米成交价
2012/10/21	2940	2260	2780	2520
2012/10/28	2914	2260	2715	2470
2012/11/4	2900	2280	2704	2460
2012/11/11	2967	2290	2725	2500
2012/11/18	2859	2310	2734	2560
2012/11/25	2892	2320	2799	2590
2012/12/2	2895	2340	2783	2535
2012/12/9	2921	2340	2748	2520
2012/12/16	2793	2340	2688	2530
2012/12/23	2711	2360	2594	2520
2012/12/30	2717	2380	2572	2510
2013/1/6	2634		2519	
2013/1/13	2633	2440	2578	
2013/1/20	2731	2440	2640	2535
2013/1/27	2665	2440	2612	2520
2013/2/3	2636		2665	2510
2013/2/17	2614		2567	
2013/2/24	2553	2500	2542	
2013/3/3	2514	2480	2590	2500
2013/3/10	2455	2480	2570	2485
2013/3/17	2522	2480	2649	2485

续表

	美麦到岸 完税价格	郑州中等 小麦成交价	美玉米到 岸完税价	深圳中等 玉米成交价
2013/3/24	2530	2490	2681	2490
2013/3/31	2528	2490	2698	2490
2013/4/7	2466		2397	2490
2013/4/14	2502	2470	2434	
2013/4/21	2483		2411	
2013/4/28	2466	2470	2325	2420
2013/5/5	2531		2431	
2013/5/12	2469	2480	2426	
2013/5/19	2412	2470	2441	
2013/5/26	2444	2470	2485	
2013/6/2	2463	2480	2490	
2013/6/9	2432	2480	2506	
2013/6/16	2391		2474	
2013/6/23	2421	2360	2489	
2013/6/30	2324	2380	2132	2460
2013/7/7	2345	2440	2078	2470
2013/7/14	2379	2450	2141	2510
2013/7/21	2340	2460	2152	2525
2013/7/28	2282	2460	2008	2525
2013/8/4	2343	2460	1991	2510
2013/8/11	2255	2460	1946	2500

续表

	美麦到岸完税价格	郑州中等小麦成交价	美玉米到岸完税价	深圳中等玉米成交价
2013/8/18	2254	2460	1962	2470
2013/8/25	2223		1917	2465
2013/9/1	2271	2460	1964	2470
2013/9/8	2241	2470	1925	2485
2013/9/15	2350		1964	2490
2013/9/22	2340		1938	2600
2013/9/29	2427	2560	1959	2620
2013/10/13	2471	2560	1925	2550
2013/10/20	2498	2560	1935	2480
2013/10/27	2533	2560	1924	2450
2013/11/3	2475	2560	1957	2460
2013/11/10	2430	2560	1922	2475
2013/11/17	2379	2560	1873	2500
2013/11/24	2399	2550	1845	2530
2013/12/8	2401	2540	1856	2530
2013/12/15	2286	2540	1866	2490
2013/12/22	2286	2540	1858	2450
2013/12/29	2320	2520	1867	2420
2014/1/5	2286	2520	1846	2370
2014/1/12	2257	2520	1826	2370
2014/1/19	2231	2520	1894	2350

续表

	美麦到岸 完税价格	郑州中等 小麦成交价	美玉米到 岸完税价	深圳中等 玉米成交价
2014/1/26	2226	2530	1897	2350
2014/2/2	2208		1902	
2014/2/9	2252		1936	2350
2014/2/16	2277	2540	1920	2360
2014/2/23	2309	2550	1945	2360
2014/3/2	2266	2560	1980	2380
2014/3/9	2431	2560	2057	2360
2014/3/16	2522	2550	2053	2360
2014/3/23	2542	2550	2027	2360
2014/3/30	2549	2540	2063	2360
2014/4/6	2485	2530	2092	2360
2014/4/13	2458		2081	2390
2014/4/20	2561	2530	2070	2400
2014/4/27	2489	2520	2111	2410
2014/5/4	2509		2074	2440
2014/5/11	2500	2500	2097	2450

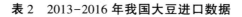

表2 2013-2016 年我国大豆进口数据

单位：万吨

	2013 年	2014 年	2015 年	2016 年
1 月	4783	5914	6876	5657
2 月	2899	4808	4263	
3 月	3841	4623	4493	
4 月	3977	6503	5310	
5 月	5097	5971	6127	
6 月	6926	6389	8087	
7 月	7197	7475	9500	
8 月	6367	6033	7784	
9 月	4699	5028	7255	
10 月	4187	4102	5532	
11 月	6030	6287	7393	
12 月	7402	8527	9120	
合计	63405	71660	81740	

表3 1999-2014 年全国及四省区大豆种植收益率

单位：元/亩

	全国	黑龙江	内蒙古	辽宁	吉林
1999	75.18	36.3	17.17	100.9	152.27
2000	92.24	55.87		102.16	128.54
2001	67.12	47.44	11.46	99.4	89.57
2002	121.96	104.69	44.11	148.12	142.34

	全国	黑龙江	内蒙古	辽宁	吉林
2003	168.35	146.87	158.49	284.12	249.03
2004	114.16	96.22		171.09	164.68
2005	68.88	56.71		119.96	114.54
2006	67.84	47.68	−99.92	94.57	73.54
2007	175.21	122.92	39.38	302.46	246.99
2008	178.45	153.63	129.66	201.43	225.96
2009	107.52	85.06	0.97	96.86	123.45
2010	155.15	122.11	200.36	183.45	210.29
2011	121.95	105.81	93.88	194.88	158.49
2012	128.63	84.06	218.66	304.93	176.3
2013	33.68	−25.31	235.9	158.47	15.03
2014	−25.73	30.98	62.63	−96.33	−122.63

表4　2010-2016年国产大豆收购价格与国外进口交货价格

	国内大豆三级均价	进口大豆交货价格	国产大豆收购价格
2010年4月30日	3764.67	3573	3689
2010年5月31日	3753.08	3443	3517
2010年6月30日	3682	3383	3434
2010年7月31日	3566.67	3403	3423
2010年8月30日	3612.5	3553	3460
2010年9月30日	3644.38	3743	3554

续表

	国内大豆 三级均价	进口大豆 交货价格	国产大豆 收购价格
2010 年 10 月 31 日	3738.46	4103	3823
2010 年 11 月 30 日	3945.88	4093	3829
2010 年 12 月 31 日	3914.17	4160	3829
2011 年 1 月 31 日	4010.56	4230	3841
2011 年 2 月 28 日	3986.43	4253	3880
2011 年 3 月 31 日	3980.59	4133	3814
2011 年 4 月 30 日	3981.43	4003	3766
2011 年 5 月 31 日	3935	3935	3740
2011 年 6 月 30 日	3933.81	3925	3780
2011 年 7 月 31 日	4004.09	4085	3789
2011 年 8 月 30 日	3958.95	4328	3897
2011 年 9 月 30 日	3968.7	4070	4000
2011 年 10 月 31 日	4047.86	4040	4043
2011 年 11 月 30 日	3990.91	3850	3891
2011 年 12 月 30 日	4016.54	3830	3946
2012 年 1 月 31 日	4020.67	3740	3926
2012 年 2 月 28 日	4078.18	3970	3983
2012 年 3 月 31 日	4035.6	4190	3994
2012 年 4 月 30 日	4136.82	4430	4114
2012 年 5 月 31 日	4146.4	4267	4046
2012 年 6 月 30 日	4213.16	4270	4089

续表

	国内大豆 三级均价	进口大豆 交货价格	国产大豆 收购价格
2012 年 7 月 31 日	4236. 5	4840	4249
2012 年 8 月 30 日	4354. 4	5220	4409
2012 年 9 月 30 日	4526. 5	4970	4646
2012 年 10 月 31 日	4539. 44	4610	4546
2012 年 11 月 30 日	4631. 36	4460	4483
2012 年 12 月 31 日	4702. 17	4530	4483
2013 年 1 月 31 日	4767. 78	4430	4543
2013 年 2 月 28 日	4820. 71	4430	4543
2013 年 3 月 31 日	4849. 13	4530	4543
2013 年 4 月 30 日	4864	4340	4446
2013 年 5 月 31 日	4844. 35	4520	4446
2013 年 6 月 30 日	4813. 33	4270	4314
2013 年 7 月 31 日	4788. 57	4050	4266
2013 年 8 月 30 日	4753	4275	4097
2013 年 9 月 30 日	4762. 78	4440	4097
2013 年 10 月 31 日	4741. 11	4390	4249
2013 年 11 月 30 日	4670. 48	4412	4260
2013 年 12 月 31 日	4593. 33	4190	4280
2014 年 1 月 31 日	4617. 5	4170	4148
2014 年 2 月 28 日	4581. 65	4110	4149
2014 年 3 月 31 日	4589. 5	3827	3991

续表

	国内大豆 三级均价	进口大豆 交货价格	国产大豆 收购价格
2014 年 4 月 30 日	4625.2	3967	3991
2014 年 5 月 31 日	4704.55	4107	3911
2014 年 6 月 30 日	4719.13	4030	4071
2014 年 7 月 31 日	4747.08	3910	4071
2014 年 8 月 30 日	4733.64	3730	4071
2014 年 9 月 30 日	4720	3670	4100
2014 年 10 月 31 日	4614.56	3688	4060
2014 年 11 月 30 日	4424.64	3720	4077
2014 年 12 月 31 日	4413.55	3367	3846
2015 年 1 月 31 日	4373.7	3210	3666
2015 年 2 月 28 日	4325.83	3210	3666
2015 年 3 月 31 日	4344.64	3230	3606
2015 年 4 月 30 日	4267.78	3190	3531
2015 年 5 月 31 日	4285.91	3070	3551
2015 年 6 月 30 日	4318.7	3003	3551
2015 年 7 月 31 日	4295.77	3050	3591
2015 年 8 月 30 日	4355	3227	3731
2015 年 9 月 30 日	4340	3110	3726
2015 年 10 月 31 日	4287	3050	3431
2015 年 11 月 30 日	4170.45	3030	3389
2015 年 12 月 31 日	4072.8	2993	3407
2016 年 1 月 31 日	4002.8	2990	3417

表5 1975-2013 年全国及东北三省一区玉米种植成本

单位：元/亩

时间	全国	内蒙古	辽宁	吉林	黑龙江
1975/1976	16.2	-	-	14.1	8.8
1976/1977	17.2	-	-	15	8.4
1977/1978	15.6	-	26.5	13.6	8.6
1978/1979	18.1	-	30.7	15.8	9.7
1979/1980	44.6		57.4	38.9	22.7
1980/1981	45.1		59.4	35.6	22.3
1981/1982	47.2		61	36.7	25.1
1982/1983	45.2		58.7	42.3	24.6
1983/1984	47.5		64.8	55.9	25.9
1984/1985	57.3	-	68.2	61.6	39.1
1985/1986	57.9		65	59.4	40.5
1986/1987	59.8		62.3	56.8	44
1987/1988	73.3	-	74.2	72.3	52.2
1988/1989	84.1		86.3	79.4	53.2
1989/1990	101.1		42.3	95.8	65.1
1990/1991	118.18	116.41	117.12	109.67	73.43
1991/1992	111.3	-	113.7	111.4	79.8
1992/1993	126.5		117.5	119.9	85
1993/1994	138.67	120.78	138.68	136.3	111.44
1994/1995	188.89	176.26	173.88	191.9	-
1995/1996	251.3	190.47	234.79	273.79	229.31

续表

时间	全国	内蒙古	辽宁	吉林	黑龙江
1996/1997	292.4	–	254	287.4	250.4
1997/1998	311.86	324.11	255.78	292.02	229.3
1998/1999	312.08	374.86	267.22	290.77	231.62
1999/2000	293.57	314.11	246.96	291.09	213.48
2000/2001	287.51	293.15	223.79	275.01	200.1
2001/2002	289.11	305.97	233.74	243.74	193.77
2002/2003	299.03	264.97	258.76	282.66	193.34
2003/2004	298.86	280.91	245.91	284.26	195.94
2004/2005	314.3	–	237.1	308.9	184.7
2005/2006	324.5	–	244.6	318.9	190.6
2006/2007	411.77	466.42	444.53	471.65	322.84
2007/2008	449.7	502.88	493.64	533.42	345.31
2008/2009	523.45	535.18	576.2	608.73	417.72
2009/2010	551.1	557.66	618.31	614.8	457.91
2010/2011	495.64	460.91	470	497.26	347.59
2011/2012	603.94	575.5	562.92	622.72	420.4
2012/2013	742.98	640.22	687.42	752.9	509.5
2013/2014	1012.04	894.8	1003.5	1142.13	867.19

表6　1975-2013 年全国及三省一区玉米种植面积

单位：万亩

	全国	内蒙古	辽宁	吉林	黑龙江
1998	37858.5	2206.2	2457	3632	3730.8
1999	38856.4	2357.4	2516.7	3563.3	3977.9
2000	34584.4	1947.3	2133.8	3296	2702
2001	36423.3	2278.4	2350.2	3914.3	3199.1
2002	36950.9	2343.3	2147.4	3869.3	3428.4
2003	36102.3	2386.8	2152.4	3940.8	3080.7
2004	38169	2513.4	2398.2	4352.3	3269.3
2005	39537.2	2708.7	2688.8	4162.8	3330.3
2006	40456.2	2777.4	2850.5	4208.6	3685.8
2007	44216.3	3018.8	2997.9	4280.6	5825.4
2008	44796	3510	2827.4	4383.8	5390.9
2009	46774	3676.8	2946.2	4435.8	6015.3
2010	48750	3832.2	3070.6	4623.2	6269.4
2011	50355	3958.3	3171.7	4775.4	6475.8
2012	52544.73	4250.52	3310	4926.51	7785.9
2013	54477.6	4755.94	3368.35	5248.64	8171.25
2014	55685.08	5058.27	3495.1	5544.9	8160.28

表 7　2013-2015 年我国高粱、大麦和玉米进口量

单位：吨

	高粱进口量（吨）	大麦进口量（吨）	玉米进口量（吨）
2013 年 1 月		121703	396900
2013 年 2 月	1099. 96	44196	394100
2013 年 3 月	4907. 26	202674	237000
2013 年 4 月	22954. 75	197803	419500
2013 年 5 月	66582. 78	259517	66600
2013 年 6 月	58561. 51	206072	7800
2013 年 7 月	100043. 06	163893	72700
2013 年 8 月	172473. 89	186747	10600
2013 年 9 月	200836. 91	336602	100
2013 年 10 月	262758. 78	322791	38900
2013 年 11 月	103235. 49	97123	797900
2013 年 12 月	84544. 6	196316	821000
2014 年 1 月	120387. 33	99447	650900
2014 年 2 月	73517. 37	342697	479800
2014 年 3 月	306767. 31	541110	48100
2014 年 4 月	524484. 25	454173	93000
2014 年 5 月	421114. 75	665745	79300
2014 年 6 月	581725. 81	327053	27200
2014 年 7 月	393720. 31	763535	86400
2014 年 8 月	433327. 31	323283	133600
2014 年 9 月	854256. 25	757116	20500

续表

	高粱进口量（吨）	大麦进口量（吨）	玉米进口量（吨）
2014 年 10 月	678790.81	218757	114200
2014 年 11 月	804407.44	136927	259100
2014 年 12 月	583390	783112	607100
2015 年 1 月	733588.38	880953.25	579400
2015 年 2 月	612735	929074	602900
2015 年 3 月	922213.13	849447.06	50600
2015 年 4 月	995949.44	1003571.31	140800
2015 年 5 月	1004104.38	726238.44	403900
2015 年 6 月	1087056.13	974720.13	872900
2015 年 7 月	1113935.25	1282683.75	1107500
2015 年 8 月	548900.25	778166.31	607900
2015 年 9 月	1076686.25	1295253.88	169700
2015 年 10 月	681868.33	998367.06	42900

表 8　2001-2014 年我国主要粮食进口量与关税配额数量

单位：万吨

年份	粮食	谷物及谷物粉	小麦	大米	玉米	大麦	大豆	食用植物油	粮食进口
关税配额			963.6	532	720				
2001	1950.4	344	74	27	4	237	1394	149	991.2
2002	1605.1	285	63	24	1	191	1131	266	1619.6

续表

年份	粮食	谷物及谷物粉	小麦	大米	玉米	大麦	大豆	食用植物油	粮食进口
2003	2525.8	208	45	26	0.1	136	2074	441	2354.6
2004	3351.5	974	726	76	0.2	171	2023	529	620.4
2005	3647	627	354	51	0.4	218	2659	472	1182.3
2006	3713.8	358	61	72	7	213	2824	581	774.4
2007	3731	155	10	49	4	91	3082	767	1169.5
2008	4130.6	154	4	33	5	108	3744	753	378.9
2009	5223.1	315	90	36	8	174	4255	816	328.3
2010	6695.4	571	123	39	157	237	5480	687	275.1
2011	6390	545	126	60	175	178	5264	657	287.5
2012	8024.6	1398	370	237	521	253	5838	845	276.6
2013	8645.2	1458.1	553.5	227.1	326.6	233.5	6337.5	809.8	243.1
2014									

表9　1995-2012 年美国农业支持与补贴计划支出情况

单位：美元

	农业补贴（FS）	贷款差价补贴（LDP）	差价补贴（DPs）	反周期补贴（CCPs）	农业保险计划（CIP）
1995	4679764533.00	547.14	4426535711.00	0	1385285073
1996	5322161233.00	−1.12	787698614	0	1154806284
1997	5616337125.00	−5.76	574571556	0	620532117

续表

	农业补贴 （FS）	贷款差价 补贴（LDP）	差价补贴 （DPs）	反周期补贴 （CCPs）	农业保险计划 （CIP）
1998	10767204784.00	178297.42	5088412	0	1262779867
1999	17723999810.00	591878.40	1372615	0	1604330984
2000	20224659339.00	647613.67	687740	0	1601037462
2001	18121985726.00	550927.69	431984	0	2434619515.00
2002	8977525994.00	129635.56	459509	203398453	3576930986.00
2003	11102042019.00	57629.19	341032	2300645423.00	2689192168.00
2004	10233612451.00	286501.51	81107	1121992078	2486648956.00
2005	16249676440.00	508052.03	1911	4073831973.00	1684532043
2006	11225800325.00	75996.45	0	4045542486.00	2645923620.00
2007	7134343060.00	5675.66	0	1129566265	2221051526.00
2008	620945212	8560.12	0	714140070	6623666680.00
2009	774976076	15756.66	0	1169978162	3385744546.00
2010	589148001	11517.63	0	209415161	2804442728.00
2011	503679254	592.98	0	17156396	7789361262.00
2012	5325744921.00	11.48	0	（916284）	11621455839.00

表10　1995–2014 年我国主要粮食品种产量

单位：万吨

时间	粮食产量 （万吨）	稻谷产量 （万吨）	小麦产量 （万吨）	玉米产量 （万吨）	高粱产量 （万吨）	其他谷物 产量（万吨）
1995 年	46661.8	18522.6	10220.7	11198.6	475.6	
1996 年	50453.5	19510.27	11056.9	12747.1	567.49	888.2

续表

时间	粮食产量（万吨）	稻谷产量（万吨）	小麦产量（万吨）	玉米产量（万吨）	高粱产量（万吨）	其他谷物产量（万吨）
1997 年	49417.1	20073.48	12328.9	10430.87	363.82	921.07
1998 年	51229.53	19871.3	10972.6	13295.4	408.57	764.76
1999 年	50838.58	19848.73	11388	12808.63	324.14	702.82
2000 年	46217.52	18790.77	9963.6	10599.98	258.24	697.27
2001 年	45263.67	17758.03	9387.3	11408.77	269.66	627.72
2002 年	45705.75	17453.85	9029	12130.76	332.69	634.81
2003 年	43069.53	16065.56	8648.8	11583.02	286.19	650.99
2004 年	46946.95	17908.76	9195.18	13028.71	232.72	610.58
2005 年	48402.19	18058.84	9744.51	13936.54	254.64	603.14
2006 年	49804.23	18171.83	10846.59	15160.3	218.19	538.39
2007 年	50160.28	18603.4	10929.8	15230.05	192.02	526.35
2008 年	52870.92	19189.57	11246.41	16591.4	183.65	505.8
2009 年	53082.08	19510.3	11511.51	16397.36	167.66	446.97
2010 年	54647.71	19576.1	11518.08	17724.51	245.63	415.4
2011 年	57120.85	20100.09	11740.09	19278.11	205.09	459.26
2012 年	58957.97	20423.59	12102.36	20561.41	255.55	412.25
2013 年	60193.84	20361.22	12192.64	21848.9	289.2	402.7
2014 年	60702.61	20650.74	12620.84	21564.63	288.5	435.1

数据来源：国家统计局

表 11　1995－2014 年我国主要粮食品种播种面积

单位：千公顷

时间	粮食作物播种面积（千公顷）	稻谷播种面积（千公顷）	小麦播种面积（千公顷）	玉米播种面积（千公顷）	高粱播种面积（千公顷）	其他谷物播种面积（千公顷）
1995 年	110060.4	30744.1	28860.2	22775.7	1215	
1996 年	112547.92	31405.6	29610.54	24498.15	1291.78	3886.1
1997 年	112912.1	31764.87	30056.69	23775.09	1083.43	3841.68
1998 年	113787.4	31213.8	29774.05	25238.84	969.31	3510.7
1999 年	113160.98	31283.49	28855.07	25903.71	979.03	3266.46
2000 年	108462.54	29961.72	26653.28	23056.11	889.25	3453.92
2001 年	106080.03	28812.38	24663.76	24282.05	782.61	2906.82
2002 年	103890.83	28201.6	23908.31	24633.71	843.23	2739.63
2003 年	99410.37	26507.83	21996.92	24068.16	722.33	2490.35
2004 年	101606.03	28378.8	21625.97	25445.67	567.34	2416.97
2005 年	104278.38	28847.18	22792.57	26358.3	569.72	2457
2006 年	104958	28937.89	23613	28462.98	732.78	2326.31
2007 年	105638.36	28918.81	23720.62	29477.51	500.43	2320.37
2008 年	106792.65	29241.07	23617.18	29863.71	489.76	2221.39
2009 年	108985.75	29626.92	24290.76	31182.64	559.37	1953.46
2010 年	109876.09	29873.36	24256.53	32500.12	547.69	1864.26
2011 年	110573.02	30057.04	24270.38	33541.67	500.22	1901.11
2012 年	111204.59	30137.11	24268.26	35029.82	623.16	1814.89
2013 年	111955.56	30311.75	24117.26	36318.4	582.3	1723.2
2014 年	112722.58	30309.87	24069.42	37123.39	619.2	1709.8

表 12 1995-2014 年我国主要粮食产品进口数量

单位：万吨

时间	谷物及谷物粉进口数量（万吨）	小麦进口数量（万吨）	稻谷和大米进口数量（万吨）	大豆进口数量（万吨）	食用植物油进口数量（万吨）
1995 年	1159	1159		29.39	213
1996 年	1083	825	76	111.4	264
1997 年	417	186	33	280.1	275
1998 年	388	149	24	319.7	206
1999 年	339	45	17	431.7	208
2000 年	315	88	24	1041.6	179
2001 年	344	69	27	1394	165
2002 年	285	63	24	1131	319
2003 年	208	45	26	2074	541
2004 年	974	726	76	2023	676
2005 年	627	354	52	2659	621
2006 年	358	61	73	2824	669
2007 年	155	10	49	3082	838
2008 年	154	4.31	32.97	3744	816
2009 年	315	90	36	4255	816
2010 年	571	123.07	38.82	5480	687
2011 年	545	125.81	59.78	5264	657
2012 年	1398	370.1	236.86	5838	845
2013 年	1458	553.51	227.11	6338	810
2014 年	1951.07	300	257.9	7140.31	650.16

数据来源：国家统计局

表 13 2007-2012 年我国三种粮食总成本变化情况

单位：元/亩

	2007 年	2008 年	2009 年	2010 年	2011 年	2012 年	累计增长
总成本	481.06	562.42	600.41	672.68	791.16	936.42	94.66%
生产成本	399.42	462.8	485.79	539.4	641.41	770.23	92.84%
物质服务	239.87	287.78	297.4	312.5	358.36	398.28	66.04%
人工	159.55	175.02	188.39	226.9	283.05	371.95	133.12%
家庭用工	145.67	158.33	171.05	206.27	259.48	342.33	135%
雇工费用	13.88	16.69	17.34	20.63	23.57	29.62	113.4%
土地成本	81.64	99.62	114.62	133.28	149.75	166.19	103.56%
流转租金	7.91	10.09	11.31	15.37	17.75	21.81	175.73%
自营地折价	73.73	89.53	103.31	117.91	132	144.38	95.82%